社会保障改革への提言
——いま、日本に何が求められているのか——

橘木俊詔
同志社大学ライフリスク研究センター
[編]

ミネルヴァ書房

はしがき

　社会保障制度の改革が叫ばれながらも，わが国ではそれが遅々として進まない。国民は将来の社会保障制度に大きな不安を抱いており，生活が奈落の底に落ちかねないことへの危惧がある。国民へのどのアンケート調査においても社会保障制度の充実を期待しているが，にもかかわらず，内閣と国会（すなわち政治の世界）の怠慢により進展は見られない。政治の世界は毎年内閣が替わるという体たらくなのである。どの新内閣も社会保障制度の改革を就任時における政策目標の第一に挙げるが，どの内閣も短期間で崩壊し，次の内閣からまた出直しという状況を毎年繰り返しているのである。2012年度の野田内閣は社会保障と税の一体改革を計画しているが，見通しは不透明である。

　本書の目的は具体的な社会保障制度を主張するものではなく，なぜ制度改革が簡単に進まないのかを探求するとともに，改革には発想の転換が必要ではないかという問題意識を提供することにある。後者に関しては，社会保障制度の運営には大きな制約のある時代になっていると判断する論者の一部に，まったく別の制度を準備する必要があると主張する人々がいる。具体的に言えば「ベーシック・インカム」の思想である。本書ではこの思想に注目して，その原理や現実での応用可能性について3つの論文を掲載して，ベーシック・インカムを議論するものである。ベーシック・インカムをごく簡単に述べれば，働いているか働いていないかを問わず，国民一人ひとりにある一定額の所得を政府が支給して生活を最低限保障する制度を意味する。

　ベーシック・インカムの思想に関しては次のような分析を行う。すなわち，まだ国民の多くはベーシック・インカムの概念をよく理解しておらず，まずはこれをどの程度認識しているかを知ろうとする。ごく普通の国民に対してアンケート調査を実行して，この概念をたとえ理解していなくとも，ベーシック・インカムの思想を支持しているか，それとも支持していないかを，我々のような分析者が類推できるような質問項目を設定して，国民の反応を知ろうとした。

そしてどういう特質をもった人々がベーシック・インカムを支持し，どういう人々がそれを支持しないかを明確にする。これらが分かることによって，ある意味で理想に燃えた思想であるベーシック・インカムを，現実に導入するために制度を構築する際の資料となりうる。

ベーシック・インカムは理想に燃えた思想と述べたが，これを積極的に主張するのが日本でも労働の分野の仕事でよく知られた，代表的なジャパノロジスト（日本専門家）のロナルド・ドーアである。ドーアの思想を詳しく検討することによって，ベーシック・インカムのもつ意義がよく理解できるので，専門家による解釈を本書で加えた。

次の主要な関心は，社会保障制度を構築したり改革したりするときに，どういう視点を考慮せねばならないか，ということを明らかにすることである。すなわち社会保障制度の運営に際しては，次に述べるような論点を視野に入れないと，制度がうまく進行しないとか，あるいは逆にそれを視野に入れるとうまく運営が進むし，人々の幸福感が高まるのではないか，ということを主張することにある。その視野を具体的に述べておこう。

(1) 社会保障制度がうまく機能するには，人々に参加の意識と連帯感が必要であるが，それを確保するにはコスト，すなわち負担のかかることは当然なことである，と認識せねばならない。
(2) 人間社会は男性と女性から成るが，これまでの社会保障制度は男性中心につくられており，女性は被扶養者として扱われていた。男女平等の思想を社会保障制度にも導入する必要のある時代となっている。
(3) 介護保険制度は社会保障制度の中で最も新しい制度だけに，介護サービスの需要・供給や運営のための財政運営の原理などについて，もっと明確に知識を蓄積した上で制度の改革を図るべきである。
(4) 日本での最大の社会問題は少子化現象であり，将来における労働力の確保や社会保障の財源を安定化するためにも，子育て支援によってこの問題を解決する必要がある。

最後の話題は外国における社会保障制度からわが国で学べることがあるので

はしがき

はないか，ということに関心を寄せて，次の3カ国の経験をその国の専門家が論じる。

一つ目のアメリカは先進国で唯一全国民を対象にした公的医療保険制度が完備していない国であり，日本でも一部アメリカ型への支持がある。アメリカ国民が医療問題をどう解決に向けて議論しているのかが関心である。

二つ目のイギリスは社会保障制度では先駆けの国であり，一時は「ゆりかごから墓場まで」という言葉に象徴されるように福祉国家であったが，現在では福祉の充実は国民を怠惰にするという認識から，非福祉国家に向かっている。それを説明する論理と反省はわが国にも参考となる。

三つ目は，日本と同じく東アジアの儒教国家という特色を共有する韓国である。さらに両国は家族が福祉の担い手だし，非正規労働者の激増という特色も共有しているので，隣国での経験はわが国を考える上でも大いに役立ちそうである。

本書は同志社大学ライフリスク研究センターに属する研究者によるものである。人生に発生する種々のリスクにどう対応すればよいか，ということを研究するグループである。国の内外の専門家による社会保障改革の諸論文が，読者にとって有益であるように一同願っている。

橘木俊詔

社会保障改革への提言
——いま，日本に何が求められているのか——

目　次

はしがき

第Ⅰ部　ベーシック・インカム論をどう捉えるか

第1章　ベーシック・インカムに関する意識調査 ……… 伊多波良雄 … 3
――人々はどのように考えているか――

1 ベーシック・インカムとは …………………………………………………… 3
2 データについての説明 ………………………………………………………… 4
3 ベーシック・インカムに対する考えと財源 ………………………………… 4
　　ベーシック・インカムに対する考え　　ベーシック・インカムの財源
4 個人の基本的属性とベーシック・インカム ………………………………… 8
　　性別　　年齢　　結婚状況　　子どもの有無　　生活保護経験
　　健康状態　　1カ月の勤労収入　　家計の金融資産　　本人の最終学歴
5 日本社会についての意見とベーシック・インカム ………………………… 15
　　日本の社会で感じられる格差　　日本の所得格差は大きすぎる
　　所得の格差を縮めるのは政府の責任である
　　日本社会は，誰でも成功できる機会平等が保たれている
　　格差拡大に関する認識
6 ソーシャル・キャピタルとベーシック・インカム ………………………… 20
7 回帰分析による検証 …………………………………………………………… 21
8 求められる研究の蓄積 ………………………………………………………… 24

第2章　新しい福祉システムを導入するに際して考慮すること
――ベーシック・インカムを支持するのはどういう人か――
……………………………………………………… 髙松里江・橘木俊詔 … 26

1 新しい福祉システムに向けて ………………………………………………… 26
2 ベーシック・インカムと負の所得税 ………………………………………… 29

目　次

　　　ベーシック・インカムと政治的態度
　3　用いるデータと変数 …………………………………………………… 30
　　　データ　　変数
　4　分　　析 ……………………………………………………………… 33
　　　政治的態度の分布
　　　ベーシック・インカム，負の所得税の支持と政治的態度
　　　ベーシック・インカムの支持構造　　負の所得税の支持構造
　5　議論と考察 …………………………………………………………… 39
　　　日本におけるベーシック・インカムの支持構造
　　　ベーシック・インカムの実現に向けて

第3章　雇用の希少性と人間の尊厳 ………………………… 山森　亮 … 45
　　　――ロナルド・ドーアとベーシック・インカム――
　1　ベーシック・インカムとドーア ……………………………………… 46
　2　技術革新と雇用の希少性 ……………………………………………… 48
　3　尊厳最低限と福祉国家 ………………………………………………… 50
　4　尊厳最低限とメリトクラシー ………………………………………… 52
　5　雇用分配の変化と非雇用者の多様化 ………………………………… 54
　6　その他の論点――実行可能性など …………………………………… 56
　7　価値観の転換 …………………………………………………………… 58

―――――――――――――――――
第Ⅱ部　社会保障改革の新しい動き
―――――――――――――――――

第4章　「参加と連帯のセーフティネット」を支えるコスト
　　　　　　　　　　　　　　　　　　　　　　埋橋孝文・麻生裕子 … 67
　1　「参加と連帯のセーフティネット」とは …………………………… 67
　2　改革案の実現にはどの程度の予算が必要か ………………………… 69

3 必要予算額の試算 …………………………………………………… 70
　メインストリームとしての就業と所得保障（第1層のセーフティネット）
　リスクへの社会保険による対応（第2層のセーフティネット）
　社会手当と給付つき税額控除制度（新・第3のセーフティネット）

4 総括とコメント──今後の議論に向けて ……………………………… 86

第5章　ジェンダーから社会保障を考える……………………… 川口　章…91

1 社会保障の何が問題か ………………………………………………… 91
2 雇用制度・家族形態・社会保障制度 ………………………………… 94
　バブル崩壊以前　　バブル崩壊以後
3 ジェンダーから見た社会保障制度 …………………………………… 97
　医療保険　　年金保険　　雇用保険　　保育所　　「130万円の壁」
4 近代家族の減少 ……………………………………………………… 103
5 ジェンダーから見た社会保障制度の課題 …………………………… 105

第6章　介護パターンの最適性と介護サービス選択行動
　………………………………………………………… 八木　匡・原田禎夫…110

1 介護保険制度の現状と課題 ………………………………………… 111
2 介護サービスのタイプと特徴 ……………………………………… 114
　訪問系介護サービスのメリットとデメリット
　施設系介護サービスのメリットとデメリット
3 介護サービスの組み合わせに関する最適性 ……………………… 116
　最適性ルール　　最適介護パターン達成のための価格づけルール
4 介護サービス選択行動の分析 ……………………………………… 119
　データ概要　　介護サービスの配分状態　　要介護者の状態変化
5 介護保険における需要の価格弾力性の測定 ……………………… 125

　　　　分析の枠組み　　推定結果
　6　分析の政策適用可能性……………………………………………129
　補論1　要介護者と介護者の協調ケースでの最適条件……………131
　補論2　介護者の最適条件……………………………………………133
　補論3　最適介護パターン達成のための価格づけルール…………134

第7章　多様な働き方と子どもをもつこと………………**塩津ゆりか**…139
　1　社会と子育て………………………………………………………139
　　　　子育て支援は必要か　　育児支援をめぐる状況
　2　子育て支援策………………………………………………………142
　　　　子どものいる世帯向け現金給付の現状と課題　　保育サービス
　3　税・社会保障制度と多様な働き方………………………………149
　　　　税制　　社会保障制度
　4　企業の子育て支援策………………………………………………152
　　　　ワーク・ライフバランスの実現にむけて
　5　安心して子どもと暮らせる社会にするために…………………156

――――――――――――――――
　　　　第Ⅲ部　諸外国からの教訓
――――――――――――――――

第8章　アメリカ医療制度改革………………ジョン・B・ショーブン…165
　　　――起きたことと起きるべきであったこと――
　1　「2010年患者保護および安価で利用可能な医療に関する法律」………170
　2　起きるべきであったこと…………………………………………175
　3　付加価値税導入によるバウチャー制……………………………180

第9章　イギリス社会保障の展開 …………………… マイケル・ヒル…181
　　　　　——新旧のリスクへの対応をめぐって——

1　古いリスクと新しいリスク ……………………………………………………181
2　社会保障制度の不十分な適用範囲 ……………………………………………183
3　ひとり親世帯 ……………………………………………………………………187
4　仕事と家庭生活の両立 …………………………………………………………189
5　低水準あるいは時代遅れの技能（スキル）の存在
　　　——給付と労働市場への参加に関する課題 ………………………………190
6　要介護状態の近親者をもつこと ………………………………………………196
7　イギリスの社会保障はどこへ向かうのか ……………………………………199

第10章　韓国における社会政策のジレンマ ……………… 金　淵明…204
　　　　　——「後発」福祉国家における新しい社会的リスク——

1　「後発」福祉国家の特殊性 ……………………………………………………204
2　社会的リスク構造の諸相 ………………………………………………………206
　　　リスク構造の違い　　労働市場構造の変化と新しい社会的リスク
　　　人口家族構造の変化と新しい社会的リスク
3　政策的対応 ………………………………………………………………………211
　　　労働市場のリスク構造への対応
　　　人口家族構造の変化がもたらしたリスクへの対応
4　結　論——後発福祉国家における社会政策のジレンマ ……………………217

人名索引 ………………………………………………………………………………221
事項索引 ………………………………………………………………………………222

第Ⅰ部

ベーシック・インカム論をどう捉えるか

第1章　ベーシック・インカムに関する意識調査
　　　　——人々はどのように考えているか——

伊多波良雄

1　ベーシック・インカムとは

　ベーシック・インカム（以下，BIと記す）は，就労の有無にかかわらず現金で個人に支払われる所得である。BIは，所得格差が指摘されるようになってから，少しずつ知られるようになってきている。政治の世界でも，導入について議論されるようになってきている。山森（2009）や橘木・山森（2009）など一般向けの解説書も出ているが，BIがどのようなものであるかについて十分知られているわけではない。さらに，BIを誰がどのように思っているかについてはほとんど知られていない。このような情報は，今後BIを議論する上で欠くことのできない情報である。本章では，このような立場から，BIについて誰がどのように思っているのかについて，アンケート調査を用いて分析を試みる。

　Alesina, Glaeser and Sacerdote（2001）やAlesina and Angeletos（2005）などの所得再分配政策に関する最近の研究に見られるように，どのような変数が所得再分配政策に影響を及ぼしているかがある程度明らかにされつつある。BIを所得再分配政策の1つと捉えると，過去の研究結果を，BIを誰がどのように考えているかについて見ていく際の参考にすることができる。BIを所得再分配政策と位置づける考えはBIの精神を必ずしも反映していないかもしれないが，1つの仮説としてBIを所得再分配政策であると捉えて分析を進める。

　以下では，このような観点から，BIに対する考えとその財源を見た後，BIに影響を及ぼすであろう変数として，個人の基本的属性，日本の社会について

の意見，ソーシャル・キャピタルを取り上げて，分析を進めていく。最後に，それらの変数の中で影響を及ぼしていると思われる変数を取り上げ，統計的に検討する。

2　データについての説明

今回の分析に用いたデータは，2009年3月26日（金）〜4月24日（金）に科学研究費補助金（基盤研究A）による研究「地域間格差生成の要因分析と格差縮小政策（研究代表：橘木俊詔）」の下で実施されたアンケート調査（調査名：「地域の生活と福祉に関するアンケート調査」）の個票データである。調査対象は満20歳以上，80歳未満の男女個人であり，首都圏A地区3000人，近畿圏B地区3000人である。それぞれの地区は，首都圏と近畿圏において比較的所得水準が低い地域である。住民基本台帳をもとに2段階系統抽出法により，調査対象者を抽出した。調査票の配布および回収方法は，訪問・留置法をとった。調査票回収数は首都圏A地区1224人，近畿圏B地区1165人であり，回収率は約39.8％であった。記述統計量は表1-1のとおりである。

3　ベーシック・インカムに対する考えと財源

ここでは，BIに対して賛成かどうかとその財源について見てみる。

ベーシック・インカムに対する考え
アンケートでは「必要最低限の生活費を政府が支給する」という考え方について回答を求めている。具体的に，BIの言葉を使わないで質問している。「必要最低限の生活費を政府が支給する」という考え方で回答者は様々に連想する可能性が高い。しかし，本アンケート調査ではBIが日本ではそれほど普及していないと判断し，「必要最低限の生活費を政府が支給する」という考え方の表現を用いた。この表現で様々な連想を持つとしても，これらの連想は少なくともBIの考えを含むものと考えられる。

回答者2389名中，無回答が2.1％いる。これらを除いた状況は図1-1で示さ

第1章　ベーシック・インカムに関する意識調査

表1-1　記述統計量

	度数	最小値	最大値	平均値	標準偏差
「必要最低限の生活費を政府が支給する」という考え方 [1.反対～5.賛成]	2339	1	5	2.95	1.143
生活費を支給するのに望ましい税金の種類 [1.所得税, 2.消費税, 3.その他の税]	693	1	4	2.02	.851
性別 [1.男性, 2.女性]	2389	1	2	1.51	.500
年齢 [1.20～29歳, 2.30～39歳, 3.40～49歳, 4.50～59歳, 5.60～69歳, 6.70歳以上]	2389	1	6	3.66	1.529
婚姻状況 [1.未婚, 2.既婚, 3.離婚, 4.死別]	2389	1	5	2.02	.703
子どものありなし [1.あり, 2.なし]	2367	1	2	1.22	.416
子どもの人数 [1.1人～6.6人]	1688	1	6	2.09	.747
生活保護4タイプ [1.過去現在経験あり, 2.過去あり現在経験なし, 3.過去なし現在経験あり, 4.過去現在とも経験なし]	2376	1	4	3.94	.389
生活保護2タイプ [1.過去現在いずれか経験有り, 2.過去現在経験なし]	2376	1	2	1.97	.166
健康状態 [1.健康でない～5.健康だ]	2384	1	5	3.56	1.092
1ヶ月の勤労収入 [1.なし, 2.10万円未満, 3.10～20万円未満～9.70～80万円未満, 10.80万円以上]	2224	1	10	4.77	3.478
家計の金融資産 [1.なし, 2.200万円未満, 3.200～300万円未満～14.1800～2000万円未満, 15.2000万円以上]	1981	1	15	4.66	4.507
本人の最終学歴 [1.中学卒, 2.高校卒, 3.専修学校卒（専門学校を含む）, 4.短大・高専卒, 5.大学卒, 6.大学院卒]	2333	1	6	2.64	1.378
生活レベル（所得, 消費, 資産など）の格差 [1.全く感じない～5.非常に感じる]	2360	1	5	3.69	1.006
中央と地方の格差 [1.全く感じない～5.非常に感じる]	2353	1	5	3.39	.997
自分が住んでいる地域と近隣地域の格差 [1.全く感じない～5.非常に感じる]	2363	1	5	2.95	.955
労働者の間の格差 [1.全く感じない～5.非常に感じる]	2350	1	5	3.77	1.013
人生における様々なできごとの格差 [1.全く感じない～5.非常に感じる]	2355	1	5	3.37	1.057
社会保障制度の格差 [1.全く感じない～5.非常に感じる]	2366	1	5	3.75	.984
日本の所得格差は大きすぎる [1.そう思わない～5.そう思う]	2360	1	5	3.82	1.002
所得の格差を縮めるのは政府の責任だ [1.そう思わない～5.そう思う]	2358	1	5	3.61	1.108
日本社会は, 誰でも成功できる機会平等が保たれている [1.そう思わない～5.そう思う]	2360	1	5	2.76	1.089
過去5年間で所得や収入の格差は拡大した [1.そう思わない～5.そう思う]	2362	1	5	3.64	1.076
今後5年間で所得や収入の格差は拡大していく [1.そう思わない～5.そう思う]	2360	1	5	3.76	1.051
近所との付き合いの状況 [1.ほとんど付き合いはない, 2.会えば挨拶をする, 3.たまに立ち話をする, 4.預かり物をしたり, 留守を頼んだりする, 5.困ったときに相談を受けたり世話をし合ったりする]	2384	1	5	2.59	1.001

（出所）　科学研究費補助金（基盤研究A）による研究「地域間格差生成の要因分析と格差縮小政策（研究代表：橘木俊詔）」。

第Ⅰ部 ベーシック・インカム論をどう捉えるか

```
賛　成              10.9
どちらかと言えば賛成  18.8
どちらとも言えない    36.1
どちらかと言えば反対  22.7
反　対              11.5
```

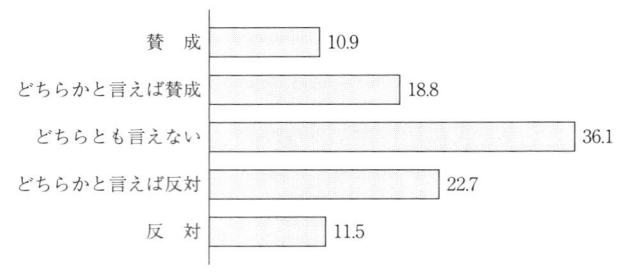

図1-1 「必要最低限の生活費を政府が支給する」という考え方

(単位:％)

表 1-2 他国との比較

(単位:％)

	Andersson and Kangas (2002)		Bay and Pedersen (2006)	本アンケート
	フィンランド	スウェーデン	ノルウェー	日　本
賛　成	63	46	66	29.7
反　対	32	48	30	34.2
知らない	5	10	3	
どちらともいえない				36.1

れている。「賛成」は10.9％,「どちらかと言えば賛成」は18.8％で,これらを合わせると約30％となる。どちらとも言えないが36.1％,反対が(「反対」と「どちらかと言えば反対」。以下では,特に言及しない限り,反対と述べるときは「反対」と「どちらかと言えば反対」の合計を意味する)34.2％である。

最近のBIに関するアンケート調査として,Andersson and Kangas (2002)とBay and Pedersen (2006)がある。前者はスウェーデンとフィンランド,後者はノルウェーで行われた調査である。これこれらの結果と本アンケート調査の結果が表1-2で示されている

ノルウェーではBIに賛成する比率が66％と一番高い。次にフィンランド,スウェーデンと続く。日本は29.7％と一番小さい。Bay and Pedersen (2006)は,ノルウェーで支持が高い理由として,ノルウェー経済の石油を基礎とする財政的に安定的な経済環境の下で,費用のかかるBIの導入に寛容であると指摘している。さらに,ノルウェーでは便益と課税による負担を組み合わせた総

表1-3　BIの財源

		所得税	消費税	その他の税	合　計
BIに賛成	度数(人)	87	84	80	251
	BIに賛成の %	34.7	33.5	31.9	100.0
BIにどちらかと言えば賛成	度数(人)	147	141	143	431
	BIにどちらかと言えば賛成の %	34.1	32.7	33.2	100.0
合　計	度数(人)	234	225	223	682
	%	34.3	33.0	32.7	100.0

合的な（universalistic）社会保障に基礎をおいているため，BIをより受け入れやすい傾向をかもしだす社会政策上の伝統もあると指摘する。

ベーシック・インカムの財源

　BIに賛成する回答者（「賛成」と「どちらかと言えば賛成」。以下では，特に言及しない限り，賛成と述べるときは「賛成」と「どちらかと言えば賛成」の合計を意味する）には，その財源として何が望ましいかを尋ねている。その結果は表1-3のとおりである。

　BIに賛成の回答者は所得税が34.3%，消費税が33.0%，その他の税が32.7%と所得税がやや高いがほとんど差がない。BIに「賛成」あるいは「どちらかと言えば賛成」と答えた回答者の間でもほとんど差がない。

　BIの財源に関する議論はいくつかある。Atkinson（1995）は定率所得税とBIの財源について最適所得税の枠組みで議論を展開しており，日本では浦川（2007）が同様の分析を試みている。これらは所得税率とBIの水準との関係に注目しており，BIの財源としてどの税が望ましいかという議論ではない。吉原（2009）もどの税が望ましいかという議論ではないが，誘因両立的なBI制度の財源としての所得税ルールの存在を証明している。日本では小沢（2008）の財源に関する研究がある。そこでは，望ましい税の検討は行われていないが，いくつかの試算が試みられている。

　どのような財源が望ましいかの議論としては，次のような研究を挙げることができるが十分ではない。Murphy and Nagel（2002，訳161頁）は税とBIの財

第Ⅰ部　ベーシック・インカム論をどう捉えるか

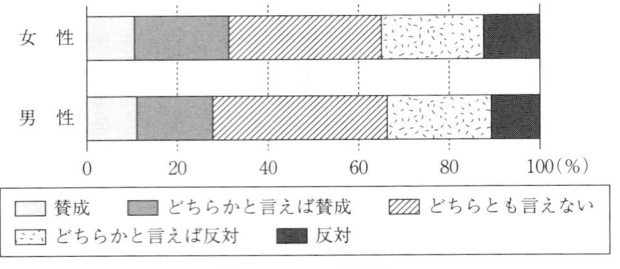

図 1-2　BI と性別

源について論じている。そこでは，課税は社会的正義を達成するために位置づけられなければならいないとし，累進的な所得税が主張されている。Werner (2008) は平等な社会を実現するためには BI の導入が必要で，社会正義のために財源として消費税が望ましいと主張している。

今回の調査結果では，財源として望ましい税の間に差がなかったのは，BI 自体余り知られていない上に，今見たようにその財源についても十分議論されていない現状では，判断のしようがないといった状況を反映しているように思われる。

4　個人の基本的属性とベーシック・インカム

ここでは，個人の基本的属性として，性別，年齢，結婚状況，子どもの有無，生活保護経験，健康状態，1カ月の勤労収入，家計の金融資産，本人の最終学歴を取り上げ，これらと BI への賛成の程度との関係について見てみる。

性　別

図 1-2 から，男性が BI に対して賛成する比率は女性のそれより低いが，反対の比率も男性の方がより低い。このことから，男性と女性のどちらが BI により賛成かどうかは分からない。

Bay and Pedersen (2006) では，統計的に有意ではないが男性の賛成の比率が高くなっている。また，Andersson and Kangas (2002) では具体的な数字は掲載されていないが，男性が女性に比べてより高い BI の金額を提示する傾向

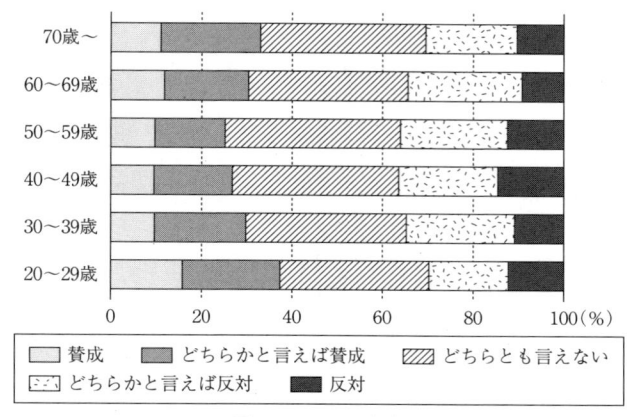

図1-3　BIと年齢

があるということから，男性の賛成の比率が高くなっていることが予想される。さらに，アメリカを対象（1972~98年）として所得再分配政策と様々な変数との関係を研究している Alesina, Glaeser and Sacerdote（2001）は，統計的には有意ではないが男性の方が所得再分配政策をより支持していることを示している。所得再分配政策については女性の方が支持していると言われている（Bay and Pedersen（2006），p. 426）が，性別と所得再分配政策の間には一般的な結論はまだ見出されていない。

年　齢

　図1-3で示されるように，20~29歳において BI に賛成する比率が一番高い。Andersson and Kangas（2002）は，スウェーデンでは16~29歳の59％がBI に賛成し，フィンランドでは15~24歳の78％が BI に賛成していると指摘している。このように若年者は BI に賛成する傾向が見られ，年齢が上がるにつれ，BI に賛成する比率が低下している。しかし，60歳以上になると BI に賛成する比率が上昇する。Andersson and Kangas（2002）では具体的な数字は掲載されていないが，高齢者が若年者に比べてより高い BI の金額を提示する傾向があると述べている。このことから，高齢者になると BI に賛成する傾向が高くなることが推測される。このように，年齢と BI に対する賛成の程度の関係

第Ⅰ部　ベーシック・インカム論をどう捉えるか

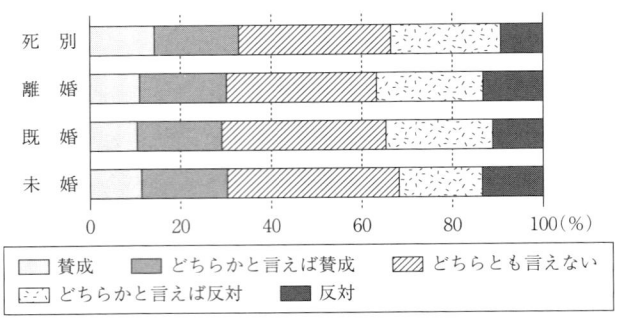

図1-4　BIと結婚状況

は単調ではないと思われる。

結婚状況

結婚状況にかかわらず，BIに賛成する比率はあまり変わらない（図1-4）。ただ，離婚の回答者は，BIに対して「どちらかと言えば反対」と「反対」の比率がやや多い。Alesina, Glaeser and Sacerdote (2001) は，既婚者は所得再分配に反対することが統計的に有意（5％水準）であることを示している。本アンケートでは，結婚状況はBIに対する姿勢に影響を与えていないことが読み取れる。

子どもの有無

図1-5から分かるように，子どもがいる回答者は，いない回答者に比べてBIに賛成する比率が低い。また，反対する比率も高い。子どものいる回答者は将来何かあったとき，子どもがセーフティネットとして働く可能性があるので，BIに賛成する傾向が低くなると思われる。

Meade (1972) は，BIは子どもが多い家族により多く支給されるので，子どもを持つ意欲に影響を及ぼすと述べている。子どもがいる回答者のみを取り上げ，子どもの数とBIに対する考えの関係を表したのが図1-6である。子どもの数が増えると，BIに賛成する傾向があることが分かる。同時に，子どもの数が増えると，反対の比率も高くなっている。Alesina, Glaeser and Sacerdote (2001) でも，子どもの数が増えると，所得再分配がより支持される

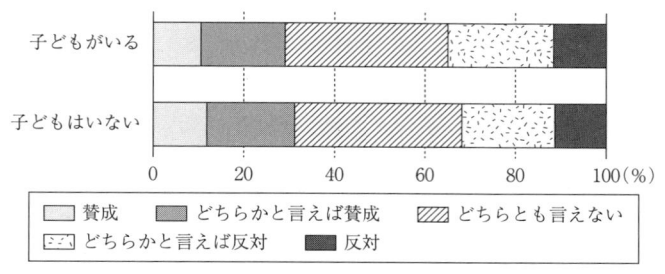

図 1-5　BI と子どもの有無

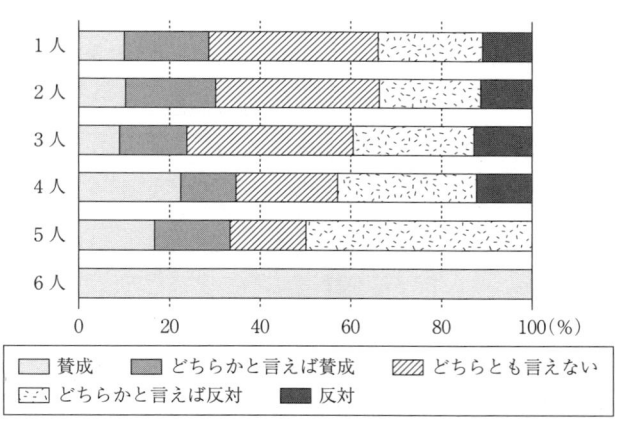

図 1-6　BI と子どもの数

ことが統計的に有意（5％有意水準）であると示している。

生活保護経験

　BI への回答と生活保護の回答に同時に答えた回答者2328名のうち，生活保護の経験者は図 1-7 の縦軸のラベル右括弧内の数字を合計した63名である。生活保護を現在および過去に受給したことがない回答者は，BI に賛成する傾向が低くなる。過去に受給し現在受給していない回答者は BI に賛成する傾向が一番高い。次に BI に賛成する傾向が大きいのは，過去に受給し現在も受給している回答者である。過去には受給しておらず，現在受給している回答者が次に賛成する傾向が大きい。このことから，過去に受給を経験した回答者が

第Ⅰ部　ベーシック・インカム論をどう捉えるか

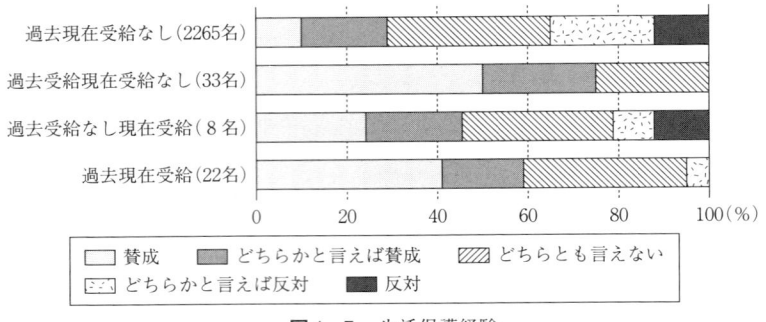

図1-7　生活保護経験

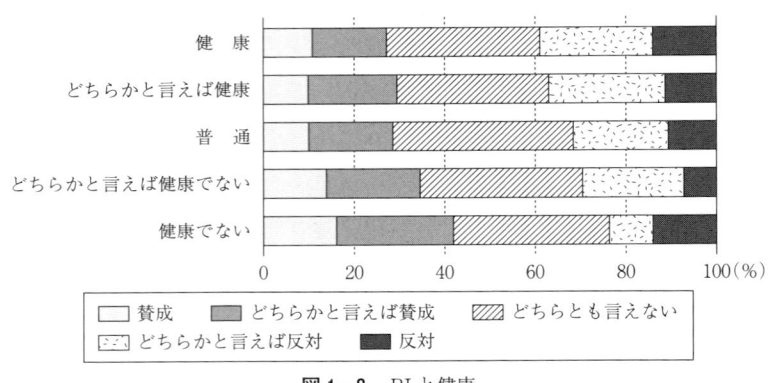

図1-8　BIと健康

BIに賛成する傾向が大きいように思われる。

健康状態

　図1-8から，健康的な回答者ほどBIに対して賛成する傾向が小さくなると同時に，反対する傾向が大きくなっていることが分かる。健康状態が悪ければ主観的に経済的不安が増大することが近藤（2007，第13章）によって指摘されている。このことから，健康であるほど経済的不安がなくなり援助は必要でないと思われるので，このような結果がでているものと思われる。

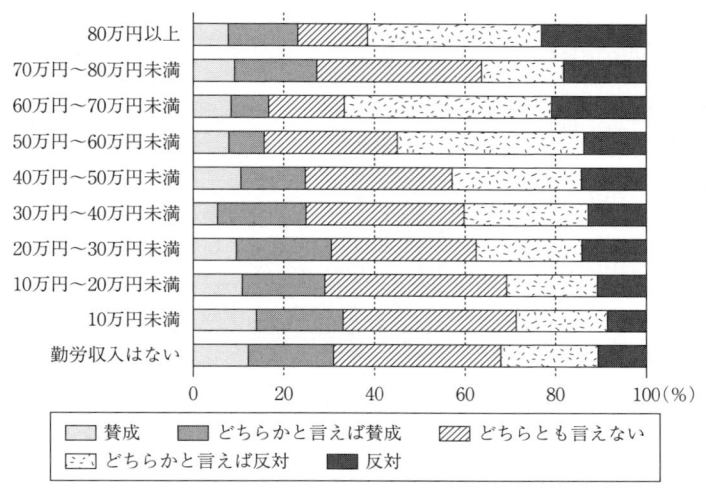

第1章　ベーシック・インカムに関する意識調査

図1-9　BIと1カ月の勤労収入

1カ月の勤労収入

　1カ月の勤労収入が増えるにつれ，賛成の比率は減少しているように思われる（図1-9）。ただ，70万円以上の回答者の賛成の比率は若干高くなっている。所得水準が高くなればなるほどBIに賛成しなくなる傾向は，Andersson and Kangas（2002）でも指摘されている。また，Alesina, Glaeser and Sacerdote（2001）でも，所得水準が高くなると所得再分配を支持しなくなることが指摘されている。BIを所得再分配と捉えると，本アンケート調査結果はこれらの研究結果と整合的である。

家計の金融資産

　家計の金融資産が大きい回答者は，BIに対して賛成する比率が小さい（図1-10）。700～800万円未満や1200～1400万円未満の範囲でBIに賛成の比率がやや大きくなっているが，全体的には家計の金融資産が大きくなるにしたがって，BIに賛成する比率が小さくなっているように思われる。また，家計の金融資産が大きくなるにつれBIに反対する比率が一様に増加しているわけでないが，全体的には家計の金融資産が大きくなるにしたがってBIに反対する比

第Ⅰ部　ベーシック・インカム論をどう捉えるか

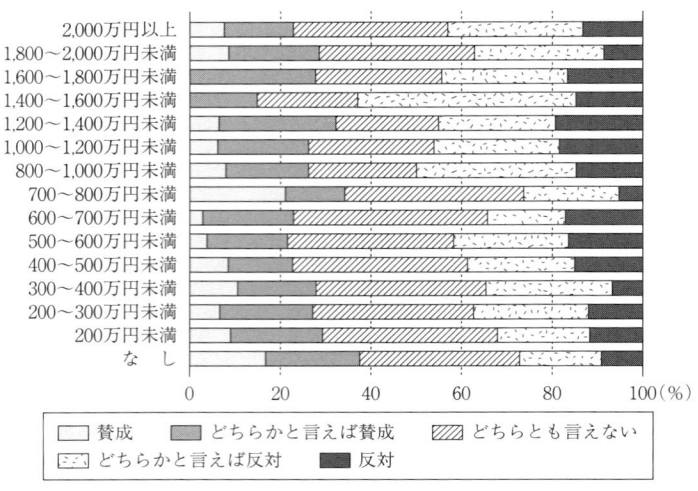

図1-10　BIと家計の金融資産

（縦軸：2,000万円以上／1,800～2,000万円未満／1,600～1,800万円未満／1,400～1,600万円未満／1,200～1,400万円未満／1,000～1,200万円未満／800～1,000万円未満／700～800万円未満／600～700万円未満／500～600万円未満／400～500万円未満／300～400万円未満／200～300万円未満／200万円未満／なし）

凡例：賛成／どちらかと言えば賛成／どちらとも言えない／どちらかと言えば反対／反対

率が大きくなっている傾向が見られる。この現象は，金融資産が大きくなるにしたがって，将来不測の事態が発生しても金融資産がセーフティネットとして機能し，BIのような所得保障に対する需要が発生しにくいことを反映していると思われる。

本人の最終学歴

中学卒から学歴が高くなるにつれ，BIに反対の比率が高くなり，賛成の比率は低下している（図1-11）。しかし，BIに賛成する比率は大学卒と大学院卒で高くなっている。Alesina, Glaeser and Sacerdote（2001）では，教育と所得再分配の関係は単調な関係でないことを指摘している。そこでは，図1-11で示されているのと同様に，学歴が高くなるにつれ，最初は所得再分配に賛成する比率は低下するが，高学歴で所得再分配を支持する比率が高くなることが明らかにされている。ただ，Andersson and Kangas（2002）では教育水準が高くなるほどBIに賛成の比率が低下していることが示されている。

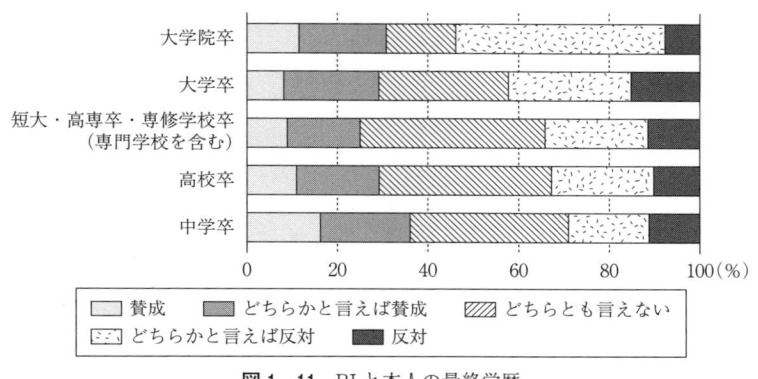

第1章　ベーシック・インカムに関する意識調査

図1-11　BIと本人の最終学歴

5　日本社会についての意見とベーシック・インカム

　日本社会についての意見として，日本の社会で感じられる格差，日本の所得格差は大きすぎる，所得格差を縮めるのは政府の責任である，日本社会は誰でも成功できる機会平等が保たれている，過去5年間で所得や収入の格差は拡大した，今後5年間で所得や収入の格差は拡大していくについての質問について回答を求めている。ここでは，これらの日本社会についての意見とBIに賛成の程度との関係を見ていく。

日本の社会で感じられる格差

　アンケートでは日本の社会の格差について，いくつかの観点から回答を求めている。それらは，生活レベル（所得，消費，資産など）の格差，中央と地方の格差，自分が住んでいる地域と近隣地域の格差，労働者の間の格差，人生における様々な出来事の格差，社会保障制度の格差である。
　これら5つの格差に対する回答は同じ傾向を示している。代表例として，生活レベルの格差が図1-12で示されている。生活レベルの格差を「全く感じない」回答者はBIに賛成する比率は大きいが，「どちらかと言えば感じない」で低下している。そして，生活レベルの格差を感じる程，BIに賛成する傾向が大きくなる。一般的に言うと，生活レベルの格差を感じない回答者と感じる

第Ⅰ部 ベーシック・インカム論をどう捉えるか

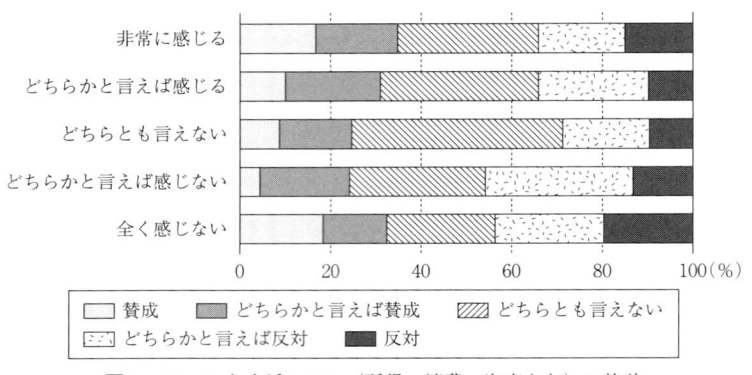

図1-12 BIと生活レベル（所得，消費，資産など）の格差

表1-4 格差の主成分分析

	第1主成分
生活レベル（所得，消費，資産など）の格差	0.741
中央と地方の格差	0.723
自分が住んでいる地域と近隣地域の格差	0.670
労働者の間の格差	0.753
人生における様々なできごとの格差	0.754
社会保障制度の格差	0.721

回答者はBIに賛成する傾向が高く，生活レベルの格差にどちらとも言えないと答えた回答者はBIに賛成する傾向が低い。このような傾向は，中央と地方の格差，自分が住んでいる地域と近隣地域の格差，労働者の間の格差，人生における様々な出来事の格差，社会保障制度の格差でも見られる傾向である。

　これらの5つの格差に対する回答の関係を確認するため，主成分分析を試みた。固有値が1を超えた主成分は1つであり，そのウエイトベクトルは表1-4のように示される。ウエイトは，0.67～0.754とプラスであり，大きな値である。質問項目では，格差を感じる程選択肢の値が大きくなっているので，格差を感じる程主成分の得点が高くなっている。したがって，第1主成分は格差の感じ方の大きさを示していると考えられる。後で試みられる回帰分析ではこ

```
そう思う
どちらかと言えばそう思う
どちらとも言えない
どちらかと言えばそう思わない
そう思わない
```

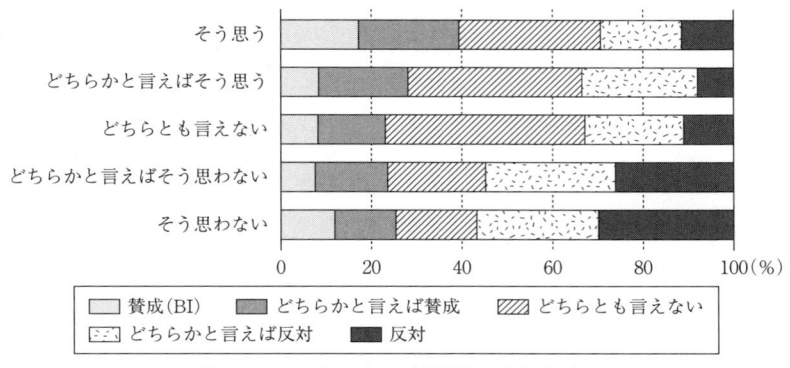

凡例: 賛成(BI) / どちらかと言えば賛成 / どちらとも言えない / どちらかと言えば反対 / 反対

図 1-13　BI と日本の所得格差は大きすぎる

こで得られた第1主成分得点が，格差の感じ方の指標として用いられる。

日本の所得格差は大きすぎる

　日本の所得格差は大きすぎると「そう思わない」から「どちらとも言えない」に動くにつれてわずかに賛成の比率が低下しているが，「そう思う」に移動するにつれて賛成の比率が大きくなっている（図1-13）。全体的には，所得格差が大きすぎると感じる回答者ほど，BI の賛成する傾向があると思われる。

所得の格差を縮めるのは政府の責任である

　所得の格差を縮めるのは政府の責任であると「そう思わない」から「どちらかと言えばそう思わない」にかけてやや賛成の比率が低下している（図1-14）。しかし，「そう思う」に移動するにつれて賛成の比率がはっきりと大きくなっているのが分かる。全体的には，所得の格差を縮めるのは政府の責任であると思う回答者ほど，BI の賛成する傾向がある。

日本社会は，誰でも成功できる機会平等が保たれている

　日本社会は，誰でも成功できる機会平等が保たれているかの質問に対し，「どちらかと言えばそう思う」から「そう思う」に移動するにつれて BI に対して賛成する比率がやや増加している（図1-15）。しかし，全体的に見ると，

第Ⅰ部 ベーシック・インカム論をどう捉えるか

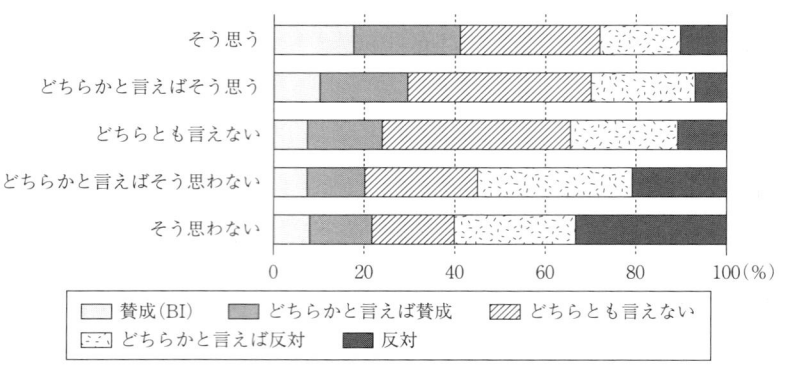

図1-14 BIと所得格差を縮めるのは政府の責任である

日本社会は誰でも成功できる機会平等が保たれていると思うほど，BIに対して賛成する比率が低くなっている傾向が見られる。

この点の解釈は，Alesina, Glaeser and Sacerdote（2001）やAlesina and Angeletos（2005）の最近の研究が参考になる。彼らは相互的な利他主義が，所得再分配政策に影響していると主張している。特に，人生の成功が運によると認識するか，あるいは個人の努力によると認識するかによって所得再分配政策に対する考えが変わってくると述べている。つまり，人生の成功が運によると認識する個人は，貧者になったらそれは個人の責任に帰することはできないので，所得再分配政策を支持する。しかし，人生の成功が個人の努力によるものと認識する個人は，貧者になったらそれは個人の責任であるから，所得再分配政策に支持しなくなる。

このようなことを考慮すると，日本社会は，誰でも成功できる機会平等が保たれていると思うほど，人生の結果は個人の責任と捉える傾向があるので，BIを支持しなくなると考えることができる。

格差拡大に関する認識

格差拡大に関する認識を確認するため，「過去5年間で所得や収入の格差は拡大したか」と「今後5年間で所得や収入の格差は拡大していくか」の2つの質問を行っている。これら2つの回答は似ているので，代表例として「過去5

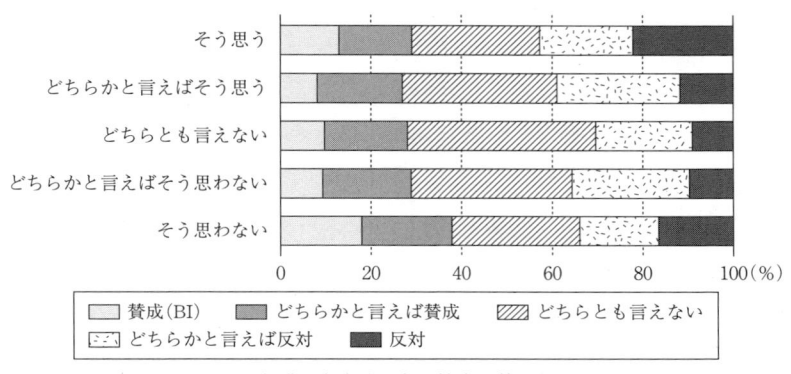

第1章　ベーシック・インカムに関する意識調査

図1-15 BIと誰でも成功できる機会平等が保たれている

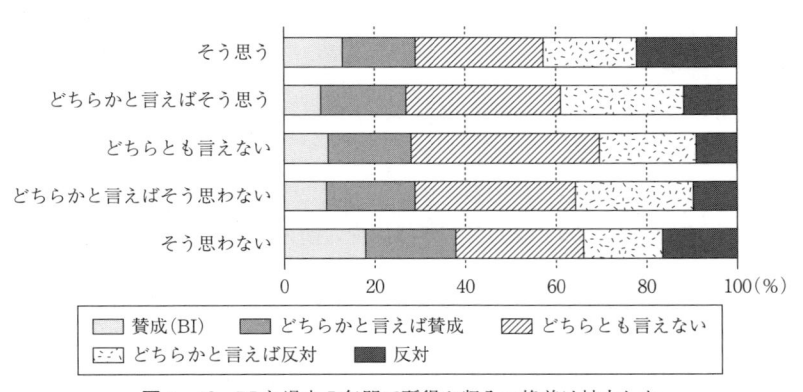

図1-16 BIと過去5年間で所得や収入の格差は拡大した

年間で所得や収入の格差は拡大した」に対する回答を取り上げる。これは図1-16で示されている。

　過去5年間で所得や収入の格差は拡大したに対するの質問に対し「どちらかと言えばそう思う」から「そう思う」にかけてBIに対して賛成する比率が増加している。しかし，過去5年間で所得や収入の格差は拡大したと思うほど，BIに対して賛成する比率が低くなっている傾向が見られる。

　「過去5年間で所得や収入の格差は拡大したか」と「今後5年間で所得や収入の格差は拡大していくか」に対する2つの回答の関係を確認するため，主成

第Ⅰ部　ベーシック・インカム論をどう捉えるか

表1-5　格差拡大の主成分分析

	第1主成分
過去5年間で所得や収入の格差は拡大した	0.919
今後5年間で所得や収入の格差は拡大していく	0.919

分分析を試みる。固有値が1を超えた主成分は1つであり，そのウエイトベクトルは表1-5のように示される。ウエイトは，0.919とプラスで同じ値である。質問項目では，格差は拡大したあるいは拡大すると感じる程選択肢の値が大きくなっているので，格差は拡大したあるいは拡大していくと感じる程主成分の得点が高くなっている。したがって，第1主成分は格差は拡大したあるいは拡大していく感じ方の大きさを示していると考えられる。後で試みられる回帰分析でここで得られた主成分得点が格差の感じ方の指標として用いられる。

6　ソーシャル・キャピタルとベーシック・インカム

ソーシャル・キャピタル（社会関係資本）は，パットナムによって指摘されたもので，Putnam（2000，訳14頁）では「個人間のつながり，すなわち社会的ネットワーク，およびそこから生じる互酬性と信頼性の規範」と定義している。ソーシャル・キャピタルの存在は様々な形で，経済的パフォーマンスに影響を与えることが指摘されている。

ソーシャル・キャピタルとして，近所との付き合いの状況が挙げられる。図1-17の上部の「困ったときに相談を受けたり世話をし合ったりする」から下部にある「ほとんど付き合いはない」に移行するにつれてソーシャル・キャピタルが希薄になっていることを示している。ソーシャル・キャピタルがやや強い「困ったときに相談を受けたり世話をし合ったりする」，「預かり物をしたり，留守を頼んだりする」，「たまに立ち話をする」では，それぞれ賛成は27％，21％，24％なのに対し，ソーシャル・キャピタルがより希薄な「会えば挨拶をする」と「ほとんど付き合いはない」は，それぞれ賛成が33％である。このように，ソーシャル・キャピタルが希薄になると，BIを支持する回答が多くなる傾向がある。

第1章 ベーシック・インカムに関する意識調査

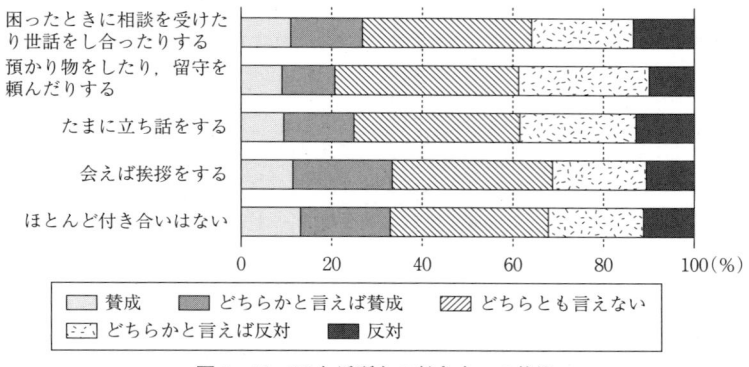

図1-17 BIと近所との付き合いの状況

7 回帰分析による検証

　これまで説明されてきた関係を統計的に検証してみる。順序プロビットなどの手法もあるが，結果の解釈が容易で，一般読者によりなじみのある回帰分析を用いる。分析に当たって，説明変数として前の節で取り上げた変数を用いる。しかし，子どもの数を説明変数として用いるとサンプル数が少なくなるので割愛した。また，結婚状況についてもクロス表でほとんどBIとの関係が見られなかったので割愛した。回答のない説明変数があるので，これらを除外した結果，サンプル数は1808となった。

　表1-6に最小2乗法による推定結果が示されている。表の(1)列には，被説明変数（1行目）と説明変数（2行目以降）が書かれている。(2), (3), (4)列目にそれぞれの説明変数の係数，t値，ベータ係数が書かれている。(5)列目には参考のため，有意確率（いわゆるP値）が書かれている。修正済み決定係数は0.031と低いが，こういった分野における研究ではそれほど低い値ではない。

　推定の結果，有意水準5％で有意な説明変数は，生活保護ダミー，健康状態，家計の金融資産，5つの格差の主成分得点である。

　最初に，有意な変数を中心に説明する。先のクロス表では生活保護経験を4つの対応に分けたが，生活保護経験のサンプル数が少ないので，過去現在とも

第Ⅰ部　ベーシック・インカム論をどう捉えるか

表1-6　推定結果

(1)被説明変数[1=BIに反対，～，5=BIに賛成](1)	(2)係　数	(3)t 値	(4)ベータ係数	(5)有意確率
定　数	3.659**	22.616		.000
性別ダミー[男性=1，女性=0]	-0.033	-.596	-.015	.551
年齢ダミー[30から39歳=1，その他=0]	-0.137	-1.243	-.047	.214
年齢ダミー[40から49歳=1，その他=0]	-0.173	-1.563	-.059	.118
年齢ダミー[50から59歳=1，その他=0]	-0.202*	-1.762	-.071	.078
年齢ダミー[60から69歳=1，その他=0]	-0.031	-.266	-.011	.790
年齢ダミー[70歳以上=1，その他=0]	0.013	.092	.003	.926
子どもダミー[あり=1，なし=0]	-0.054	-.768	-.020	.443
生活保護ダミー[生保経験あり=1，なし=0]	0.494**	3.029	.072	.002
健康状態[1．健康でない，～，5．健康だ]	-0.059**	-2.305	-.056	.021
1ヵ月の勤労収入[1．なし，2．10万円未満，3．10～20万円未満，～，9．70～80万円未満，10．80万円以上]	-0.010	-1.254	-.031	.210
家計の金融資産[1．なし，2．200万円未満，3．300～400万円未満，～，14．1800～2000万円未満，15．2000万円以上]	-0.025**	-3.777	-.096	.000
本人の学歴ダミー[高校卒=1，その他=0]	-0.098	-1.265	-.043	.206
本人の学歴ダミー[短大高専修卒=1，その他=0]	-0.112	-1.200	-.039	.230
本人の学歴ダミー[大学卒=1，その他=0]	-0.089	-.931	-.030	.352
本人の学歴ダミー[大学院卒=1，その他=0]	-0.063	-.256	-.006	.798
5つの格差の主成分得点[値が大きいほど格差があると感じていることを意味する]	0.088**	3.027	.076	.003
過去あるいは今後の格差主成分得点[値が大きいほど格差が拡大していること意味する]	-0.013	-.461	-.012	.645
近所との付き合いの状況[値が大きいほど付き合いの程度が濃くなる]	-0.049*	-1.733	-.042	.083

(注)　修正済み決定係数：0.031。サンプル数：1808。
　　　**は有意水準5％で有意，*は有意水準10％で有意あることを示す。

受給を受けていないタイプとこれ以外のタイプの2つのタイプに分けて分析した。生活保護ダミー変数の係数は0.494とプラスで，有意水準5％で有意である。したがって，現在あるいは過去に生活保護の経験があると，BIを支持する傾向がある。係数は0.494と大きいがベータ係数は0.072である。この値は5

つの格差の主成分得点のベータ係数より小さいが，他の説明変数のベータ係数よりはかなり大きいので，生活保護の経験の有無はBIの考え方に大きな影響を与えている。健康状態が良いほど，BIを支持しなくなることが分かる。金融資産の係数はマイナスなので，金融資産が増えるほどBIを支持しなくなる傾向がある。ベータ係数は－0.096と絶対値で一番大きな値なので，BIの考え方に対する影響は一番強い。本人の1カ月の勤労収入の係数はマイナスになっているが，統計的には有意でない。このことは，所得格差よりは資産格差の方がBIの考え方により大きな影響を与えていること示している。

5つの格差，すなわち生活レベル（所得，消費，資産など）の格差，中央と地方の格差，自分が住んでいる地域と近隣地域の格差，労働者の間の格差，人生における様々な出来事の格差および社会保障制度の格差の主成分得点の係数はプラスなので，これらの格差を感じるほどBIを賛成する傾向が見られる。ベータ係数も0.076と大きな値である。

過去に格差が拡大した，あるいは今後も格差が拡大する程度を示す，過去あるいは今後の格差主成分得点の係数はマイナスであるが，統計的には有意でない。このように，格差が拡大したかどうかはあまり問題でなく，今述べた金融資産や5つの格差など格差の大きさ自体がBIの考え方に大きな影響を与えていることが分かる。

有意水準10％で有意である説明変数として，近所の付き合いの状況がある。係数はマイナスなので，付き合いの程度が濃くなるほど，BIを賛成しなくなる傾向が大きくなっている。

統計的に有意でない説明変数に移る。先の分析では，男性あるいは女性のどちらがBIを支持するか明確でなかったが，男性ダミーの係数はマイナスである。しかし，BIへの賛成に関して性別は統計的に有意でないことが分かる。

20～29歳を基準とする年齢ダミー変数は50～59歳で10％で有意になっているが，それ以外は有意でない。係数を見ると50～59歳までは小さくなっているので，20～59歳に年齢が上がるにつれてBIに賛成しなくなる傾向がみられる。しかし，60歳以降の係数は大きくなっているので，60歳以降は年齢が上がるにつれBIに賛成する傾向が強くなる。この点は，4節で言及した。子どもの有無は有意でないことが確認できる。

中学卒を基準とする本人の学歴ダミー変数は統計的で有意でなく，先に示したクロス表の結果と同じである。その際，大学院卒のような高学歴ではBIに賛成する傾向が強くなると述べたが，大学院卒のダミーの係数を見るとこのことが確認できる。

8 求められる研究の蓄積

アンケート調査を基に，人々がBIをどのように考えているのかについて分析を試みてきた。その結果，性別，結婚状況，子どもの有無，年齢，所得，学歴および格差拡大に関する認識はBIの考え方に統計的に影響を及ぼしていないことが分かった。他方，BIの考え方に統計的に影響を及ぼす変数として，生活保護の経験の有無，家計の金融資産，健康状態，5つの格差（生活レベルの格差，中央と地方の格差，自分が住んでいる地域と近隣地域の格差，労働者の間の格差，人生における様々な出来事の格差および社会保障制度の格差）およびソーシャル・キャピタル（近所づきあい）が確認できた。

所得再分配政策を支持する規定要因として，これまでの研究ではAlesina, Glaeser and Sacerdote（2001）に見られるように，所得や結婚状況は有意な変数として挙げられている。しかし，今回の分析ではこれらはBIの有意な規定要因としては確認できなかった。本章ではBIを所得再分配政策の1つとして分析を進めてきた。先行研究と本章とのこういった違いが，BIを所得再分配政策と位置づける本章の立場から来ているのか，あるいは本章で用いたアンケート調査のサンプルの特性から来ているのか今後検証する必要がある。

また，生活保護の経験，家計の金融資産，健康状態，様々な格差の大きさに関する認識およびソーシャル・キャピタルが，BIの規定要因として有意であることが新たに確認できた。この点も，今回用いたアンケート調査のサンプルの特性から来ているのかもしれない。本格的なBIに関するアンケート調査が必要と思われる。

参考文献

浦川邦夫（2007）「ベーシック・インカム論に関する政治経済学的考察」『国民経済雑誌』第196巻，第6号，pp. 93-114。

小沢修司 (2008)「日本におけるベーシック・インカムに至る道」武川正吾編『シティズンシップとベーシック・インカムの可能性』法律文化社, 2008年。

近藤克則編 (2007)『検証「健康格差社会」』医学書院。

橘木俊詔・山森亮 (2009)『貧困を救うのは, 社会保障か, ベーシック・インカムか』人文書院。

山森亮 (2009)『ベーシック・インカム入門』光文社新書。

吉原直毅 (2009)「ベーシック・インカムの実効可能性」『経済セミナー』2・3月号, pp. 107-117。

Alesina, A., E. Glaeser and B. Sacerdote (2001) "Why Doesn't the United States Have a European-Style Wefare State?," *Brookings Papers on Economic Activity*, Vol. 2001, No. 2, pp. 187-254.

Alesina, A. and G. Angeletos (2005) "Fairness and Redistribution," *American Economic Review*, Vol. 95, No. 4, pp. 960-980.

Andersson, J. O. and O. Kangas (2002) "Popular Support for Basic Income in Sweden and Finland," Paper presented at the 9th BIEN International Congress, Geneva.

Atkinson, A. B. (1995) *Public Economics in Action: The Basic Income/Flat Tax Proposal*, Clarendon Press.

Bay, A. and A. W. Pedersen (2006) "The Limits of Social Solidarity: Basic Income, Immigration and the Legitimacy of the Universal Welfare," *Acta Sociologica*, Vol. 49, No. 4, pp. 419-436.

Meade, J. E. (1972) "Poverty in the welfare state," *Oxford Economic Papers*, Vo. 24, No. 3, pp. 289-326.

Murphy, L. and T. Nagel (2002) *The Myth of Ownership: Taxes and Justice*, Oxford University Press. (伊藤恭彦訳『税と正義』名古屋大学出版会, 2006年)

Putnam, R. D. (1993) *Making Democracy Work: Civic Traditions in Modern Italy*, Princeton, NJ: Princeton University Press. (河田潤一訳『哲学する民主主義』NTT出版, 2001年)

Putnam, R. D. (2000) *Bowling Alone: The Collapse and Revival of American Community*, Simon & Schuster. (柴内康文訳『孤独なボウリング――米国コミュニティの崩壊と再生』柏書房, 2006年)

Werner, G. W. (2008) *Einkommen für Alle*, Verlag Kiepenheuer & Witsche. (渡辺一男訳『すべての人にベーシック・インカムを――基本的人権としての所得保障について』現代書館, 2009年)

第2章　新しい福祉システムを導入するに際して考慮すること
——ベーシック・インカム政策を支持するのはどういう人か——

髙 松 里 江

橘 木 俊 詔

1　新しい福祉システムに向けて

　所得のない人，あるいは非常に低い所得しかない貧困者に，社会が経済支援を行うということに，反対する人はほとんどいない。憲法でも保障された生活権の確保ということにも社会の含意がある。

　しかし，その方策については様々な考え方がある。本章ではまったく異なる2つの政策措置と，その哲学・倫理学的背景について論じてみたい。

　一つは，「Welfare to work」あるいは「ワークフェア」と呼んでもよいもので，人が働くということを前提にして，すべての国民に生きていくだけの生活給を支払うというものである。もう一つは，本章での主要関心である「ベーシック・インカム」という考え方であり，すべての国民に生きていくだけの生活給を支払うというものである。もとより前者であっても，健康やその他の理由でもって働けない人に経済支援を行うことを容認するし，後者にあっては働く人・働かない人の区別なく，全員に経済視点を行うことに特色がある。

　後者のベーシック・インカムはさほど新しいものではなく，18世紀のヨーロッパで既にその発想はあった。トマス・ペインという英国の思想家，J.S.ミルという古典派経済学者による有名な著作『経済学原理』の中で，働くことのできる人かできない人かに関係なく，一定の所得給付を行うという考え方が表明されている。

　国が最低限の生活保障を行うのは国家の義務という哲学と見なしてよいが，この思想がさらに発展して，すべての国民は国からこの支給を受ける権利を有

するという方向に進んだ。生まれながらの権利なのかどうか，論者によって意見の分かれるところであるが，専門家の間では一定の支持があった。

　興味深いことに，アメリカのケインジアンでリベラル派として有名であったJ.トービンはもとより，マネタリストで保守派の代表格であり，いつも対立していたM.フリードマンも，限定的ながらベーシック・インカムの考え方を支持していた。後者の支持は意外かもしれないが，貧困家庭に『負の所得税』を支払うというフリードマンの主張は，ベーシック・インカムの弱い意味での一変形と見なせるからである。

　働くか働かないかに関係なく，政府が国民全員に一定額を支払うというベーシック・インカムの思想には，多くの疑問が提示されている。どのような疑問だろうか。第１に，働かない人に支給するということは，毎日海岸でサーフィンを楽しんでいる遊び人にもベーシック・インカムの支給がなされるようになれば，働かなくなる人が大勢出てきて，経済が弱くなるという危惧がある。

　第２に，国民全員に一定額を支給するのであれば，国民の税負担は巨額になるので，実行不可能という反対論は根強い。国民に50％を超える所得税率の負担を強いるという計算もあるほどで，実現論として無理という意見である。

　ベーシック・インカムの支持者は，これらの反対論に耐え得るような実現的な案を模索しているが，まだ多くの支持がないのでここではそれらの詳しいことを論じない。

　３つだけ補足しておこう。第１に，私たちが主張しているような，高齢引退者全体に基礎年金の金額を税負担で給付する案とか，働かない子どもに一定額の手当を支給する案は，限定された意味でのベーシック・インカムの実践であると解釈できる。換言すれば，働く人にも給付を行うという思想を排除して，働くことができない人にだけ給付するという思想に転換したと考えてよい。

　第２に，わが国で2010年４月～2011年９月まで子ども手当が15歳までの子どもに一律月額１万3000円が支給されたが，この制度はベーシック・インカムの第一歩とみなせることである。額はそう多くないし，年齢に制限があるので，ベーシック・インカムの概念からほど遠いが，日本においてもその片鱗がみられたことは興味深いことである。

　第３に，左派から支持のありそうなベーシック・インカムであるが，興味深

いことに労働者の味方とみなせるマルクス主義の思想からは，評価されていない点である。「働かざるもの食うべからず」は，長い間マルクス主義の根幹とみなされてきたので，働かないサーファーにも給付するという政策をどう納得させうるかが論点である。

　次に，「ワークフェア」を論じておこう。この思想は，福祉を充実する人々が怠惰になって働かなくなるので，なんとか人が進んで働くような福祉制度がないかを探求したものである。分かりやすい例を挙げれば，失業保険制度や生活保護制度が充実すると，人々の求職意欲を削ぐことがある。これら社会保障制度の負の効果を最小にできないか，というのがワークフェアの主旨である。

　ワークフェアの代表政策の一つとして，現在論点となっている「給付つき税額控除策」を述べておこう。働いた人に一定額の税を払い戻す案であり，負の所得税とも解せる案である。ここでは就労が条件になっており，働かない人にはその利益が及ばないことに注目してほしい。いわゆる新自由主義の優勢なアングロ・サクソン流の福祉のタダ乗りを排除する思想と合致する巧妙な策である。

　実は福祉が充実している北欧諸国であっても，この就労条件は相当重要な要件となっていることを強調しておこう。例えば，失業・雇用対策や子育て支援策が充実している北欧であるが，働いていない人よりも働いている人に，より充実した政策が用意されており，就労条件の大切さが伺える。

　もう一つの例は，最低賃金のアップ策がある。貧困撲滅策として役立つ最低賃金制度であるが，これは働いている人だけが利益を享受する制度であり，働いていない人とは無縁なことなので，ワークフェアの一環とみなすことが可能である。

　働く人と働かない人を区別しないで，すべての人に給付のあるベーシック・インカム論と，働く人を優遇しようとするワークフェア論，どちらが好みであるかは，人の哲学・倫理観にも依存すると言える。

　本章では，ベーシック・インカムかワークフェアかの選択に際して，どちらを選択すればよいかの資料になるように，ベーシック・インカムが容認されるとすれば，どういう条件が満たされていれば国民の支持が得られそうかに関心をもって分析する。

2　ベーシック・インカムと負の所得税

ベーシック・インカムと政治的態度

　ベーシック・インカムという制度の興味深い点は，政府による市場介入を嫌う保守派から，政府による市場介入を認めるリベラル派に至るまで，対立するはずの異なる政治的態度をもつ人々から支持がみられることである（Fitzpatric 1999=2005）。なお，ここで言う政治的態度とは，格差の是正に対する政府の役割をどの程度重く見るかによって定義する。以下では，フィッツパトリックの分類を参考に，保守派やリベラル派がどのような点でベーシック・インカムを支持しているのかを整理しよう[1]。

　まず，保守派とは，個人が欲求に従って行動することに価値を置き，政府の市場への介入を嫌う立場である。彼らにとってのベーシック・インカムの利点とは，賃金の中に含まれてきた生活給という役割がなくなるという点にある[2]。これにより，経営者は労働者とその家族を養うという責任から解放されるとともに，政府も必要のない公共事業などを行って雇用を創出する必要がない。また，労働市場の急激な変化に合わせて，雇用調整を行うことができる。このことから，保守派の中でも，経営者や高額納税者としての高所得者は，賛成する可能性が高いと考えられる。

　一方，リベラル派とは，格差や貧困に対して政府による市場のコントロールを認める立場である[3]。彼らにとってのベーシック・インカムの利点とは，生活保護などの給付では対処しきれない層に対しても手が届くので，100％という高い補足率を期待できるという点である。日本では格差や貧困を是正するべきとするリベラル派の立場から紹介されることが多いが（小沢 2002, 山森 2009, 武川編 2008），これは日本がこれまで雇用と家族を福祉の担い手としてきたことと関係している。この福祉制度では，父（夫）の雇用を通じて生活に必要なお金を配分するため雇用や家族から漏れる人に対しては脆弱な側面を持つことになる[4]。このことから，リベラル派の中でも世帯所得の低い人や，格差の拡大を懸念する者は賛成する可能性が高いと考えられる。

　こういった賛成の理由が示されるものの，ベーシック・インカムはそれぞれ

の政治的態度において反対も受けてきた。すなわち，保守派は，労働のインセンティブが失われてしまうことを危惧し，リベラル派は市民の一員としての義務がなくなることを危惧している（Fitzpatric 1999=2005）。そこで，いわば折衷案としての負の所得税にも注目が集まっている[5]。負の所得税は，就労を基盤として，所得に応じて課税や給付がなされるため，勤労意欲を損ないにくいとされる。ベーシック・インカムとは理念は異なるものの，しばしば類似する制度として紹介されている。

しかしながら，このように理論的に議論がなされてきたものの，人々がベーシック・インカムに対してどのような賛否を示すかという点は明らかにされていない[6]。そこで本章では質問紙調査を用いて，まずベーシック・インカムへの賛否がどの程度みられるのか，また，政治的態度によって賛否はどのように異なるのかを検討する。そして，それぞれの政治的態度において，社会経済的地位（所得など）や格差の見通しがどのように影響しているのかを明らかにする。その際，負の所得税を部分的ベーシック・インカムとみなし，比較検討し，実現の可能性を探索する。

3　用いるデータと変数

データ

本章で用いるデータは，2009年5月に実施された「地域の生活と福祉に関するアンケート調査」（研究代表：橘木俊詔）である。この調査では，首都圏A地区と近畿圏B地区に住む，満20歳以上80歳未満の男女個人6000名を設計標本とした。住民基本台帳を抽出台帳として，二段系統抽出法に基づいて対象者の選定を行い，面接調査法により合計2389サンプル（回収率39.8％）の回答を得た。詳細は，伊多波・塩津（2011）を参照されたい。

変　数

まず，従属変数である「ベーシック・インカムに対する支持」，「負の所得税に対する支持」について説明しておこう。ベーシック・インカムに対する支持を示す指標として，「所得や資産の有無，あるいは働いているか働いていない

かといったことに関係なく，すべての人々に対する必要最低限の生活費を政府が支給する」という制度について賛否を尋ねた質問から，「賛成」「どちらかといえば賛成」を『賛成』，「どちらともいえない」を『中間』，「どちらかといえばそう思わない」「そう思わない」を『反対』という分類を作成した。負の所得税についても同様に，「年収が一定水準以下の場合，働いていたら政府から個人の補助金が支払われる」という制度について賛否を尋ねた質問から，「賛成」「どちらかといえば賛成」を『賛成』，「どちらともいえない」を『中間』，「どちらかといえばそう思わない」「そう思わない」を『反対』という分類を作成した。

　独立変数は，政治的態度，格差の拡大に対する認識，社会経済的地位に関する変数である。政治的態度として，「所得の格差を縮めるのは政府の責任だ」について意見を求め，「賛成」「どちらかといえば賛成」を「リベラル派」，「どちらともいえない」を「中間派」，「どちらかといえばそう思わない」「そう思わない」を「保守派」とした。格差の拡大に対する認識として，「今後5年間で所得や収入の格差は拡大していく」について意見を求め，「広がる」（3点）から「広がらない」（1点）まで得点化した。社会経済的地位として，世帯所得，生活困難，学歴の3つの変数を用いた。世帯所得は，勤労収入の他，利子・配当収入，公的年金，私的年金，生活保護，児童手当，雇用保険，親や子からの仕送り，その他を合計したものから，「300万円未満」「300～500万円未満」「500～700万円未満」「700万円以上」の4つに分類した[7]。生活困難を示す変数として，滞納得点を作成した。この得点は「公共料金（電気，水道，ガスなど）」「家賃」「クレジットカード」「消費者金融」「その他のローン（住宅ローンなど）」「国民年金の保険料」「国民健康保険の保険料」について過去1年間に支払いが滞ったことがあるかについて尋ね，ある＝1点，ない＝0点としてそれぞれを単純加算して作成したものである[8]。学歴として，最後に通学した学校から，「中卒」（中学校卒），「高卒」（高校卒），「専門・短大」（専修学校・短期大学・高等専門学校卒），「大学・院」（四年制大学・大学院）の4つのカテゴリを作成した。

　その他のコントロール変数として，地域や年齢，性別など再分配政策に対する意識に影響があると考えられる変数を取り上げる[9]。地域は，「首都圏A地区」「近畿圏B地区」である。年齢は20～34歳の「若年」，35～54歳の「壮年」，55

第Ⅰ部 ベーシック・インカム論をどう捉えるか

表2-1 記述統計量

(単位:%)

		ベーシック・インカム				負の所得税			
		賛成	中間	反対	合計	賛成	中間	反対	合計
政治的態度	保守派 (n=176)	22.7	23.3	54.0	100.0**	33.0	25.6	41.5	100.0**
	中間派 (n=427)	25.1	38.2	36.8	100.0	42.9	38.2	19.0	100.0
	リベラル派 (n=683)	32.1	37.0	30.9	100.0	50.5	32.2	17.3	100.0
地域	A地区 (n=649)	28.2	32.4	39.4	100.0	46.8	32.2	23.0	100.0
	B地区 (n=637)	28.7	38.8	32.5	100.0*	46.3	34.4	19.3	100.0
年齢	若年 (n=233)	37.8	29.2	33.0	100.0**	52.4	26.2	21.5	100.0*
	壮年 (n=548)	25.7	34.3	40.0	100.0	47.1	32.7	20.3	100.0
	中高年 (n=505)	27.1	39.8	33.1	100.0	40.8	37.2	22.0	100.0
性別	男性 (n=653)	31.1	33.7	35.2	100.0†	46.4	30.8	22.8	100.0
	女性 (n=633)	25.8	37.4	36.8	100.0	44.7	35.9	19.4	100.0
家族	単身54歳以下 (n=84)	34.5	36.9	28.6	100.0	57.1	25.0	17.9	100.0
	単身55歳以上 (n=27)	18.5	44.4	37.0	100.0	37.0	48.1	14.8	100.0
	夫婦のみ (n=232)	28.9	38.4	32.8	100.0	39.7	37.5	22.8	100.0
	本人未婚で核家族 (n=136)	32.4	35.3	32.4	100.0	47.8	33.8	18.4	100.0
	本人既婚で核家族 (n=565)	26.0	34.9	39.1	100.0	46.2	31.9	21.9	100.0
	3世代家族 (n=124)	28.2	32.3	39.5	100.0	39.5	37.9	22.6	100.0
	母子家庭 (n=58)	36.2	36.2	27.6	100.0	51.7	31.0	17.2	100.0
	父子家庭 (n=14)	35.7	28.6	35.7	100.0	78.6	7.1	14.3	100.0
	その他 (n=46)	28.3	32.6	39.1	100.0	43.5	32.6	23.9	100.0
雇用形態	経営者 (n=47)	25.5	27.7	46.8	100.0	38.3	23.4	38.3	100.0*
	正規雇用 (n=421)	29.2	34.2	36.6	100.0	48.0	30.9	21.1	100.0
	非正規雇用 (n=299)	28.4	37.5	34.1	100.0	49.5	32.4	18.1	100.0
	自営・家族 (n=162)	25.3	34.6	40.1	100.0	40.1	40.7	19.1	100.0
	無職 (n=317)	27.4	38.8	33.8	100.0	43.2	36.0	20.8	100.0
	学生・その他 (n=40)	45.0	22.5	32.5	100.0	40.0	25.0	35.0	100.0
学歴	中卒 (n=184)	33.2	37.0	29.9	100.0*	47.8	34.8	17.4	100.0
	高卒 (n=578)	28.0	38.2	33.7	100.0	43.1	34.8	22.1	100.0
	専門・短大 (n=247)	25.5	36.8	37.7	100.0	47.4	32.8	19.8	100.0
	四大・院 (n=277)	28.9	27.8	43.3	100.0	47.7	29.6	22.7	100.0
滞納	なし (n=1041)	26.2	36.6	37.2	100.0**	44.0	34.8	21.2	100.0*
	あり (n=245)	38.0	31.0	31.0	100.0	52.2	26.9	20.8	100.0
世帯所得	300万円未満 (n=295)	34.2	38.0	27.8	100.0**	45.1	38.3	16.6	100.0**
	300~500万円未満 (n=387)	28.7	35.4	35.9	100.0	50.6	30.7	18.6	100.0
	500~700万円未満 (n=282)	25.5	39.4	35.1	100.0	45.0	35.8	19.1	100.0
	700万円以上 (n=322)	25.5	30.1	44.4	100.0	40.4	29.5	30.1	100.0
格差見通し	広がらない (n=63)	38.1	33.3	28.6	100.0**	38.1	31.7	30.2	100.0*
	どちらともいえない (n=862)	24.6	38.9	36.5	100.0	43.6	36.0	20.4	100.0
	広がる (n=361)	36.0	28.0	36.0	100.0	51.5	27.1	21.3	100.0
合計		28.5	35.5	36.0	100.0	45.6	33.3	21.2	100.0

Note: $N=1286$, χ^2検定, **$p<0.01$, *$p<0.05$, † $p<0.10$

第 2 章　新しい福祉システムを導入するに際して考慮すること

|　　　　53.1　　　　|　　33.2　　|　13.7　|

Note: N=1286

□ リベラル派　■ 中間派　■ 保守派

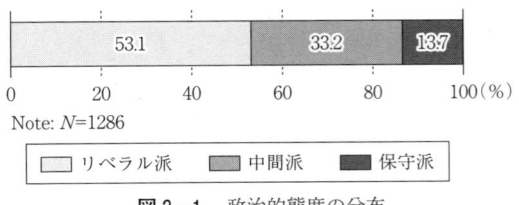

図 2 - 1　政治的態度の分布

歳以上の「中高年」である。家族形態は「単身者」「夫婦のみ世帯」「本人未婚核家族」「本人既婚核家族」「三世代家族」「片親家族」である。雇用形態は,「経営者」「正規雇用」「非正規雇用」「自営業・家族従業者」「その他（学生など）」である。

それぞれの変数とベーシック・インカム，負の所得税のクロス集計表は表 2 - 1 の通りである。以上の変数を，次節以降の分析で用いていく。

4　分　　析

政治的態度の分布

まずは，政治的態度の分布について確認しておこう（図 2 - 1）。経済格差の是正は政府の役割であると考えるリベラル派の割合は53.1％と半数を超えており多数派である。次に，中間派は33.2％であり，リベラル派に次いで大きな割合を占める。最後に，政府の責任ではないと考える保守派の割合は13.7％と少数派であることが分かる。2005年に実施された別の調査によると，福祉政策に対して，豊かな人から恵まれない人への所得分配を伴う高福祉社会を志向する人は65.4％，中間の人は23.8％，志向しない人は10.8％であり，本章で用いる調査と比べて回答の傾向には大きな違いは見られないようである（土場 2008：242）。本章で用いる調査は地域を限定したものであるが，政治的態度については日本全体の状況と比較しても大きな違いはないと考えられる。

ベーシック・インカム，負の所得税の支持と政治的態度

では，ベーシック・インカムと負の所得税に対する支持の分布を確認する（図 2 - 2）。ベーシック・インカムに対して，「賛成」「中間」「反対」はそれぞ

第Ⅰ部 ベーシック・インカム論をどう捉えるか

|ベーシック・インカム| 28.5 | 35.5 | 36.0 |
|負の所得税| 45.6 | 33.3 | 21.2 |

Note: N=1286

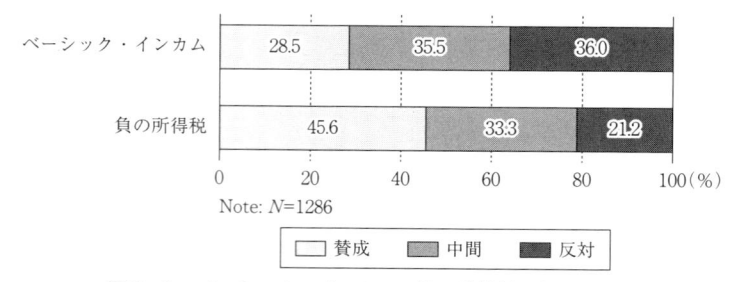

凡例：賛成　中間　反対

図2-2　ベーシック・インカム，負の所得税の支持の分布

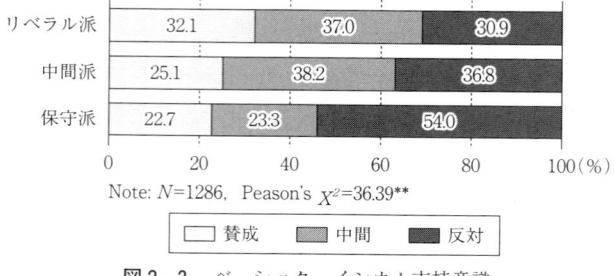

リベラル派	32.1	37.0	30.9
中間派	25.1	38.2	36.8
保守派	22.7	23.3	54.0

Note: N=1286, Peason's χ^2=36.39**

凡例：賛成　中間　反対

図2-3　ベーシック・インカム支持意識

れ28.5％，35.5％，36.0％となり，「賛成」はやや少ないものの必ずしも少数派というわけでもない。一方，負の所得税では，ベーシック・インカムよりも「賛成」の割合が増加し45.6％に上る。また，「中間」「反対」はそれぞれ33.3％，21.2％である。ベーシック・インカムに対する「賛成」が3割程度，負の所得税に対する「賛成」が5割近くと一定の割合を占めており，日本においてもベーシック・インカムが導入される素地があると考えられよう。また，全体的に見ると，負の所得税に対する「賛成」はベーシック・インカムに対する「賛成」よりも多く，より賛同を得られやすいようである。

　ベーシック・インカム，負の所得税の支持の規定要因について，順序ロジスティック回帰分析を行ったものが表2-2である。ここで注目するべき変数は，政治的態度である。リベラル派，保守派の双方で中間派と比べて賛成しやすいかを検討するために，中間派を基準（ref）として分析を行った結果，ベーシック・インカムについては，保守派は中間派よりも有意にマイナスの値を，リベラル派は中間派よりも有意にプラスの値をとった。また，負の所得税では，保

第2章 新しい福祉システムを導入するに際して考慮すること

表2-2 ベーシック・インカム，負の所得税の支持に対する順序ロジスティック回帰分析（全ケース）

		ベーシック・インカム			負の所得税		
		B	S.E.	Exp(B)	B	S.E.	Exp(B)
閾値	反対	-1.037*	0.366	0.355	-1.202*	0.374	0.301
	中間	0.523	0.365	1.688	0.366	0.372	1.442
地域	A地区(ref:B地区)	-0.142	0.106	0.868	-0.073	0.108	0.930
年齢	若年	0.412*	0.157	1.509	0.109	0.161	1.115
	壮年(ref)						
	中高年	0.053	0.136	1.054	-0.230†	0.138	0.795
性別	女性(ref:男性)	-0.213	0.124	0.808	-0.036	0.126	0.964
家族形態	単身	-0.026	0.207	0.974	0.195	0.215	1.216
	夫婦のみ	0.025	0.158	1.026	-0.192	0.160	0.826
	本人未婚で核家族	0.051	0.195	1.053	0.102	0.200	1.107
	本人既婚で核家族(ref)						
	三世代家族	0.070	0.187	1.073	-0.048	0.188	0.953
	片親家族	0.211	0.195	1.235	0.181	0.201	1.198
学歴	中学校卒	0.158	0.165	1.171	0.276	0.169	1.318
	高校卒(ref)						
	専門・短大卒	-0.042	0.145	0.959	0.181	0.148	1.199
	四大・大学院卒	-0.139	0.142	0.870	0.230	0.145	1.259
雇用形態	経営者	-0.279	0.299	0.756	-0.406	0.296	0.667
	正規雇用(ref)						
	非正規雇用	-0.027	0.161	0.974	0.011	0.165	1.011
	自営・家族従業者	-0.188	0.183	0.828	-0.070	0.185	0.932
	無職	-0.146	0.175	0.864	-0.133	0.178	0.876
	学生・その他	0.469	0.318	1.598	-0.438	0.321	0.645
生活困窮	滞納得点	0.086†	0.049	1.090	0.068	0.051	1.071
世帯所得	300万円未満	0.307†	0.177	1.359	0.087	0.181	1.091
	300～500万円未満	-0.060	0.149	0.941	0.129	0.152	1.137
	500～700万円未満(ref)						
	700万円以上	-0.188	0.155	0.829	-0.312*	0.157	0.732
格差拡大の認識		-0.020	0.103	0.980	0.144	0.105	1.155
政治的態度	保守派	-0.595**	0.174	0.551	-0.768**	0.171	0.464
	中間派(ref)						
	リベラル派	0.233*	0.118	1.262	0.215†	0.120	1.240
N		1286			1286		
Cox と Snell R^2		0.051			0.059		
Nagelkerke R^2		0.058			0.067		
McFadden R^2		0.024			0.029		

Note: **$p<0.01$, *$p<0.05$, † $p<0.10$

守派は中間派よりも有意にマイナスの値を，5％水準で有意ではないもののリベラル派は中間派よりもプラスの値をとった。つまり，ベーシック・インカムも負の所得税もともに，保守派ほど反対し，リベラル派ほど賛成する傾向が見

表2-3 ベーシック・インカムの支持に対する順序ロジスティック回帰分析（政治的態度別）

		リベラル派			中間派			保守派		
		B	S.E.	Exp(B)	B	S.E.	Exp(B)	B	S.E.	Exp(B)
閾値	反対	-1.080*	0.488	0.340	-1.482*	0.663	0.227	-0.012	1.251	0.988
	中間	0.548	0.487	1.730	0.233	0.659	1.263	1.255	1.255	3.509
地域	A地区（ref：B地区）	-0.017	0.146	0.983	-0.313	0.187	0.731	-0.143	0.327	0.866
年齢	若年	0.499*	0.226	1.646	0.625*	0.286	1.867	-0.072	0.414	0.931
	壮年（ref）									
	中高年	0.215	0.187	1.240	0.110	0.234	1.116	0.078	0.473	1.081
性別	女性（ref：男性）	-0.054	0.170	0.947	-0.198	0.223	0.820	-0.318	0.380	0.728
家族形態	単身	-0.712	0.281	0.490	0.429	0.392	1.535	1.691	0.620	5.424
	夫婦のみ	-0.178	0.212	0.837	0.094	0.282	1.099	0.381	0.536	1.463
	本人未婚で核家族	-0.018	0.274	0.982	-0.045	0.370	0.956	0.226	0.500	1.253
	本人既婚で核家族（ref）									
	三世代家族	-0.336	0.278	0.714	0.419	0.307	1.520	0.418	0.553	1.519
	片親家族	-0.117	0.259	0.890	0.397	0.343	1.488	0.925	0.710	2.522
学歴	中学校卒	-0.060	0.221	0.942	0.087	0.297	1.090	1.208*	0.579	3.348
	高校卒（ref）									
	専門・短大卒	-0.111	0.204	0.895	-0.109	0.250	0.897	0.491	0.449	1.633
	四大・大学院卒	-0.438*	0.203	0.645	0.015	0.252	1.015	0.344	0.409	1.411
雇用形態	経営者	-0.652	0.419	0.521	0.753	0.600	2.124	-0.623	0.754	0.537
	正規雇用（ref）									
	非正規雇用	-0.182	0.222	0.834	0.169	0.284	1.184	-0.355	0.531	0.701
	自営・家族従業者	-0.320	0.274	0.726	-0.182	0.304	0.833	-0.310	0.512	0.734
	無職	-0.486†	0.249	0.615	0.090	0.291	1.094	-0.164	0.579	0.849
	学生・その他	0.658	0.472	1.930	1.064	0.812	2.897	-0.027	0.630	0.973
生活困窮	滞納得点	-0.035	0.061	0.966	0.221*	0.105	1.247	0.550**	0.173	1.733
世帯所得	300万円未満	0.594*	0.245	1.812	-0.382	0.320	0.682	1.049*	0.526	2.854
	300～500万円未満	-0.111	0.204	0.895	-0.133	0.260	0.875	0.177	0.495	1.194
	500～700万円未満（ref）									
	700万円以上	-0.379†	0.227	0.684	-0.220	0.262	0.802	0.548	0.450	1.729
格差拡大の認識		0.058	0.132	1.060	-0.167	0.213	0.846	-0.290	0.331	0.748
N		683			427			176		
CoxとSnell R^2		0.056			0.056			0.182		
Nagelkerke R^2		0.063			0.064			0.210		
McFadden R^2		0.026			0.027			0.099		

Note：**$p<0.01$，*$p<0.05$，†$p<0.10$

られる。

ベーシック・インカムの支持構造

次に，ベーシック・インカムに対して，どの程度の人が賛成しているのかを，政治的態度別に確認する（図2-3）。リベラル派では，「賛成」「中間」「反対」

がおよそ3分する状況となっている。中間派では,「賛成」の割合が減少し,「中間」と「反対」の割合が増加している。保守派では,さらに「中間」が減少し,5割を超える者が明確に「反対」と回答している。

保守派,中間派,リベラル派に分けた上で,ベーシック・インカムの支持に対する順序ロジスティック回帰分析を行ったものが表2-3である。このように政治的態度別に分けることで,それぞれの理論的研究の関心と,人々の関心との相違点について検討することができる。[12]

分析の結果,リベラル派では,格差の拡大に対する認識は有意な効果をもたなかった。理論的には,リベラル派はベーシック・インカムを格差是正の手段とみなしているが[13],一般のリベラル派の人々は,この数年の格差の拡大に対する是正策としてベーシック・インカムが適当な制度であるとは捉えていないようである。これに対して,社会経済的地位では,学歴や世帯所得が低いほうが賛成しやすく,自分の社会経済的地位を改善するという意味で格差是正策として期待されるようである。ただし滞納得点の効果はみられず,貧困状態の人ではなく経済階層や学歴がやや低い層において,ベーシック・インカムによる支援が必要だと捉えられるのかもしれない。それに対して高い経済階層の人などは,それほど必要性を感じていないようである。

一方,保守派でも社会経済的地位の効果が見られたが,リベラル派とは異なり学歴や世帯所得だけではなく,滞納得点の効果も見られた。社会経済的地位が低いほどベーシック・インカムに賛成する傾向が見られるが,保守派の中では貧困状態にある人で特に賛成しやすい。これらの層の人は,政府からのベーシック・インカム以上の介入はなく貧困状況を抜け出す手段として,ベーシック・インカムを捉えているのかもしれない。

負の所得税の支持構造

次に,負の所得税に対して,どの程度の人が賛成しているのかを,政治的態度別に確認する(図2-4)。どの政治的態度においても,ベーシック・インカムよりも賛成する割合が高い。リベラル派では,「賛成」が5割程度,「中間」が3割程度,「反対」が2割程度である。中間派では,「賛成」の割合が4割程度にまで減少し,「中間」も4割程度,「反対」が2割程度となっている。保守

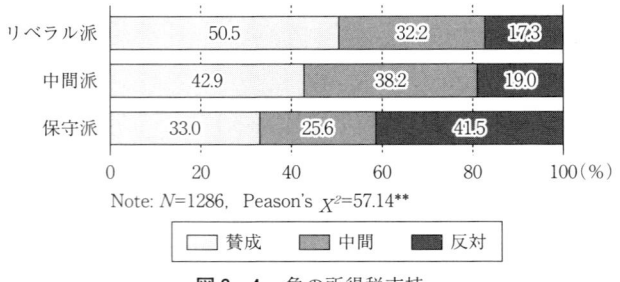

リベラル派	50.5	32.2	17.3
中間派	42.9	38.2	19.0
保守派	33.0	25.6	41.5

Note: N=1286, Peason's χ^2=57.14**

凡例：賛成／中間／反対

図2-4 負の所得税支持

派では，「賛成」「中間」がそれぞれ3割程度，「反対」が4割程度となっている。このように，負の所得税においても，リベラル派ほど賛成し，保守派では賛成が少なくなることが特徴である。

ベーシック・インカムについての分析（表2-3）と同様に，保守派，中間派，リベラル派に分けた上で，負の所得税の支持に対する順序ロジスティック回帰分析を行ったものが表2-4である。

分析の結果，リベラル派では有意となる変数がほとんどなくなった。このことは，負の所得税に対する賛否の傾向に対して，社会経済的地位などの属性による対立が少ない傾向にあると解釈できる。

一方，保守派の中では経営者が有意にマイナスの値である。理論的には，労働者を解雇しやすくなるという点は，経営者にとっての利点になると考えられたが，結果は逆であった。今回用いた調査では零細企業や中小企業の経営者が一定程度存在しており，生活給の必要性がなければ被用者を継続して雇うことが難しいと感じられるのかもしれない。そのほか，学歴や滞納得点，世帯所得などの社会経済的地位に関する変数では，基準となる変数と比べて有意な違いは見られない。保守派でもリベラル派と同様に，負の所得税に対する支持において，社会経済的地位に基づく対立は生じにくいといえる。

表2-4　負の所得税の支持に対する順序ロジスティック回帰分析（政治的態度別）

		リベラル派			中間派			保守派		
		B	S.E.	Exp(B)	B	S.E.	Exp(B)	B	S.E.	Exp(B)
閾値	反対	-1.381**	0.504	0.251	-1.541**	0.676	0.214	0.676	1.207	1.966
	中間	0.205	0.500	1.227	0.301	0.671	1.351	1.869	1.215	6.484
地域	A地区(ref：B地区)	-0.096	0.151	0.908	-0.226	0.191	0.798	0.630	0.318	1.877
年齢	若年	0.172	0.236	1.187	0.077	0.295	1.080	0.143	0.396	1.154
	壮年(ref)									
	中高年	-0.120	0.193	0.887	-0.552	0.238	0.576	0.308	0.448	1.360
性別	女性(ref：男性)	-0.152	0.176	0.859	0.246	0.227	1.278	-0.153	0.363	0.858
家族形態	単身	0.135	0.295	1.144	0.155	0.401	1.168	0.604	0.600	1.829
	夫婦のみ	-0.248	0.216	0.781	-0.067	0.285	0.935	-0.156	0.511	0.855
	本人未婚で核家族	-0.061	0.284	0.941	0.269	0.382	1.309	0.465	0.478	1.591
	本人既婚で核家族(ref)									
	三世代家族	0.120	0.284	1.128	0.166	0.313	1.181	-0.932†	0.544	0.394
	片親家族	0.171	0.269	1.186	-0.097	0.349	0.908	1.636*	0.747	5.135
学歴	中学校卒	0.167	0.229	1.181	0.489	0.306	1.631	0.007	0.565	1.007
	高校卒(ref)									
	専門・短大卒	0.082	0.210	1.085	0.269	0.254	1.308	0.573	0.424	1.773
	四大・大学院卒	0.021	0.208	1.021	0.361	0.256	1.435	0.628	0.391	1.874
雇用形態	経営者	-0.345	0.419	0.708	0.377	0.614	1.458	-1.998*	0.783	0.136
	正規雇用(ref)									
	非正規雇用	0.109	0.230	1.116	-0.085	0.291	0.919	-0.467	0.487	0.627
	自営・家族従業者	-0.392	0.278	0.675	0.295	0.311	1.343	0.126	0.482	1.134
	無職	0.039	0.257	1.040	-0.456	0.297	0.634	-0.069	0.556	0.933
	学生・その他	-0.088	0.473	0.915	0.272	0.806	1.312	-0.824	0.625	0.439
生活困窮	滞納得点	0.071	0.065	1.074	0.167	0.113	1.182	-0.087	0.159	0.917
世帯所得	300万円未満	0.010	0.250	1.010	0.256	0.327	1.292	-0.037	0.495	0.964
	300〜500万円未満	0.258	0.212	1.294	0.037	0.267	1.038	-0.152	0.458	0.859
	500〜700万円未満(ref)									
	700万円以上	-0.255	0.231	0.775	-0.482†	0.266	0.618	-0.482	0.414	0.617
格差拡大の認識		0.236†	0.136	1.266	0.005	0.216	1.005	0.155	0.319	1.167
N		683			427			176		
Cox と Snell R^2		0.034			0.071			0.140		
Nagelkerke R^2		0.039			0.081			0.158		
McFadden R^2		0.017			0.035			0.070		

Note: **$p<0.01$, *$p<0.05$, † $p<0.10$

5　議論と考察

日本におけるベーシック・インカムの支持構造

　本章では，ベーシック・インカムを支持するのはどういった条件によるのか

について，質問紙調査を用いて分析を行った。ベーシック・インカムの支持構造についての分析の結果，(1)ベーシック・インカムは，保守派よりもリベラル派に支持される傾向が強いこと，その一方で，(2)格差拡大に対する認識の効果は限定的であること，さらに，(3)保守派・リベラル派ともに社会経済的地位の低い人ほど支持すること，(4)負の所得税の支持構造は、ベーシック・インカムと類似しているものの，負の所得税の方が属性ごとの違いがみられにくいことが示された。

このように，保守派・リベラル派のどちらの政治的態度の人においても社会経済的地位が低いほどベーシック・インカムを支持しやすいという傾向が見られたが，その根拠は異なるものと考えられる。まず，保守派における支持構造について考察しよう。保守的な人の中では，社会経済的地位のうち，貧困状態にある人ほどベーシック・インカムに賛成する傾向がみられた。低い経済階層で保守的な人は，競争的な市場によって社会全体の豊かさが底上げされ，その恩恵として自分たちの生活が改善されることを望むトリクルダウン志向があるとされている（Harvey 2005=2007）。保守派で低い経済階層の人にとっては，ベーシック・インカムとは社会全体の経済状況を底上げするとともにその政策以上の介入をしないものとして受け容れられると考えられるのである。

次に，リベラル派における支持構造について考察しよう。リベラル派の中では，格差の拡大に対する認識はこの制度に対する支持に影響しないが，学歴や世帯所得などの社会経済的地位によって支持の傾向が異なり，社会経済的地位の違いによって意見が対立しやすい。リベラル派ではすべての人々が基本的なニーズを満たすことを重視するが，政府による支援の対象になりにくい。やや低い経済階層の人は，それがおびやかされていると感じるために，ベーシック・インカムを支持するのかもしれない。

ベーシック・インカムの実現に向けて

このように，ベーシック・インカムをめぐる政治的態度と社会経済的地位に分けた分析をふまえて，ベーシック・インカムの実現可能性について論じておこう。本章の分析から，ベーシック・インカムは，現状の社会経済的地位の違いによる対立が生じやすいが，負の所得税では社会経済的地位を基盤とするよ

うな顕著な対立はみられなかった。さらに，ベーシック・インカムと負の所得税とを比較すると，負の所得税の方がおおむねどのような属性であっても支持する人の割合が高い。以上の結果より広く賛同を得るという点では，労働倫理と対立しない負の所得税の方が賛同を得られやすいといえる。そのため，完全ベーシック・インカムに至る道の一つは，部分的ベーシック・インカムとしてまずは負の所得税の導入からはじめることであろう。

ただし注意したいのは，負の所得税に対しては保守派のなかで経営者（雇用主）は否定的な意見をもつ傾向があることである。彼らにとってベーシック・インカムの利点のひとつは，被用者の解雇のしやすさであると考えられるが，経営者でむしろこの制度に反対する傾向がみられた。その理由として，対象となった経営者の多くは零細企業や中小企業を経営しており，労働者の確保に苦労してきたことや，日本では中長期的な人材育成制度を取ることから，転職を早めるベーシック・インカムには賛成しないことが考えられる。このような経営者像が正しいものかどうかは現時点では判断できないが，低賃金労働者，零細企業や中小企業を含めた産業構造全体への影響を念頭に置いてベーシック・インカムの議論を行うことが必要となるだろう。

また，ベーシック・インカムや負の所得税を実施するにあたりしばしば問題となる財源についても触れておくことにしよう。ベーシック・インカムに賛成している人に，どのような財源が望ましいと考えるのかについて尋ねたところ，所得税とする者が33.1％，消費税とする者が33.3％，その他の税とする者が33.6％と見事に三分する結果となった（N=363）。この結果はベーシック・インカムの財源として尋ねたものであるが，ベーシック・インカムを支持する人のなかには負の所得税に賛成する人も少なくないことから，負の所得税を支持する者についても，比較的類似する傾向があると考えられる。

さらに興味深いことに，望ましい財源の種類は学歴によって異なっていた（図2-5）。大卒（専門学校・短大・大学院含む）では約4割の者が所得税を望ましいとしており，高卒（中学校含む）に比べて多い。高い経済階層の者が多い高学歴層であっても，所得が保障されるのであれば所得税への課税にはそれほど否定的ではないようである。今後の検討が必要であるが，この理由には，高学歴者でも失業や転職と無縁ではなく，所得によるセーフティーネットを望ん

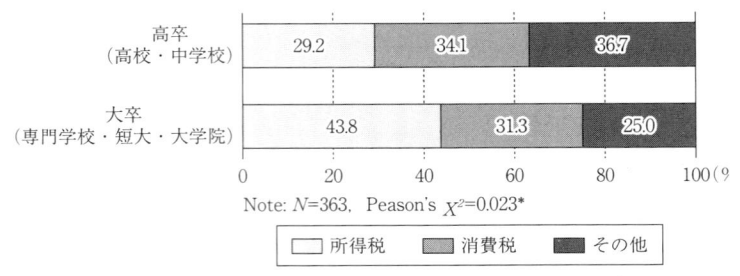

第Ⅰ部　ベーシック・インカム論をどう捉えるか

	所得税	消費税	その他
高卒（高校・中学校）	29.2	34.1	36.7
大卒（専門学校・短大・大学院）	43.8	31.3	25.0

Note: $N=363$,　Peason's $\chi^2=0.023^*$

図2-5　ベーシック・インカムを実現するための財源の種類

でいることなどが考えられる。

　最後に，ベーシック・インカムを実現するにあたっては負の所得税などの段階的導入が現実的であろうが，負の所得税に対してさえ明確に「賛成」と表明している者は5割に満たない。雇用と家族による福祉制度はこれまでの日本経済を上手く支えてきたということもあり，さらにこの制度から排除された経験のない多くの人にとっては，その制度を変える必要性を感じないかもしれない。あるいは，福祉制度の問題について，ワーキング・プアを生み出す最低賃金水準の見直し，生活保護を受けるための条件の縮小，シングルマザーや子どもの貧困に対する特別な措置などによって解決が可能であると考えているのかもしれない。ベーシック・インカムと他の福祉制度改革とを比較し，人々がどのような福祉制度改革を受け入れられるのかについては今後の検討が必要となるだろう。

　注
(1)　フィッツパトリックは，市民としての自由とそれに対する政府の役割という観点から，「急進右派」「福祉集合主義」「社会主義」の3つの立場を取り上げている。本章は，「急進右派」に当たるものを「保守派」，「福祉集合主義」に当たるものを「リベラル派」と定義する。「社会主義」については，生産手段の所有という点でさらに別の議論を必要とするため，今回は扱わないこととした。
(2)　日本では，「小さな政府」を掲げる「みんなの党」がミニマム・インカムという最低所得保障政策を挙げていることや（http://www.your-party.jp/　2011年1月20日アクセス），堀江貴文氏が自身のブログ上でベーシック・インカムに理解を示したことが知られている（朝日新聞「週末be」2009年9月12日）。政府の介入を嫌う保守的な立場をとる者がベーシック・インカムを支持している例であろう。

第2章　新しい福祉システムを導入するに際して考慮すること

(3)　ただし，市場の機能を軽視しているわけではない（Fitzpatric 1999=2005）。
(4)　男性にも非正規雇用者が増加することで，この問題が社会問題として取り上げられるようになったが，その動向への批判は伊田久美子（2009）などを参照のこと。
(5)　ベーシック・インカムは一般的にそれほど知られている制度とは言い難い。例えば，「聞蔵Ⅱビジュアル・フォーライブラリー」（1985年以降の『朝日新聞』『週刊朝日』『AERA』所蔵のデータベース）で過去に掲載された記事のなかに，「ベーシック・インカム」の語を含むものは，シンポジウムの告知などを含めてもわずか24件（2010年1月20日現在）にとどまる。
(6)　山森亮（2009：202）や小沢修司（2008：207）によると，負の所得税は部分的ベーシック・インカムとみなすことが可能であるという。なお，高齢者向けや子ども向けベーシック・インカムのように属性で限定することによる部分的ベーシック・インカムもある（たとえば，橘木 2005）。ただし，こちらは「一人前」として働くことが出来ないという理由による。本章では，働けるのならば働くべきであるとする勤労倫理との齟齬を考慮するために，勤労世代も給付の対象としている負の所得税を取り上げる。
(7)　分析にあたって，世帯年収を世帯構成人数で除したもの，世帯構成人数の平方根で除したものなどを用いて検討したが，結果には違いがみられなかったので，ここでは直感的に理解しやすい世帯年収の実数を用いた。
(8)　ただし，この指標は住む家がなくそれゆえに公共料金を支払うことがない人は含まれていないという点で限界が認められよう。
(9)　武川（2006）など参照のこと。
(10)　表2-1には，単身者を高齢単身者と壮年・若年単身者に分けたもの，片親家族を母子家庭と父子家庭に分けたものを記載している。高齢単身者および父子家庭の者のサンプル数が少なく，多変量解析には適さなかった。
(11)　パート，アルバイト，契約社員，嘱託社員，派遣社員，臨時雇用，内職，在宅ワークを「非正規雇用」とした。
(12)　なお重回帰分析でも検討したが基本的な構造は共通していることが確認された。
(13)　ただし，研究者によっても緊急の格差是正手段とは見なされていない。
(14)　財源の確保の可能性については，小沢修司（2002）が試算をしており，制度改革の詳細はそちらを参照されたい。
(15)　なお，政治的態度別や雇用形態別など，他の変数についても検討したが，望ましい財源には違いは見られなかった。

第Ⅰ部　ベーシック・インカム論をどう捉えるか

参考文献

伊田久美子（2009）「「労働力の女性化」から「労働の女性化」へ——愛の労働のゆくえ」『現代思想』37(2), pp. 236-245。

伊多波良雄・塩津ゆかり（2011）『貧困と社会保障制度——ベーシック・インカムと負の所得税』晃洋書房。

小沢修司（2002）『福祉社会と社会保障改革——ベーシック・インカム構想の新地平』高菅出版。

小沢修司（2008）「日本におけるベーシック・インカムに至る道」武川正吾編『シティズンシップとベーシック・インカムの可能性』法律文化社, pp. 194-215。

武川正吾（1999）『社会政策のなかの現代——福祉国家と福祉社会』東京大学出版会。

武川正吾（2006）「福祉国家を支える価値意識」武川正吾編『福祉社会の価値意識——社会政策と社会意識の計量分析』東京大学出版会, pp. 185-206。

武川正吾編（2008）『シティズンシップとベーシック・インカムの可能性』法律文化社。

橘木俊詔（2005）『消費税15％による年金改革』東洋経済新報社。

土場学（2008）「現代日本における格差意識の構造」土場学編『2005年SSM調査シリーズ7　公共性と格差』2005年, SSM調査研究会, pp. 233-266。

山森亮（2009）『ベーシック・インカム入門——無条件給付の基本所得を考える』光文社。

Fitzpatric, Tony (1999) *Freedom and Security*, Palgrave Publishers Ltd.（武川正吾・菊池英明訳『自由と保障——ベーシック・インカム論争』勁草書房, 2005年）

Harvey, David (2005) *A Brief History of Neoliberalism*, Oxford University Press.（渡辺治監訳, 森田成也・木下ちがや・大屋定晴・中村好孝訳『新自由主義——その歴史的展開と現在』作品社, 2007年）

第3章　雇用の希少性と人間の尊厳
　　　——ロナルド・ドーアとベーシック・インカム——

山森　亮

　野の百合が，どうして育つのかよくわきまえなさい。働きもせず，紡ぎもしません。
　　　　　　　　　　　　　　　　　　（新約聖書，マタイの福音書）

　われわれはこの時間，この一日の高潔でじょうずな過ごし方を教示してくれることができる人，物事のなかに直接のよろこびを見出すことができる人，汗して働くことも紡ぐこともしない野の百合のような人を，尊敬するようになる。
　　　　　　　　　　　　　　（ケインズ「わが孫たちの経済的可能性」）

　2009年秋に，ロナルド・ドーア先生（以下敬称略）を同志社大学にお迎えして，「ベーシック・インカムは市場社会に人間の尊厳を取り戻せるか」と題したシンポジウムが行われた[1]。このシンポジウムは日本ではじめてドーアがベーシックインカムを主題として講演する場となった。当日は予想を大幅に上回る約600人の聴衆で会場はあふれかえった。
　ドーアは日本研究者として著名であるが，彼のベーシック・インカムへの言及は，日本ではほとんど知られていない。彼のベーシック・インカム論は，非常にユニークかつ論争的な内容を含んでいる。ドーアの立論を主にベーシック・インカムについての思想史のなかに位置づけながら詳しく検討することを通じて，どの点に彼の立論のユニークさがあるかを明らかにすることが，本章の目的である。
　以下，第1節では，まずベーシック・インカムについて本章での議論に必要最低限の範囲で簡単な説明をし，またドーアがいつからどのような形でベーシ

ックインカムに言及するようになったかを紹介する。第2節から第5節まで，ドーアがベーシック・インカムを望ましいと考える理由に関連した論点が，経済思想や社会政策，ベーシック・インカム研究において，どのような位置を占めているかをそれぞれ分析する。第6節では，実行可能性の問題など第5節までで触れられなかった論点について補足する。第7節では，ベーシック・インカムに関連してドーアが過去数十年の間に見解を変化させた事柄を一つの手がかりに，ドーアが私たちに投げかけている論点について触れることにする。

1 ベーシック・インカムとドーア

ベーシック・インカムとは，社会の全ての成員に対して，無条件で，個人単位に，生活に足るだろう額の所得を給付するという構想である。このような発想の起源は，18世紀末まで遡ることができる。1920年代から30年代にかけては，国民配当あるいは社会配当という呼び名で，金融の社会化要求と結びつきながら，英語圏ではそれなりに大きな社会運動となった。1960年代から70年代にかけては，福祉権運動やフェミニズム運動のなかで，保証所得，保証最低所得，ベーシックインカムなどの呼び名で要求された。

概念の精緻化や制度的実行可能性，規範的正当化などをめぐって，現在につながる動きとしては，1970年代以降，経済学者のジェイムズ・ミード（Meade 1972, 1984），トニー・アトキンソン（Atkinson 1995），ガイ・スタンディング（Standing 2002），哲学者のフィリップ・ヴァンパレース（van Parijs 1993, 1995），キャロル・ペイトマン（Pateman 2003），アントニオ・ネグリ（Hardt and Negri 2000），社会学・社会政策学の領域ではクラウス・オッフェ（Offe 1992），ビル・ジョーダン（Jordan 1973）らによって，研究が積み重ねられて来た。

「生活に足るだろう額」が，社会扶助基準などの近傍に位置するであろう「最低限」を意味するのか，あるいはそれより高い額を意味するであろう「最適」ないし「尊厳のある」暮らしを可能にする額なのかはベーシック・インカム研究者の中でも意見が分かれる。いずれで定義されるにしても，それを下回る額の給付は，部分的ベーシック・インカムなどと呼ばれる。また「全ての成員」，「無条件」，といった点も，実現可能性その他の観点から留保された，例

第3章　雇用の希少性と人間の尊厳

えば社会貢献などを条件とした「参加所得」など、ベーシック・インカム「的」な議論も行われている。

いわゆる財源としては、ジェイムズ・ミードは、社会化された資本からの配当を考えており、基本的にはドーアはこのミード案を下敷きにしてベーシック・インカムを考えているようである。なお財源をめぐってはベーシック・インカムの運動と研究の双方において多様な提案がなされている。実際的な政策提案としては、定率所得税、累進所得税、消費税などの提案が多い。また理念的な提案としては、相続税、環境税、トービン税などの提案もある。ドーアが下敷きにする社会化された資本からの配当という考え方は、少なくとも1930年代まで遡ることができる。

これ以上の詳細は、紙幅の都合で山森（2009）などに譲るとして、以下ではドーアのベーシック・インカムへの言及について簡単に概観しておきたい。管見の限り、ドーアが纏まった形でベーシック・インカムに言及した論文ないし公刊物としては、以下の4つがある。

時系列的に最も古いものは、1987年にイギリスの学術誌 *British Journal of Industrial Relations* に掲載された「ハイテク時代のシティズンシップと雇用」（Dore 1987）である。この論文は1985年にサザンプトン大学で行われたT.H.マーシャル記念講義に基づいている。この論文では、社会化された資本からの配当という、ジェイムズ・ミードによるベーシック・インカム論に依拠して議論がなされている。呼称もベーシック・インカムではなくミードにならって社会配当（social dividend）である。

1996年には、同じくイギリスの学術誌 *Political Quarterly* が市民所得（citizen's income）(2) 特集を組み、そこにドーアは「実行可能なエルサレム？」（Dore 1996）と題する論文を寄せている。同特集にはドーアの他、1980年代よりベーシック・インカムを主張していたイギリスの市井の経済学者ジェイムズ・ロバートソン、1995年以降ベーシック・インカム研究の第一人者の一人と目されるようになったベルギーの政治哲学者フィリップ・ヴァンパレース、このころより条件付きのベーシック・インカムである「参加所得」を提案しだした経済学者のアンソニー・アトキンソンが寄稿している。

2000年にはアメリカの雑誌 *Boston Review* がベーシック・インカムについ

ての特集を組み，そこに「尊厳と剥奪」(Dore 2001) と題する小論を寄せている。同特集はフィリップ・ヴァンパレースの基調論文に，ハーバート・サイモン，ブライアン・バリー，クラウス・オッフェ，そしてドーアなど各領域の著名な学者たちが応答するという形を取っており，翌年に経済学者ロバート・ソローの序文がついて書籍として出版された (Cohen and Rogers eds. 2001)。

ILO が毎年行っている社会政策講義は，2003年にはドーアを迎え東京で開かれた。「グローバル化していく世界における仕事の新しい形と意味」と題された講義の中で，彼はベーシック・インカムについて簡単に触れている。この講義は翌年に英語で出版され，2005年に日本語で出版された (Dore 2004)。先述の3つの論文はいずれも日本語では出版されていないので，これがおそらく日本語で初めて彼のベーシック・インカムへの言及ということになるだろう。[3]

その他，国際会議や冒頭の京都でのシンポジウムなどで，ベーシック・インカムについて報告や講演も複数しているけれども，本章ではおもに上記4点の公刊物に依りながら，分析することとする。

2 技術革新と雇用の希少性

ドーアは，技術革新によって必要労働は減少しつつあるという立場に立っている。これは彼がベーシック・インカムを擁護するにあたっての，重要な前提の一つである。

このような診断は，多くの経済学者や哲学者によってなされてきた。古くは，技術革新によって仕事を奪われることへの危惧は，19世紀前半イギリスでラダイト運動などの機械打ち壊し運動を引き起こした。イギリスの同時期の思想家・実践家ロバート・オーウェンは下院救貧法委員会に付託されることとなった報告書で以下のように述べた。「現在用いられている程度に機械の存在を許せば，数百万の人間が餓死しなくてはならない (Owen 1817)」。経済学者デービッド・リカードは，1821年に出版した『経済学および課税の原理』第三版で，機械によって労働が奪われる可能性を認めた (Ricardo 1821)。

社会に取って必要な労働が減ることを肯定的に捉えた経済学者としては，ケインズを挙げることができる。彼は1930年に公刊された「わが孫たちの経済的

可能性」のなかで,「われわれが労働の新たな用途を見つけ出すテンポを凌ぐほどの速さで, 労働利用を削減する手段を発見したことに起因する失業」としての「技術的失業」について触れる。これは「解決な困難な問題」ないし「新しい病気」として, 立ち現れているが, それは「不適応による一時的な局面」にすぎず,「長期的には, 人類が経済問題を解決しつつあることを意味している」とケインズは捉える。

ケインズはそのような状態に1930年の時点ではたどり着いていないと考えていたが, 哲学者のバートランド・ラッセルは, 1918年の時点で, 社会の必要を満たす生産のための労働は, 一人当たり1日4時間あればよいと断じた。そして同時に「生活必要品には十分なる, 一定の小収入は, 働くと働かないとに拘らず, 何人にも与えられる」べきであると, ベーシック・インカムを主張した (Russell 1918)。とはいえ, ラッセルがベーシック・インカムを主張する直接的な理由は, 労働の希少性というよりは, 科学や芸術の発展など別のところにあった。

これに対して, 労働の希少性を主な理由としてベーシック・インカムを主張する一群の人々が現れたのは1960年代である。アメリカの経済学者ジョン・K・ガルブレイスは, 1958年に出版した『ゆたかな社会』で, 技術革新により, 労働者にとって職は希少なものとなるため, 生産（労働）と保障（所得）を分離する必要を説いた。その手段としては当初, 失業手当を推奨していたが, 1969年の第二版では, 負の所得税ないしベーシック・インカムを推奨するに至った。

このような議論は, 1980年代以降西欧で若年者の長期失業が社会問題化していくなかで, ベーシック・インカム論議の多くに通奏低音のような形で共有化されていくようになる。あるいは「技術革新による雇用の希少性の増大」というテーゼが, 1980年代の西欧の社会状況によって尤もらしさを持ったことが, 西欧でのベーシック・インカム論議が活発になっていった大きな要因だったといってもよいだろう[4]。ドーアの議論もこうした流れの中に位置づけることができることをまずは確認しておこう。

さて, ケインズは先に触れた論文では, 労働の均一性を仮定しているようなところがあった。というのも稀少となっていく雇用を, すべての人々が短時間ずづ分かち合う, 一種のワークシェアリングが実現される未来を想定していた

からである。それに対してドーアの立論では、雇用が誰にとっても等しく稀少になっていくのではない、とされる。というのも技術革新の結果、一部の仕事は複雑化し、その労働をこなすための技能も高度化する。こうした技能を習得できる人々の数は限られてくるので、こうした仕事を効率的に行える人材は不足していく（Dore 1987, pp. 213-219）。

　稀少となる雇用が、訓練によって誰もができるようになる仕事に集中するという議論は、サイバネティクスの創始者ノーバート・ウィーナーによって1950年に指摘され、カート・ヴォネガットのSF小説『プレイヤー・ピアノ』によっても分かりやすく描かれている。

　技術革新が一方で高技能職につく労働力の供給不足と、低技能職につける労働力の供給過剰をもたらすという認識は、1970年代以降のアメリカでの格差拡大を正当化してきた論理と、事実認識としては等しい。

　ドーアはこうした傾向を、福祉最低限（welfare minimum）および尊厳最低限（dignity minimum）という概念と結びつける。まず、訓練によって誰もが出来るようになる仕事の減少は、単に技術革新の結果だけではなく、福祉国家の成立にともなって福祉最低限が設定されることによって、人々が福祉最低限以下の賃金では働かなくなることの結果でもある。この認識自体もまた、1930年代後半にアメリカが連邦最低賃金を導入した時に、シカゴ派の経済学者たちが覚えた懸念と、（福祉最低限を受け入れるか批判するかは別として）事実認識としては等しい。

　それでは、ドーアの独自の論点はどこにあるのか。

3　尊厳最低限と福祉国家

　ドーアの議論のユニークなところの第1は、福祉国家が尊厳最低限を保障できなくなってきているという論点である。尊厳最低限とは、おそらくドーアの造語である。福祉最低限は、所得など物質的な生活水準について、社会が保障すべき最低水準であるが、それにならっていえば尊厳最低限とは、個人の尊厳について、社会が保障すべき最低水準ということになるだろう。ここで尊厳（dignity）という言葉は、尊敬（respect）、尊重（esteem）、名誉（honour）、威信

（prestige）などと相互に互換可能な言葉として操作的に使用されている。お金のもつ意味は，個人のもつ所得の多寡や，個人のおかれた状況によって異なるかもしれないが，所得 income という量的で操作的な概念で，とりあえずは議論することができる。同様に，尊厳もここでは操作的な概念として使用されている。
(8)

　とはいえ尊厳に関連したいくつかの事柄については，質的な差異に留意することが，尊厳の分配を考えるにあたって重要であるとされる。ドーアが指摘する留意すべき質的な差異の第1は，尊厳を持てるか持てないかの分岐点の位置の違いである。スポーツや音楽など，きわめて優れていれば賞賛の対象となるような事柄と，「読み書き能力，運転免許の取得，結婚に価値を置く社会において配偶者を魅了すること，職をみつけること（Dore 1987, p. 205）」などの，多くの人々が最低限の能力を持っている事柄とを区別する。前者では尊厳を持つか持たないかの分岐点は，尊厳分布の比較的高い位置に存在し，後者ではその区分は尊厳分布の比較的低い位置に存在する。

　ドーアが指摘する第2に留意すべき差異は，こうした能力を個人が持っていたり持っていなかったりする原因である。遺伝による持って生まれた素質（genes, native aptitude），努力（effort），機会に恵まれたという幸運（opportunity luck）の3つが，人々が何がしかの能力を持つに至った原因として広く認知されている。自らがある能力を持つに至った原因として，多くの人は，努力を強調するきらいがあるとドーアは指摘する。その理由としては，第1に，該当の能力によって報酬や賞賛を勝ち取ることの正当性を個人に与えるのが，上記3つの原因のうちでは努力であることが挙げられる。第2には，仮に本人が原因は努力ではなく遺伝的素質にあることを知っていたとしても，そのことを表明することは，謙遜とは取られずむしろ嫌悪の感情を呼び起こしてしまうことが挙げられる。

　これらの2つの差異の分析から，ドーアは以下の2つの命題を導く。第1に，尊厳の分配は，分布の下の方に分断線があるときに，憤怒や紛争をともないながら，より大きな問題となる。第2に素質，努力，機会のどれに原因があるか不確実ないしアンビバレントな状況で，尊厳の分配問題は摩擦をおこしやすい（Dore 1987, p. 206）。

彼によれば，福祉国家は尊厳最低限に次の2つの形で影響を与えてきた。第1に，イギリスの経済学者ベヴァリッジは，1940年代に社会保険を中心とした福祉国家の青写真を描いた。ベヴァリッジは失業などが，社会の誰にでも等しく起こり得るという前提で，そうしたリスクに共同で社会保険で備える，というモデルを提出した。ここで前提となっているのは等しい市民の間での相互主義である。実際には失業などのリスクは，異なった背景を持つ市民の間に不平等に配分されており，ベヴァリッジの相互主義はフィクションである。ドーアはこのフィクションは，尊厳最低限を保つという目的をもったフィクション（a purposeful fiction）だと指摘する。それは一人一票の普通選挙を成り立たせるための，「全ての市民は政治的課題について等しい理解力を持っている」というフィクションと同じようなフィクションだと説明される（Dore 1987, pp. 206-207）。

ドーアが指摘する福祉国家が尊厳最低限に与えた第2の影響は，尊厳最低限の上昇である。平等主義的政策が福祉国家のもとで実行され，福祉最低限が曲がりなりにも充足され，格差が縮小していく。その結果，平等に近づけば近づくほど不平等に敏感になるというトクヴィル効果によって，尊厳最低限が上昇し，福祉最低限と尊厳最低限は相互にフィードバックしながら共に上昇していったというのである（Dore 1987, pp. 208-209）。

ところが，次の二つの理由で，社会の構成員の尊厳最低限を保つことに，社会のエリートたちが関心を示さなくなってしまったとドーアは分析する。第一の理由は，先述のベヴァリッジ型の相互主義というフィクションの破綻である。少なくともイギリスでは，社会扶助型の給付が増大し，相互主義のフィクションは破綻してしまい，尊厳最低限を保つという問題意識が，政策立案者たちの視野から抜け落ちてしまったと指摘される（Dore 1987, pp. 207-208）。

この，福祉国家の政策立案から，尊厳最低限の保障という課題が抜け落ちてしまっている，ということが，現行の制度からベーシック・インカムへの移行を根拠づける一つの論点となっている。

4 尊厳最低限とメリトクラシー

エリートたちが他者の尊厳最低限に関心を示さなくなってしまったもう一つ

の理由としてドーアが挙げるのは，技術革新である。前節で紹介したような技術革新による労働市場の変容についての事実認識から，ドーアは，平均的な職に要求される知識が増大していると指摘する。その結果，上述の生得の素質，努力，機会という人々に能力をもたらす3つの要素のうち，生得の素質の占める割合がより重要となってきたと論じる（Dore 1987, pp. 213-214）。

　この点は，ドーアの一貫した教育観が反映されている。というのも，教育学の領域では，教育によって技能や知識を習得する潜在能力は，どのような人も等しく持っていると仮定されているという立場が一般的であるからである。この一般的な立場に立てば，高等教育の無償化や普遍化による充実によって，すべての労働者（の卵）が，技術革新により高度化する技能や知識の習得できるようにする，という処方箋が出されることになる。事実北欧などではそのような戦略が取られて来た。

　しかしドーアは，高度な技能や知識の習得可能性の平等という考え方をフィクションとして退けるところから出発する。「社会が使うテクノロジーが洗練されればされるほど，そうしたテクノロジーを習得する能力の違いを社会制度は考慮にいれなくてはいけなくなるし，またそのような違いについての社会的認知も重要となる（Dore 1987, p. 210）」。社会は，成功する見込みが無い人に，長期で高価なトレーニングを受けさせるべきではない，と彼はいう。

　実際，企業の技能訓練に関していえば，効率性の観点からそうした考慮がなされてきた。つまり一方では，教育過程での成績が，労働者の技能習得能力の近似値として利用される。欧米では学士か博士かといった学位の違いがこのシグナルとなり，日本では同じ学士のなかでの大学名の違いがこのシグナルとなっているという訳だ。学歴社会のこのような機能への着目はドーアの年来の研究に基づいている（cf. Dore 1976）。他方では，内部労働市場が形成され，業界1位の企業が，もっとも優秀なグループの学生を採用し，同一企業内でキャリア形成をし，第2位の企業は，2番目に優秀なグループの学生を採用し…といった形での「新しい封建主義」として機能していると分析される（Dore 1987, p. 211）。

　結局，教育課程での達成度が，個人の社会における成功と失敗を以前より大きく左右するようになる。これは私たちがメリトクラシーと呼んでいるものだ

第Ⅰ部　ベーシック・インカム論をどう捉えるか

が，ドーアはこれを「新しいヒエラルキー的秩序」と呼び，尊厳の分配の観点から問題含みの状態であると考える。というのも，

> かつては子どもたちが学校で，失敗したり，不満をためたり，尊厳を否定されたりしても，学校を離れることで解放されることができた。職を見つけることは，彼らに尊厳最低限を保障し，ベバリッジ型の社会における正当な市民としての居場所を与えた。　　　　　　　　　　　　　　(Dore 1987, p. 219)

これに対して新しい秩序のもとでは，学校で貼られたラベルと同じラベルが，労働市場でさらに大きく貼られることとなる。

教育課程での達成度が，社会における尊厳の分配のほぼ唯一の基準となっていく一方で，技術革新によって教育課程で習得すべき知識や技能が高度化していくにつれて，教育課程での達成度に，生得的素質が寄与する割合が，努力などの他の要素より大きくなっていく。つまりメリトクラシーの行き着く先は，IQなどで測られる生得的素質によって，ほぼキャリアが決まってしまうということである。(9) このような社会で，社会の構成員に，従来の尊厳最低限を保障することはきわめて難しくなる。その結果尊厳最低限は急落する。また「新しいヒエラルキー秩序」のもとで社会のエリートたちは尊厳最低限への関心を失う。(10)

こうした状況を変え，尊厳最低限を保障できる仕組みであるというのが，ドーアのベーシック・インカム評価である。

5　雇用分配の変化と非雇用者の多様化

ではいったいベーシック・インカムはどのようにして，尊厳最低限を保障しうるのだろうか。ドーアが示す論拠は3つある。第1は，雇用の分配の変化，第2に，非雇用者の多様化，第3に，給付の普遍化であること，である。

第1の，雇用の分配の変化であるが，ドーアは，第1節で触れたように，J. E. ミードのベーシック・インカム論に主に依拠している。ミードは1930年代からベーシック・インカムを主張していたが（e.g. Meade 1935），1970年代のスタ

グフレーション以降ミードにとって，実質所得を維持しながら実質賃金を切り下げるということが彼の関心事の一つだった (Meade 1984)。ベーシック・インカムによって生活に必要な最低限の所得が保障されるため，賃金に生活保障機能を求めなくてもよくなる。そのため現行システムよりも多くの人に，雇用を保障することが可能となる。第3節で紹介した，技術革新によって雇用の希少性が増すことを理由にベーシック・インカムを主張する議論は，完全雇用という目標の転換を訴える方向性と，ベーシック・インカムによってむしろ完全雇用を達成しようという方向性に分かれるが，ドーアの議論は前述のミードと同じく，後者の方向性である。1987年の論文では前者の方向性のロバートソンの議論を「虚偽の希望」として退ける。というのも前者の方向性は労働倫理から「新しい余暇倫理」への価値観の転換を必要とする。しかし多くの人々は（ベーシックインカムが導入されたとしても）労働に従事することに尊厳を見いだし続ける可能性が高く，そのような価値観の転換は容易ではない (Dore 1987, pp. 219-220)。そのためやはり労働したい人が労働できる環境は，尊厳最低限を保障するために必要だというのである。

 とはいえ，ベーシック・インカムの導入によって，雇用から自発的に離れる人々は増えるだろう。この点が第2の理由である。現在の制度では，雇用から離れる人々の多くは非自発的失業者である。そして個々のケースは運不運や例外があるとしても，技術革新が進むにつれてますます，全体としては，能力に劣った者が失業していると社会的には知覚されるようになる。雇用に従事していないことは，社会の落伍者としての烙印を押されがちである。ところが，ベーシック・インカムの導入は，自発的な労働市場からの退出者を今よりは増やすだろう。ドーアは次のようにいう。

 仕事を見つけにくい人と，朝は羊飼いで夜は文学評論家でいるために慎ましやかに暮らすのを好む人の間にある境界線は，ベーシック・インカムを導入することによって，ぼやけるだろう。そのことが尊厳の問題の解決に役立つはずだ。そして私は失業が人に深刻な影響をもたらすのは，その人を貧困に陥れるからだけではなく，少なくともそれと同じくらいに，人の尊厳を奪うからであると考えている。
 (Dore 2001, pp. 81-82)

第 I 部　ベーシック・インカム論をどう捉えるか

　第3の，ベーシック・インカムによる給付の普遍化については，ほとんど説明はいらないだろう。尊厳を保障するために，一定の所得は不可欠である。そしてその所得が，現行の社会保障制度のようにスティグマを伴いながら選別的に給付されるのではなく，普遍的に給付されることも，受給者の尊厳を守るために重要な点である（Dore 2001, p. 81）。

　失業者は，失業した時点で，3つの形で尊厳を奪われる。第1に，（多くの場合）仕事に価値を置いているのに，その価値を置いている仕事から遠ざけられてしまうことによって。第2に，社会において職についていない人間は職を奪われた人間ばかりであるがために，失業にスティグマが伴うことによって。第3に，失業給付や社会扶助などの福祉給付を受給せざるをえないが，そうした制度が普遍的ではなく選別的であることによって生じるスティグマによって。ベーシック・インカムは，人から尊厳を奪うこの3つの事柄を，すべて変えうる可能性をもっているというのである。

6　その他の論点——実行可能性など

　以上でおおよそドーアがベーシック・インカムを望ましいと考える根拠については網羅できただろう。ここまでで触れられなかったいくつかの論点について，本節で触れておこう。

　まず，ベーシック・インカム受給に伴う義務について。彼はベーシック・インカムを，シティズンシップに伴う権利と考えており，同じシティズンシップが権利だけではなく義務も生み出しているという立場に立つ。彼がシティズンシップの義務の側面として，言及するのはコミュニティ活動に従事する義務である。

　イギリスでは，若者をコミュニティ活動へ誘ういくつかプログラムが実行されてきたが，ドーアの評価によれば，お金を稼げるキャリア準備を中断しなくてはいけない（と捉えてしまう）「優秀な若者」にとっても，そのプログラムに参加しなければ失業するだけの若者にとっても，モチベーションとパフォーマンスに問題が生じる仕組みであった。ベーシック・インカムとともに，普遍的で強制的な形でコミュニティ活動への従事が導入されれば，こうした問題は解決すると主張する（Dore 1987, p. 222）。どのような活動に従事するかは，幅広

い選択肢があるが,「所得税の確定申告と同様に,従事したコミュニティ活動についても毎年申告をする (Dore 2001, p. 81)」ものとされる。

　何らかの社会への貢献を条件に,ベーシックインカムを給付するという発想は,ドーアの独創ではない。例えば戦後のイギリスのベーシック・インカム論や,フリードマンの負の所得税構想にも影響を与えたとされる,ジュリエット・リズウィリアムズは,1943年に以下のような提案を行う。国家は個人が健康な生活を維持できるようにする責務を負い,個人は国家に対して生産活動に可能な限り従事するという責務を負う,という「契約」を結んだ個人にベーシックインカムを給付する,というものだ (山森 2009)。

　またアトキンソンは,1990年代に,条件付きのベーシック・インカム給付である「参加所得」を提唱する。条件としてアトキンソンは,労働に従事していること,疾病や障害によって労働不能であること,求職しているが失業中であること,教育や職業訓練中であること,子ども,高齢者,障害者などをケアしていること,ボランタリー・ワークに従事していること,などを例示している (Atkinson 1993)。

　アトキンソンの参加所得と,ドーアの議論との違いは,以下の2点であろう。第一に,アトキンソンの場合,従来の無償ベースのコミュニティの活動に従事していなくても,賃労働などに従事していれば給付を受けることができる。これに対して,ドーアの提案では,市場で価格のつく仕事に従事していることは,コミュニティ活動をしなくてよい理由にはならない。

　第2に,ドーアの提言ではシティズンシップの権利と義務のカタログのなかに,それぞれベーシック・インカムとコミュニティ活動への従事があり,後者に従事しなかったことが直ちにベーシック・インカムの受給停止に繋がらないという点である。これは例えば納税の義務を果たさなかったからといって直ちに選挙権を失うわけではないことに等しい。

　次に,ベーシック・インカムがどのようにして導入されうるのか,「ここからそこへ (Dore 1987, p. 221, 1996, p. 63)」どのように移行するのか,その青写真について。1987年の段階では,制度的な実行可能性におもに焦点をおいている。ミードによる社会化された資本からの配当という議論に即して,社会遺産基金 (the Social Patrimony) を創設し,企業は発行した株の何パーセントかに等しい

額をこの基金に入れることにする，といった提案が示唆されている（Dore 1987, p. 222)。

　この提案は本章冒頭で触れた2009年の同志社大での講演でも触れられるなど，一貫して維持されている提案であるが，1990年代以降，こうした制度的実行可能性のみならず，政治的実行可能性についても言及されるようになる。1996年の論文では，前節までで紹介したようなベーシック・インカムが望ましいという理由を，どのようにして多くの人に納得してもらうかという点が提起されている。しかも（一国社会主義の限界を指摘し世界同時革命を訴えた）トロツキーを引き合いに出しながら，一国ではなく産業化された世界の人々に納得してもらう必要があるとされる。

　同論文では答えは明示されていないが，2000年代に入って，一つの事柄が示唆されるようになる。それは中産階級の不安が，ベーシック・インカム導入へと（中産階級を）動かす，というものである。

　　所得格差の広がりは，より多くの妬み，社会的排除の高まり，反社会的な対抗文化の増加につながる。もし反貧困政策がすべて資力調査を行う形のものだとすれば，不正受給を増やすだけだ。イギリスではこうした不正受給はすでに憂慮すべき水準となっている。このことが，資力調査の廃止の論拠となってくるだろう。（中略）社会的排除や反社会的な対抗文化の高まりは犯罪の増加に帰結する。（中略）犯罪に対する中産階級の不安が，ベーシック・インカムに不可欠である課税水準を認めるための最も強力な理由となるかもしれない。　　　　　　　　　　　　　　　　　　　　（Dore 2001, p. 84)[13]

7　価値観の転換

　これまで，ドーアがどのような理由でベーシック・インカムを望ましいと考えてきたかを中心に分析し，ベーシック・インカム研究の中で，彼の議論のどこか新しいのかを明らかにしてきた。その内容を要約することは省略し，ここでは，ドーアが過去数十年に渡るベーシック・インカムへの言及の中で，見解を変化させた点に着目しながら，私たちが引き受けるべき課題について素描し

て筆を擱くことにする。
　第5節で触れたように，1987年の段階ではドーアは，労働倫理から「新しい余暇倫理」への転換は不可能だと考えていた。同論文の中では「プロテスタント的な労働倫理」への個人的な愛着についても言及していた。ところが，1996年になると，次のようにいう。

> 職についていることと自尊心の間の関係は，プラトン的な普遍性の産物ではない。もちろん『人間本性』に部分的には根ざしていることは確かだが，しかしまた，支配的なイデオロギー，社会における『公正さ』についての支配的な考えによって決定されており，それらは変わりうるものであるのだ。
>
> （Dore 1996, p. 61）

2001年になると，この変更することができる労働倫理を，実際に変更することが，ベーシック・インカムが良い結果をもたらすために不可欠だと主張されるようになる。なぜなら，現在の社会では労働倫理は，承認や達成感といった肯定的な報酬を求めることとは関わりなく，義務に関する事柄であり，「ただ乗りをする怠け者であると告発されることをさけることに関わる（Dore 2001, pp. 82-83)」。このような労働倫理の機能が，（一部の人々にとっては懲罰的に機能し，尊厳を奪われる形になる）ワークフェアを，多数の人々に支持させているからである。
　1987年から2001年にかけての立場の変更は，ワークフェア政策が左右を問わず推進されて，それを人々が支持していくという1990年代の経験を踏まえてなされたものと考えて良いだろう。
　この変更が私たちに示唆する点を二つあげて，結びとしたい。
　第1に，制度と価値観をめぐる問題について。労働倫理への愛着の吐露から，その変更の必要性へと，大きく見解を変えることとなった背景には，ワークフェア政策への人々の支持とその背景への分析があることを紹介した。ただ，これは労働倫理をどのような次元（個人的な愛着や思い入れの水準で考えるのか，社会的にどのような機能を果たしているのかの水準で考えるのか）といったことの違いもあり，価値観の転換（の必要性）はドーアの一貫した問題意識である。ベー

シック・インカム提案に関わっては，既に紹介した労働倫理の転換と共に，市場での報酬についての知覚の転換の必要性を訴えてきた。つまり市場での地位は，努力によるものではなく，才能によるもの，言い換えるならば，報酬格差は道義的に正当化できるものではなく，単なる運によるものであることを人々が知覚する必要性である（Dore 1996, p. 62, 2001, p. 83）。

　市場での生産活動を原資に，全ての人に無条件にベーシック・インカムを給付することが支持されるためには，このような価値観の転換が必要であるということは説得力があるだろう。とはいえ，ここで問題となるのは，転換の必要性の説得力ではなく，転換が起こりうる可能性であろう。ドーア自身は，2000年代に入って，「中産階級の不安」といった論点に言及するようになってきており，上述の価値観の転換そのものが単独で起こる可能性について，それほど楽観的ではないようにも読み取れる。むしろ，中産階級の「危険な階級」としてのアンダークラスへの不安と恐怖が，ベーシック・インカムの導入へと社会を動かし，何世代かしてベーシック・インカムが当たり前の社会になると，新しい価値観が普遍的になるというように彼の議論を解釈すべきなのだろうか。いずれにしても価値観の転換の実行可能性への明確な答えは導きだせない。しかしこの点は，ドーアだけではなく，価値観の転換の必要性を語る多くの思想家に共通する隘路である。

　第2節で触れたケインズはその象徴的な例であろう。第2節で紹介したような論旨の先に，彼は冒頭のエピグラフで紹介したような，新しい価値観について語る。しかしこの「わが孫たちの経済的可能性」は不思議なテキストである。一方で，「働かず紡がない野の百合」のような生き方を，良いものとしつつ，そのようなことが可能になる社会へ移行するためには，「財産としての貨幣愛」などの「エセ道徳律」ないし「半ば犯罪的で半ば病理的な性癖（Keynes 1972, 邦訳 p. 330）」に固執しなくてはならないという。エセ道徳律から真の道徳律への転換は，エセ道徳律によって進む社会の発展によって自動的ないし必然的にもたらされるのだろうか。転換が短期的にはなかなか進まないことを認識しつつも，おそらく長期的には転換がもたらされるようにケインズは考えていると読み取れる。この長期における転換の可能性についてのケインズの楽観を，果たして私たちは共有できるだろうか。

第2に、ドーアのユートピア構想との関係について。才能や生得の素質は運によるものだというドーアの理解を紹介した。もとよりこのような才能観はドーアの独創ではなく、哲学者ロールズのものである（Rawls 1971）。ドーア自身、以前ロールズを引きながら、この才能観に言及している。それは彼自身の「儒教的ユートピア」の描写のなかでであった（Dore 1976, 邦訳 p. 256）。それを詳述する紙幅はないが、権力の富や威信との分離、世襲財産の撤廃などを含むラディカルな提案であり、ロールズの才能観に基づいて、「ごみ集めの労働者に大学教授や役人よりも高い給料を払うこと（同 p. 256）」が提案される。ドーアはこの1970年代の提案と1980年代以降のベーシック・インカム提案との間の関係について述べていない。他方でベーシック・インカム要求運動のなかには、たしかに彼のユートピア構想に繋がるような希求や要求があった（山森 2009）。ベーシックインカムは儒教的ユートピアの構成要素となりうるだろうか。この点も読者に開かれた問いとしておきたい。

注
(1) 同志社大学経済学部・経済学会主催、同大学ライフリスク研究センター共催。ドーア以外のシンポジストは橘木俊詔、小沢修司、岡野八代。コーディネーターは筆者。
(2) イギリスでは1984年に Basic Income Research Group が結成されたが、1992年に Citizen's Income Trust と名称を変更した。その理由は「社会保障改革は、シティズンシップについてのより広範な議論の重要な一部である」からと説明されている（2001年に筆者が行った当時の代表 Malcolm Torry および事務局長 Philipe Vince へのインタビューによる）。また1990年代前半の一時期、同国の自由民主党が Citizen's income の名称でベーシックインカムを掲げていたことも相まって、イギリスではこの呼称もベーシックインカムを指す言葉として広く使われている。
(3) Dore 2001は、冒頭で触れたシンポジウム時に、手塚沙織・山森亮による仮訳が資料として配布されている。
(4) 1980年代西欧でのベーシックインカム論議の活発化については、山森 2009参照。
(5) 格差拡大の主要な原因を、この論理にもとめることへの批判については、Krugman 2007 参照。
(6) 管見のかぎり初出は、Dore 1976である。
(7) 日本の社会保障研究においては、ナショナル・ミニマムとの呼称が一般的である。

一般的には社会扶助制度の保護基準がその最低限とされる。ドーアもイギリスの捕捉給付制度（1987年当時の呼称で，現在は所得支援制度となっている）の給付額をもって福祉最低限としている（Dore 1987, p. 204）。この定義にしたがえば日本では生活保護制度の保護基準額が福祉最低限となる。

(8) Dore 1976では以下のように説明される。「たしかに万人に与えられる尊厳最低限は，個々の社会によって同じではない――所得次元において，福祉ミニマムが社会によって大きく異なるのと同様に。（中略）基本的必需品の調達に充分な程度の所得も，大企業の会長の所得も，本質において所得であることに変りはない。それと同じように，イギリス国民としての尊厳最低限が，医者や俳優に与えられる尊敬と本質的に異なるものではない――少なくとも主観的には相違は認められない（Dore 1976, 邦訳 pp. 275-276. ただし訳は一部都合により改変）。」

(9) Dore 1996 では「生得的素質」よりはやや控えめに，「初等教育に入る段階ではほ，ましてや中等教育に差し掛かる時にはさらに，能力は固定する（p. 60）」と表現されている。

(10) 当時のサッチャー首相の周囲の若いブレーンたちを，その一つの例とドーアは考えているようだ。

(11) 労働倫理の転換については1996年の論文では，ややニュアンスが変わり（Dore 1996, pp. 61-62），2001年の論文では，さらに変化している（Dore 2001, pp. 82-83）。この点をめぐっては終節で立ち返る。

(12) この点は2009年10月に京都にて行われたインタビューによる。

(13) Dore 2004 でも，同様の不安が「富裕層の良心に再び火をともすなら（p. 157）」ベーシックインカムの導入に繋がると指摘される。

参考文献

山森亮（2009）『ベーシックインカム入門――無条件の基本所得を考える』光文社。

Atkinson, Anthony B. (1993) "Participation Income," *Citizen's Income Bulletin*, no. 16.

Atkinson, Anthony B. (1995) *Public Economics in Action: The Basic Income/ Flat Tax Proposal*, Oxford: Clarendon Press.

Dore, Ronald (1976) *The Diploma Disease: Education, Qualification and Development*, London: George Allen & Unwin Ltd.（松居弘道訳『学歴社会――新しい文明病』岩波書店，1978，2008年）

Dore, Ronald (1987) "Citizenship and Employment in an Age of High Technology," *British Journal of Industrial Relations*, 25-2.

Dore, Ronald (1996) "A Feasible Jerusalem," *The Political Quarterly*, 67-1.

Dore, Ronald (2001) "Dignity and Deprivation," in Cohen and Rogers (eds.) *What's Wrong with a Free Lunch*, Boston: Beacon Press.

Dore, Ronald (2004) *New Forms and Meanings of Work in an Increasingly Globalized World, ILO, International Institute for Labour Studies*, Geneva. (石塚雅彦訳『働くということ——グローバル化と労働の新しい意味』中央公論新社, 2005年)

Hardt, Michael and Antonio Negri (2000) *Empire*, Cambridge, MA: Harvard University Press. (水嶋一憲・酒井隆史・浜邦彦・吉田俊実訳『帝国』以文社, 2003年)

Jordan, William (1973) *Paupers: the Making of the New Claiming Class*, Routledge and Kegan Paul.

Keynes, John Maynard (1972) *The Collected Writings of John Maynard Keynes*, Vol. IX, London: Macmillan Press. (宮崎義一訳『ケインズ全集 第9巻 説得論集』東洋経済新報社, 1981年)

Krugman, Paul (2007) *The Conscience of a Liberal*. (三上義一訳『格差はつくられた』早川書房, 2008年)

Meade, James E. (1935) "Outline of economic policy for a labour government," in Howson, S. (ed.) (1988) *The collected papers of James Meade. Volume 1: Employment and Inflation*, London: Unwin Hyman.

Meade, James E. (1972) "Poverty in the Welfare State," *Oxford Economic Papers*, 24-3.

Meade, James E. (1984) "Full employment, new technologies and the distribution of income," *Journal of Social Policy*, 13-2.

Offe, Claus (1992) "A Non-Productivist Design for Social Policies," in Philippe Van Parijs (ed.), *Arguing for Basic Income: Ethical Foundations for a Radical Reform*, London: Verso.

Owen, Robert (1817) "Report to the Committee of the Association for the Relief of the Manufacturing and Labouring Poor, referred to the Committee of the House of Commons on the Poor Laws". (都築忠七訳「製造し労働する貧民救済協会調査委員会への報告——下院救貧法委員会付託」都築忠七編『資料イギリス初期社会主義——オーウェンとチャーティズム』平凡社, 1975年)

Pateman, Carole (2003) "Freedom and Democratization: Why Basic Income is to be Preferred to Basic Capital," in Keith Dowding, Jurgen De Wispelaere and

Stuart White (eds.) *The Ethics of Stakeholding*, Palgrave Macmillan.

Rawls, John (1971) *A Theory of Justice*, Cambridge, Mass.: Belknap Press of Harvard University Press.

Ricaldo, David (1821) *On the Principles of Political Economy and Taxation*, 3rd edition, London: John Murray.(小泉信三訳(2004)『経済学及び課税の原理』一穂社)

Russell, Bertrand (1918=2006) *Roads to Freedom*, Nottingham: Spokesman.(板橋卓一ほか訳『自由への道』日本評論社,1920年)

Standing, Guy (2002) *Beyond the New Paternalism: Basic Security as Equality*, London: Verso.

Van Parijs, Philippe (1993) *Marxism Recycled*, Cambridge: Cambridge University Press.

Van Parijs, Philippe (1995) *Real Freedom For All: What (if anything) can Justify Capitalism?*, Oxford: Oxford University Press.

第Ⅱ部

社会保障改革の新しい動き

第4章 「参加と連帯のセーフティネット」を支えるコスト

埋橋孝文
麻生裕子

1 「参加と連帯のセーフティネット」とは

　私たちは連合総研の「参加保障・社会連帯型の新しい社会政策・雇用政策の大綱に関する研究委員会」に参加し，2010年6月，10名の執筆者による『参加と連帯のセーフティネット――人間らしい品格ある社会への提言』（埋橋孝文＋連合総合生活開発研究所編，ミネルヴァ書房）を出版した。同書は「共通の問題意識と共通の事実認識にもとづく共同著作」を目指したもので，その大きな特徴の一つは，「社会のあるべき姿としてディーセント・ソサイエティ（人間らしい品格ある社会）を目指し，『参加保障』と『社会連帯』を基本理念とするソーシャル・セーフティネットの体系化を試みていること」にある（同書「はしがき」より）。

　「参加保障型社会保険への改革」とは，職業訓練中の失業者を含む労働市場に参加するすべての人が参加できる社会保険に改革するというもので，1時間でも就労すれば，健康保険，厚生年金，雇用保険に加入し，応能負担による保険料を支払う仕組みとする。その際，国民全員に社会保障番号を付与し，未届出事業所の把握を行い，制度からこぼれる落ちる人々がないようにする内容である。

　他方，「『社会連帯』を基本理念とするソーシャル・セーフティネットの体系化」とは，具体的には次のような内容からなる改革提言である。

　日本の特徴として，「正規労働者と生活保護受給者の『狭間』に存在するワーキング・プア層への所得『補償』措置がとられていない」ことが指摘され

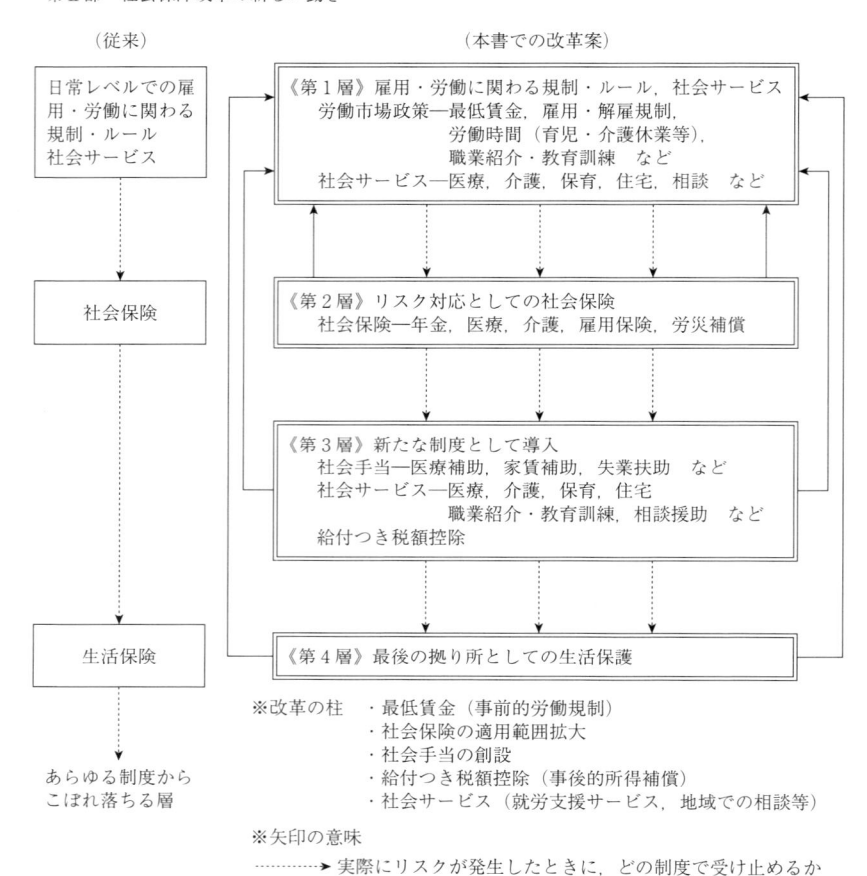

第Ⅱ部 社会保障改革の新しい動き

```
（従来）                          （本書での改革案）

┌─────────────┐      ┌──────────────────────────────┐
│日常レベルでの雇 │      │《第1層》雇用・労働に関わる規制・ルール，社会サービス│
│用・労働に関わる │      │　労働市場政策─最低賃金，雇用・解雇規制，    │
│規制・ルール   │ ←→  │　　　　　　　　労働時間（育児・介護休業等），  │
│社会サービス   │      │　　　　　　　　職業紹介・教育訓練　など     │
│         │      │　社会サービス─医療，介護，保育，住宅，相談　など│
└─────────────┘      └──────────────────────────────┘

┌─────────────┐      ┌──────────────────────────────┐
│社会保険      │ ←→  │《第2層》リスク対応としての社会保険         │
│         │      │　社会保険─年金，医療，介護，雇用保険，労災補償 │
└─────────────┘      └──────────────────────────────┘

                  ┌──────────────────────────────┐
                  │《第3層》新たな制度として導入             │
                  │　社会手当─医療補助，家賃補助，失業扶助　など │
                  │　社会サービス─医療，介護，保育，住宅      │
                  │　　　　　　　　職業紹介・教育訓練，相談援助　など│
                  │　給付つき税額控除                  │
                  └──────────────────────────────┘

┌─────────────┐      ┌──────────────────────────────┐
│生活保険      │ ←→  │《第4層》最後の拠り所としての生活保護       │
└─────────────┘      └──────────────────────────────┘

          ※改革の柱　・最低賃金（事前的労働規制）
あらゆる制度から         ・社会保険の適用範囲拡大
こぼれ落ちる層          ・社会手当の創設
                    ・給付つき税額控除（事後的所得補償）
                    ・社会サービス（就労支援サービス，地域での相談等）

          ※矢印の意味
          ……→ 実際にリスクが発生したときに，どの制度で受け止めるか
          ──→ 再び日常生活に戻す」
```

図4-1　3層のセーフティネットから4層のセーフティネットへ

（出所）　埋橋孝文・連合総研編（2010）『参加と連帯のセーフティネット』ミネルヴァ書房，p.13。

ている。このことを踏まえ，社会保険制度という第2層セーフティネットと，生活保護＝第3のセーフティネットとの間の広すぎる隙間を，税を財源とする各種社会手当の充実で埋めていくことであり，「3層のセーフティネットから4層のセーフティネットへ」という言葉で要約される（図4-1を参照のこと）。

　ただし，ワーキングプア層への所得補償措置は「社会手当」だけに限定されない。低所得者に対する「給付つき税額控除」制などの，仕事をすることが報

われる (making work pay) ものにしていくような工夫を凝らし，しかもその財源を社会全体で（連帯して）負担していくことも提案している。

近年多くの国で所得逆進性の強い「所得控除制」に替えて「税額控除制」が採用されるようになっているが，日本では試みられていない。一般に自助努力を強調し，働かないものに対しては厳しい態度をとる文化の強いアメリカにあっても，「働いても貧しい」ワーキングプアに対してはこうした税額控除制度に多額の予算＝税を投入し，支援している。本書ではそうした国際的動向を参考にして「ワーキングプア対策としての税額控除制度」の導入を提言したのである。

2　改革案の実現にはどの程度の予算が必要か

前掲の連合総研プロジェクトでは，当初，改革案を提示するだけでなくその改革案を実施するためにはどの程度の予算が必要であるかについても検討することにしていた。しかし，2010年3月に終了した同プロジェクトでは改革案の中身の検討に時間がかかり，一部の項目を除き（「求職者就労支援制度」と「ワーキングプア対策としての給付つき税額控除」），そうした必要予算額を算定するまでにはいたらなかった。さらに，少子化対策や高齢者医療，地方分権などの問題は今後の課題として残されることになった。その結果，前掲書は，必要予算額を算定したり，その他の重要な社会保障の分野での改革案を検討する際に踏まえなければならない，「参加保障・社会連帯という原則の徹底」と「各種セーフティネットの重層的役割の明確化」という2つの柱からなる「基礎的な制度設計」を提言したものとなった。

改革案の提言に際しては同時にその必要予算額を予め見越しておき，明示するというのが普通のやり方かもしれない。その意味では，上記研究プロジェクトのやり方は変則的であったといえる。そのため，上記プロジェクト終了後すぐに新たなフォローアップ委員会が設けられ，(1)私たちの改革案を実施するためにはどれだけの予算が必要か，(2)改革案が若年失業者や長期失業者，ひとり親ほかのワーキングプアの暮らしと生活にどのような影響（効果）を及ぼすか，という2点をめぐって検討することになった。

第Ⅱ部　社会保障改革の新しい動き

　本章はフォローアップ委員会での作業をもとにして，上の２つのうちの①の問題を明らかにすることを課題としている。なお，ことわっておけば，本章では必要予算額の「財源」については検討していない。それはそれでまたきわめて重要な課題ではあるが，一応それとは切り離して予算額を算定している。つまり，「改革のグランドデザインの提案」（『参加と連帯のセーフティネット』）⇒「改革案の実現にはどの程度の予算が必要か」（本章）⇒「その予算をどのような財源から工面すべきか」（今後の課題）という順序立てになっている。本章で明らかになる必要予算額と併せて「参加と連帯のセーフティネット」の意義や実現可能性，優先順位などをめぐっての活発な議論を期待したい。

3　必要予算額の試算

メインストリームとしての就業と所得保障（第１層のセーフティネット）

　現在の多くの先進諸国では，個々人の実際の生活は，賃金と社会保障給付の組合せによってまかなわれる。賃金と社会保障給付の組合せによって生活することは，個々人の生涯のなかの，いわばメインストリームとして位置づけられる。すべての人びとがここに参加できることが求められる。こうした状態を実現するには，前掲の図４−１でいえば，まず第１層の雇用保障，最低賃金等のセーフティネットが重要な位置を占める。また，誰もが労働市場に公平にアクセスでき，就労意欲を高めるような職業紹介および職業訓練のしくみが重要である。これらのしくみやルールを機能させるために以下の３点を具体的に提言した。なお，「最低賃金の引き上げ」と「雇用形態の適正化」については施策のための財源を必要としない「規制」であるため，項目だけを挙げている。

　（注）以下において，数字のアンダーラインは算定のプロセスをわかりやすく表示するためのものである。

●最低賃金の引き上げ

●雇用形態の適正化

●アウトリーチ型雇用支援事業の積極的展開（職業紹介・能力開発）

　就職困難層を対象とした「求職者就労支援プログラム」（『参加と連帯のセーフティネット』181〜86頁）と「実る」能力開発の提言（同70〜73頁）からなる。

第4章 「参加と連帯のセーフティネット」を支えるコスト

①コンサルタントの増員（＝パーソナル・サポーター）

　第1層目では「コンサルタント」として提案しているが，第3層の求職者就労支援制度の「パーソナル・アドバイザー」と同一のものである。これらは，すでに政府で検討されている「パーソナル・サポーター」と同じ機能をもつため，ここでは必要となるパーソナル・サポーター数およびその予算額を試算することとする[(1)]。

　チーフ・パーソナル・サポーター1人および5チーム（パーソナル・サポーター1人，アシスタント・パーソナル・サポーター2人の計3名で1チームを編制）の体制で，年間455人に対応すると仮定する（パーソナル・サポート・サービス検討委員会「『パーソナル・サポート・サービス』について～モデル・プロジェクト開始前段階における考え方の整理～」平成22年8月31日，を参考にした）。

　パーソナル・サポーターが担当する支援対象者は，いわゆる就職困難層である。職業訓練等を経て，平均1年で就業する，すなわちサポーターの手を離れるものとする。1年以上失業している長期失業者95万人（2009年労働力調査詳細集計），学卒未就職者14万人（2009年労働力調査），18～64歳の被保護者53万人（全被保護者153.7万人のうち現役年齢層は66.8万人，そのなかのすでに就労している被保護者13万人を除く）を足して，支援対象者は合計162万人となる。

　上述の条件から必要とされるパーソナル・サポーター数は，162万人を1体制あたり年間担当数455人で除してチーフ・パーソナル・サポーター3,560人，パーソナル・サポーター17,800人，アシスタント・パーソナル・サポーター35,600人，合計56,960人[(2)]となる。よって，パーソナル・サポーター必要数の人件費は，チーフ・パーソナル・サポーター年収540万円（月額45万円），パーソナル・サポーター年収400万円（月額34万円），アシスタント・パーソナル・サポーター年収320万円（月額27万円）と仮定すると，540万円×3,560人＋400万円×17,800人＋320万円×35,600人＝2,043億円となる（2010年11月に開設された京都府パーソナル・サポートセンターの求人情報から，それぞれの年収を参考にした）。当然ながら，パーソナル・サポーターの設置によりこうした費用がかかるが，各サポーターが担当する支援対象者が就職につながれば，税収増も見込める。

②訓練費用の助成強化

「訓練費用の助成強化」の内容は，OJT を活用した訓練プログラムに参加する企業への支援を指す。ここでは，雇用者の職業生涯を45年とし，その間に職業訓練を1回受け，1人1回35万円の費用がかかると仮定する。なお，1人1回あたりの訓練費用の仮定については，教育訓練給付の実績を参照した。

雇用者数を5727万人（2007年就業構造基本調査）とすると，35万円×5727万人×1回÷45年により，年間費用は4454億円となる。

OJT を活用した訓練プログラムであるため，雇用者本人の負担はなく，企業および公費による負担となることから，必要予算額は，企業負担分を2分の1，公費を2分の1とすれば，2227億円，企業負担分を3分の2，公費を3分の1とすれば，1484億円となる。

ちなみに，現在，公共職業訓練にかかる費用は，国1457億円（平成20年度予算），都道府県284億円（平成19年度実績）である（出所：厚生労働省「雇用・能力開発機構の今後のあり方検討会（最終報告）」平成20年12月）。

また，労働保険特別会計雇用勘定（平成20（2008）年度予算）の歳出を見ると，職業能力開発強化費392.6億円，若年者等職業能力開発支援費78.59億円，独立行政法人雇用・能力開発機構運営費769.1億円，独立行政法人雇用・能力開発機構施設整備費17.23億円，障害者職業能力開発支援費10.86億円，技能継承・振興推進費13.92億円で，これらの合計は1282億円となる。

リスクへの社会保険による対応（第2層のセーフティネット）

第2層のセーフティネットにあたる社会保険の機能は，疾病，老齢，失業などの基本的なリスクへの対応という点で創設当時から変わらない。しかし，社会保険の未加入者，未納者の増加といった現象にみられるように，社会保険は機能劣化を起こしている。国民皆保険，国民皆年金と呼ぶのにふさわしい，すべての人びとが参加できる制度への改革が急がれる。

第2層のセーフティネットのなかでも，本書で取りあげたのは，健康保険，厚生年金，国民健康保険，国民年金，雇用保険である（労災保険と介護保険は取りあげていない）。全体に共通する提言としては，被用者保険における標準報酬月額の上限と国民健康保険の保険料の額の上限を撤廃し，「青天井」とするこ

第4章 「参加と連帯のセーフティネット」を支えるコスト

とである。

(1)年金保険
●<u>所得比例年金への一元化</u>　1時間でも就労すればすべて社会保険の対象となるといった参加保障型社会保険の原則をふまえたうえで，現行の国民年金・基礎年金と現行の厚生年金を所得比例年金に統合し，最低生活保障年金との組合せによる年金給付の方式に改編する。所得比例年金の保険料は定率で徴収し，労使折半とするが，自営業者の場合は本人が全額支払う。所得比例年金から受け取れる額が一定の水準を下回る場合，税を財源とした最低生活保障年金を受け取ることができるようにする。

①標準報酬月額の上限を撤廃した場合の保険料収入の変化

　現在（2008年時点）の報酬月額の上限は60万5000円であり，年間にすると726万円となる。また，標準賞与の上限は1カ月150万円までなので，かりに年2回の賞与とすると，年間300万円となる。これらをあわせて，年収<u>1026万円</u>が上限となる。

　国税庁・民間給与実態統計調査（2008年）より，年収1000万円超の給与所得者数は205万6013人，給与総額は30兆4069億900万円だから，年収1000万円超の層の1人あたり平均年収は<u>1479万円</u>となる。

　報酬月額の上限を超える被保険者数を<u>234万6026人</u>（平成20（2008）年度厚生年金保険・国民年金事業年報），保険料率を<u>14.996％</u>とすると，報酬月額の上限撤廃による保険料増収分は，（<u>1479万円</u>－<u>1026万円</u>）×<u>234万6026人</u>×<u>0.14996</u>＝1兆5937億円となる。

②厚生年金の適用拡大による保険料収入の増加

　ここでの「厚生年金の適用拡大」とは，すべての雇用者（被用者）を厚生年金の対象者とすることをさす。したがって，パートタイム労働者もすべて被保険者となるので，たとえばパートタイム労働者で，被扶養者＝第3号被保険者ということがなくなる。また，厚生年金の適用拡大にくわえ，標準報酬月額の上限・下限の撤廃も条件とする（以下の計算には上の「標準報酬月額の上限を撤廃

した場合の保険料収入の変化」（増加分）の1兆5937億円が含まれる）。

　この場合，理論的には，国内総生産における雇用者報酬のなかの賃金・俸給のなかに，厚生年金保険料の支払い義務のない70歳以上の雇用者の分，および現物給付が含まれるが，ここでは無視することとする。

　2008年の国内総生産は505.1兆円，そのうち雇用者報酬は263.8兆円（以上，平成20年国民経済計算確報・国内総生産勘定），さらにそのなかの賃金・俸給は224.7兆円（同，所得の発生勘定）だから，保険料率を14.996％（労使折半にすると各7.498％）とすると，すべての賃金・俸給を対象とした場合の厚生年金の保険料額は，224.7兆円×0.14996＝33.7兆円となる。

　雇用保険受給者と新卒未就職者も厚生年金の適用対象とするため，その分の厚生年金保険料額が追加される。受給する雇用保険基本手当のなかから厚生年金保険料を支払うことになる。この場合，高卒初任給全国平均を仮想報酬とする雇用保険基本手当が支給される（所得代替率は90％に設定）。雇用保険基本手当受給者85万人（2009年度雇用保険事業年報），新卒未就職者14万人（2009年労働力調査）の合計は99万人だから，これらの厚生年金保険料額は，高卒初任給全国平均15.6万円（新卒事務員，人事院「平成21（2009）年職種別民間給与実態調査」）×12×0.9×0.14996×99万人＝2501億円となる。

　したがって，厚生年金を適用拡大した場合の保険料収入は，33.7兆円＋0.25兆円＝33.9兆円となる。現在の保険料収入は22.6兆円（平成20（2008）年度年金特別会計厚生年金勘定）だから，すべての労働者が厚生年金に加入した場合の保険料増収額は，33.9兆円－22.6兆円＝11.3兆円である。

　ただし，ここでは被用者年金の統合が前提となっているが，現実には，このほかに国家公務員共済（掛金5165億円，平成19年度，組合員分のみ），地方公務員共済（掛金1兆5143億円，平成19年度見込み），私学共済（掛金額3190億円，平成20年度長期勘定，保険料率は厚生年金より低い）のそれぞれの保険料に相当する掛金が存在している。これらの共済年金の掛金を合計した2兆3498億円を勘案しても，9兆円の増収となる。(3)

(2)医療保険

●被用者健康保険と国民健康保険の保険料率の統一　現行の被用者保険の保険

者を統合し，職業訓練中の失業者を含む雇用者全員がこれに加入する。応能負担の原則にもとづき，被用者保険と国民健康保険の保険料率は統一し，被用者保険の標準報酬月額の上限，国民健康保険の総賦課限度額を撤廃する。これにともない，国民健康保険の減免制度は撤廃する（詳細は『参加と連帯のセーフティネット』第3章，第8章参照）。

①適用区分の変更

　医療保険の適用区分の変更および，それに伴う保険料収入を試算するにあたって，以下のような仮定をおく。

ⅰ）被用者健康保険の対象を拡大し，すべての労働市場参加者を被用者保険（協会けんぽもしくは健保組合）の被保険者とする。また雇用保険受給者，新卒未就職者も被用者健保の対象とする。それ以外については国保の被保険者とする。

ⅱ）被用者保険（協会健保）と国保の保険料率を統一し，国保の保険料率を基本的に全国統一的なもの（自治体で上乗せ・追加的なサービスの可能性は残す）とするとともに，保険料率の計算は所得割一本とする。

ⅲ）保険料率算定の基礎となる標準報酬月額の上限を撤廃する。

ⅳ）被用者保険の被扶養者区分をなくし，いわゆる専業主婦等の無業者は国保加入とする。また生活保護適用者も国保加入とする。

　まず，現在（2008（平成20）年度末）の医療保険の適用区分は表4-1のとおりである。

　上述の仮定に基づき適用区分の変更を計算すると，まず，被用者保険の被保険者数は，雇用者総数5727万人＋雇用保険受給者85万人＋新卒未就職者14万人＝5826万人となる。すなわち，被保険者数は3987万人から1839万人増加したことになる。

　被保険者に移行する被扶養パートは，パート・アルバイト労働者数1293万人（2007年就業構造基本調査）×被扶養比率0.352＝455万人と推計される（被扶養比率は，厚生労働省「平成18年パートタイム労働者総合実態調査」，厚生年金等の加入状況を参考にした）。このことから，国保から移行する非正規労働者数（パート以外も含む）は，1839万人－455万人－85万人－14万人＝1285万人と推計される。

表 4-1　現在の医療保険の適用区分（2008年度末現在）

	加入者合計	被保険者	被扶養者
被用者保険	7423万人	3987万人	3436万人（うち18歳未満の推定数1621万人）
（うち協会）	3471万人	1950万人	1521万人
（うち組合健保）	3034万人	1591万人	1443万人
国　保	3949万人（うち18歳未満の推定数471万人）（うち国保資格証明書交付者数62万人）		
後期高齢者医療制度	1346万人		
医療保険適用者計	12718万人		
生活保護適用者	166万人（うち18歳未満の推定数21万人）		

(注)　2008年以降被用者保険中の政管健保は協会けんぽへ。75歳以上は後期高齢者医療制度へ。
(出所)　厚生労働省保険局調査課「医療保険に関する基礎資料」平成22年12月
　　　　全国保険医団体連合会「国保資格証明書を交付された被保険者の受診率の調査結果（2008年度, 2009年度）について」2010年11月29日

したがって，被保険者の増加分1839万人というのは，雇用保険受給者85万人，新卒未就職者14万人，非正規（国保）からの1285万人，被扶養者（被扶養パート）からの455万人と推定される。ただし，被扶養者区分がなくなるため，合計でみれば加入者数は，現在の7423万人から5826万人へ22％減少することになる。

つぎに，国保の加入者は，自営業主，家族従業者，無業者（専業主婦，年金生活者など），18歳未満の子どもから構成されるため，加入人員を試算する場合は（保険適用人口－被用者保険－後期高齢者）から求められる。国保の加入者数は，12718万人－5826万人－1346万人＝5546万人，このうち無業者は，5546万人－2092万人－854万人＝2600万人と推計される。さらに，生活保護適用者も国保加入とするため，国保加入者数は，5546万人＋166万人＝5712万人となり，国保加入者の増加分は，5712万人－3949万人＝1763万人である。
国保資格証明書交付の廃止により，交付者はいなくなる。交付者の所得の有無，雇用者・自営業別の内訳は分からないため，被用者保険にどのくらい移動するのかは不明である（そのため，交付者分の保険料収入の計算も不可能である）。

以上の試算から，変更後の適用区分を一覧に表すと，表4-2，図4-2のよ

表4-2 改革案による変更後の医療保険の適用区分

	加入者合計
被用者保険	5826万人（▲1597万人，22％減）
国　保	5712万人（＋1763万人，45％増）（うち18歳未満の子ども2113万人）
後期高齢者医療制度	1346万人

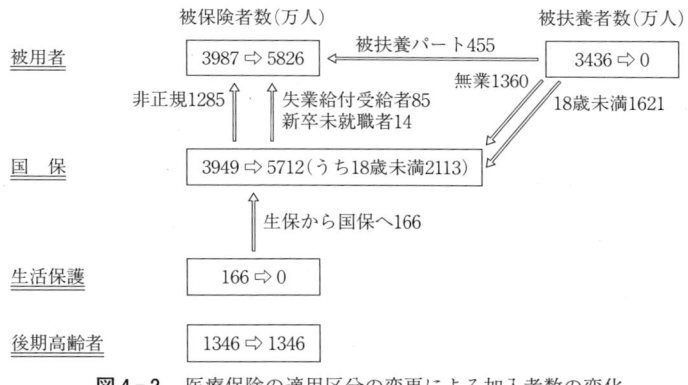

```
                    被保険者数(万人)              被扶養者数(万人)
                                    被扶養パート455
被用者        3987 ⇒ 5826   ←─────────────  3436 ⇒ 0
                                    無業1360
            非正規1285↑  ↑失業給付受給者85           ⇓18歳未満1621
                         新卒未就職者14

国　保        3949 ⇒ 5712 (うち18歳未満2113)

                  ↑ 生保から国保へ166

生活保護       166 ⇒ 0

後期高齢者     1346 ⇒ 1346
```

図4-2 医療保険の適用区分の変更による加入者数の変化
（注1） ○○⇒○○ は，適用区分を変更した前と後の人数。
（注2） ⇒ は，適用区分の移動をあらわす。

うになる。

②適用区分変更後の保険料収入

　前述の仮定の下で，年金保険と同じように，GDP 統計により保険料収入を計算する。保険料率は2009年度協会けんぽ平均保険料率8.20％（介護保険分を含まない）とする。

　まず，被用者保険の保険料総額は，賃金・俸給の総額224.7兆円×0.082＝18.4兆円となる。これに，高卒初任給全国平均15.6万円（新卒事務員）×12×0.9×0.082×99万人（雇用保険基本手当受給者85万人＋新卒未就職者14万人）＝1367億円を追加し，合計18.5兆円となる。

　次に，国民健康保険の保険料総額は，被用者の平均賃金・年間約400万円と同等の所得があると仮定し，自営業者および家族従業者の合計854万人が，被

用者保険と同率で負担する総額は，400万円×0.082/2×854万人＝1.4兆円となる。無業でも何らかの所得（年金，生活保護）がある者については，退職高齢者2346万人（60～74歳の医療保険適用者を退職高齢者と仮定する。75歳以上は後期高齢者医療制度のままなので除外），生活保護適用者145万人，年額180万円とした場合の保険料総額は，180万円×0.082/2×(2346万人＋145万人)＝1.8兆円となる。これらを合計すると3.2兆円であり，これに同額の国庫負担3.2兆円が必要となる。

③保険料収入の比較

　まず被用者保険については，適用区分変更前の保険料収入は14.4兆円，変更後の保険料収入は18.5兆円であるから，4.1兆円増加することになる。加入者は減少するが，雇用者すべてが被用者保険への加入となり，それらの加入者は所得があるため，保険料収入は増加する。この場合，企業負担の増加分は約2兆円（増加分4.1兆円の2分の1）となる。

　次に，国保については，適用区分変更前の保険料収入は3.2兆円（国庫負担分を加味すると計6.4兆円）。変更後の保険料収入3.2兆円（国庫負担分を加味すると計6.4兆円）だから，ほぼ同額である。加入者は増加するが，増加しているのは所得のない者（18歳未満の子どもなど）が多い。反対に，雇用者はすべて被用者保険への加入となるため，所得のある者が減少する。保険料収入は減少することが予測されたが，結果として保険料収入にあまり変化はみられなかった。その原因は現行の保険料の未納分と推測される。

④保険料収入と給付との比較

　被用者保険では，適用区分変更後に22％の加入者減となるため，それを見込んだ保険給付費は6.9兆円（8.8兆円×0.78）となる。保険料収入18.5兆円と比べると，11.6兆円ほど収入の方が大きい。

　国保では，適用区分変更後に45％の加入者増となるため，保険給付費は12.8兆円（8.8兆円×1.45）となり，保険料収入6.4兆円と比べ，6.4兆円の赤字となる。さらに，後期高齢者医療制度の給付分9.5兆円が原則国保負担であるとすれば，15.9兆円の赤字となる。健康保険における黒字分を利用した財政調整を

第4章 「参加と連帯のセーフティネット」を支えるコスト

行っても均衡せず，4.3兆円（15.9兆円－11.6兆円）の赤字となる。

　ただし，国保に加入する18歳未満の子どもについての保険給付費分（4.8兆円）を全額公費負担（国＋自治体）でまかなうとすれば，収支均衡する。18歳未満の子どもについての保険給付費分はつぎのように算出した。かりに国保に18歳未満の子どもが加入せず，18歳未満の子どものみの別制度（全額公費負担）とする場合は，国保加入者は，3949万人から3599万人に9％減少（▲350万人）する。このとき保険給付費は8.0兆円（8.8兆円×0.91）となるため，18歳未満の子どもの国保加入を前提とした場合とそうでない場合の差は，12.8兆円－8.0兆円＝4.8兆円となる。

(3)雇用保険

●新卒未就職者等への雇用保険の対象拡大　求職活動をしている者，職業訓練を受講している者を含むすべての雇用労働者を雇用保険の対象とし，例外なき適用とする。雇用保険料は他の社会保険と同様，応能負担を原則とする。失業期間中であっても，健康保険，厚生年金の加入を継続し，それらの保険料は雇用保険から拠出する。新規学卒者など拠出歴のない者も将来的な労働者とみなし，教育訓練期間を資格期間として算入する。同時に，個別的な再就職支援プログラムを策定するなどアクティベーションを強化する。アクティベーションの強化を条件に，基本手当の給付期間を2年程度に延長する（詳細は『参加と連帯のセーフティネット』第4章参照）。

①適用拡大による保険料収入の増加
・被保険者の増加の推計
　現在，就業者総数は6598万人，雇用者は5727万人である（2007年就業構造基本調査）。そのなかで，雇用保険被保険者数3725万人（2007年度，雇用保険事業年報）は，就業構造基本調査における［正規の職員・従業員3432万人＋会社などの役員401万人―公務員（正規）192万人］にほぼ一致する。計算結果は3641万人であり，雇用保険被保険者数の方が多いのは非正規従業員の一部加入を反映していると想定される。
　したがって，任意適用となる自営業主を除くと，改革案による被保険者数の

増加分2002万人（雇用者5727万人－被保険者3725万人）は，基本的に非正規の職員・従業員（非正規の公務員も含む）＋正規の公務員に等しい。被保険者の増加数2002万人から正規の公務員192万人を差し引き，増加した非正規の職員・従業員数は1810万人となる。

・給与の推計

適用拡大となる非正規職員・従業員および正規公務員の平均給与については，次のように推計した。

非正規従業員：非正規従業員のなかでもっとも比率の高いパートタイム労働者平均で，年収113万円（現金給与総額94783円×12, 2009年毎月勤労統計調査）。

公務員：国家公務員給与全職員平均額　月額40.8万円（年489万円），一時金4.15カ月（169万円），合計年収658万円（平成22年国家公務員給与等実態調査）。

・保険料収入の増加分の推計

現在の雇用保険料率は15.5/1000（雇用主側9.5/1000, 労働者側6.0/1000）であるため，保険料収入の増加分は，(113万円×1810万人＋658万円×192万人)×15.5/1000＝5128億円となり，その内訳は，雇用主側3143億円，労働者側1985億円である。実際の保険料収入2兆6218億円（平成20（2008）年度労働保険特別会計雇用勘定）に5128億円が追加されることになる。

②給付期間の延長による給付の増加

完全失業者のなかの「1年以上の長期失業者」の比率は約28％（2009年労働力調査詳細集計）であることから，雇用保険受給者の28％分が，平均150日追加的に受給すると仮定する。

平均月間現金給与総額が315,294円，平均月間出勤日数が18.9日（2009年毎月勤労統計調査）をもとに算出すると，賃金日額は16,682円となる。給付率60％とすると，給付日額は16,682×0.6＝10,009，約10,000円となる。

2009年度基本手当受給人員が85.4万人（雇用保険事業年報）であるから，現行制度のもとでの給付の追加額は，10000円×854000人×0.28×(450－125)日＝7771億円と推計される。この場合の給付日数は1年分300日に，150日を追加し，そのうち，すでに125日分は給付されているため，その分を差し引いている。

第 4 章 「参加と連帯のセーフティネット」を支えるコスト

③所得代替率の引き上げ

　改革案では低所得者層の所得代替率の10％引き上げであるが，ここでは，すべての層の給付を10％引き上げるとすると，2009年度基本手当支給総額の実績１兆2854億円から給付の増額は1285億円と推計される。

④新卒者への基本手当の給付

　高校および大学卒業者のうち未就職者に対して，高卒初任給全国平均15万6000円（日額約7000円）を仮想報酬とし，給付率90％分を150日給付すると仮定する。給付額の総額は，7000円×0.9×14万人×150日＝1323億円となる。

⑤適用拡大による新規加入者への給付

　上述の適用拡大による新規加入者のうち，非正規の職員・従業員については，公務員以外の平均失業率を３％とすると，基本手当受給者は54万人（1810万人×0.03）となる。日額賃金5900円（年間出勤日数189日，2009年毎月勤労統計），給付期間125日，給付率を90％とすると，5900円×0.9×125日×54万人＝3584億円となる。

　正規の公務員については，平均失業率0.1％，年間平均出勤日数250日，給付率60％と仮定すると，公務員対象の給付額は19000円（賃金日額）×0.6×125×0.2（万人）＝28.5億円である。

　したがって，新規加入により増加する給付額は合計3612億円と推計される。

⑥保険料収入と給付

　上述の推計結果を総括すると，収入の増加額5128億円に対して，給付の増加分１兆3991億円となり，この差額をすべて保険料で埋めるとすると，8863億円分の引き上げを図る必要がある。

　現在の保険料収入は２兆6218億円であるから，他の要素に変化がないとすれば，保険料収入を合計３兆5081億円に，33.8％程度増加させる必要がある。いいかえれば，雇用保険料率を20.7/1000に引き上げれば，すべて実現できる。なお，２つの独立行政法人の運営費・施設費など一般財政で補填すべき項目を整理したり，前出の新卒者給付を一般財政で負担したりすれば，保険料の引き

上げ率は低下する。

社会手当と給付つき税額控除制度（新・第3のセーフティネット）

現在，日本のセーフティネットは，雇用・労働，社会保険，社会扶助から構成されているが，諸外国と比較すると，社会保険と社会扶助の間にある社会手当の整備が遅れている。

『参加と連帯のセーフティネット』では，生活保護の前段階で受け止める第3層のセーフティネットとして，新たな社会手当の創設を提案している。第2層の社会保険にすべての人びとが参加を保障されていることを前提とするが，社会保険で対応できるリスクは限定されている。対応不可能なリスクに直面すれば，生活困窮の状態が続く可能性は高い。ここでは，低所得者層，とりわけワーキングプア層への所得補償として重要と考えられる「医療費軽減制度」，「家賃補助」，「給付つき税額控除」の創設が必要である。さらに，雇用情勢が深刻化し長期失業者が増加するなど，雇用保険の枠組みだけでは対処しきれない状況をふまえ，失業扶助としての「求職者就労支援制度」の導入も提言している。

(1)求職者就労支援制度

●「求職者就労支援制度」の創設　「求職者就労支援手当」は，雇用保険での給付期間が終了した者のうち，生活に困窮する世帯の生計維持者に対して，「求職者就労支援プログラム」への参加を条件として，原則2年間（長期の職業訓練受講の場合は延長可能），扶養家族がある場合には月12万円，扶養家族がない場合には月10万円の生活費，その他には住宅費，子女教育費を含む一定の所得保障を行う。就労支援プログラムでは，同一のパーソナル・アドバイザーが職業相談，職業指導，職業紹介，生活相談，手当支給決定までをワンストップで対応する（詳細は『参加と連帯のセーフティネット』第7章参照）。

① 求職者就労支援手当

1兆553億円（算定プロセスの詳細は『参加と連帯のセーフティネット』186～88頁参照）

②パーソナル・アドバイザー
⇒第1層の職業紹介・能力開発のパーソナル・サポーターと同じ。

(2)医療費軽減制度
●「医療費軽減制度」の創設　高額療養費制度については，すべての国民を対象に，現行の3段階によるフラットな設定から，所得に対する医療費の自己負担の上限を徐々に引き上げる連続的な設定に改革する。受診抑制を解消するため，医療費助成制度を創設し，世帯所得が生活保護制度の保護基準1.0倍未満の世帯で65歳未満の者を対象に，現行の3割の自己負担率を1割に軽減する。また，18歳未満のあらゆる児童の医療費を無料とする乳幼児医療費助成制度も創設する（詳細は『参加と連帯のセーフティネット』第8章参照）。

①低所得者への医療費の自己負担軽減

　65歳未満の低所得者，世帯所得が保護基準1.0倍以下の世帯を対象に，医療費の自己負担分3割を1割にすると仮定する。

　国民生活基礎調査（平成21年）より，調査世帯計6461世帯のうち，世帯所得200万円未満の世帯は1252世帯である。さらに，そのうち世帯主が65歳以上の世帯は705世帯である。

　世帯主が65歳未満で世帯所得200万円未満の世帯の割合は，(1252世帯－705世帯)/6461世帯で，全体の8.4%である。

　これまでの自己負担分の3分の2が公費になるので，低所得者への医療費の自分負担軽減にかかる費用は，患者負担分4兆7996億円(平成19(2007)年度国民医療費)×0.084×2/3＝2687億円と推計される。

②18歳未満のすべての児童の医療費無料

　18歳未満の医療費総額は，1兆1318億円[0〜4歳]＋6189億円[5〜9歳]＋4479億円[10〜14歳]＋3898億円[15〜19歳]×3/5＝2兆4324.8億円となる（平成19(2007)年度国民医療費）。

　国民医療費に占める患者負担分の割合14.1%により，18歳未満の医療費（患者負担分）無料化は，2兆4324.8億円×0.141＝3429億円となる。

(3) 家賃補助

● 「家賃補助制度」の創設　年齢，障害，資産，就労・就職活動などの条件をつけず，収入分位40％以下の低所得層を対象に家賃額を補助する。ただし，持家層，生活保護受給者はこの対象から除く。家賃最高額，補助限度額を設定することで，モラルハザードを回避する（詳細は『参加と連帯のセーフティネット』第9章参照）。

⇒実際に家賃補助が適用されるべき世帯とは低所得世帯の平均的な家賃を支払っている世帯ではなく，低所得世帯でかつ家賃を多く支払っている世帯である。消費実態調査の集計データベースではそうした個別のケースについてのシミュレーションをおこなうことができず，マイクロデータを用いてシミュレーションをおこなう必要がある。今後の課題としたい。

(4) 給付つき税額控除

● 「給付つき税額控除」の創設　勤労所得がある20歳から65歳未満の者で，等価世帯所得が貧困線以下の個人を対象とし，税額控除額は，世帯所得が生活保護制度の保護基準の0.8倍以下の場合は，年間31.2万円の定額とし，世帯所得が生活保護制度の保護基準の0.8～1.0倍の場合は，年間31.2万円から0円まで徐々にフェーズアウトする。そのさい，基礎控除，配偶者控除，扶養控除の各種人的所得控除を撤廃する（詳細は『参加と連帯のセーフティネット』第10章参照）。

① 給付つき税額控除による給付

　ワーキングプア555万人を対象に満額年間31.2万円を給付すると，給付つき税額控除による給付総額は1兆7316億円となる（算定プロセスの詳細は『参加と連帯のセーフティネット』254～259頁参照）。

② 所得税における人的控除（基礎控除，配偶者控除，扶養控除）の廃止

　所得税における扶養控除，配偶者控除，配偶者特別控除の廃止により，年額1兆5700億円弱の税収増が見込まれる（高山憲之・白石浩介「子ども手当の所得に与える影響のマイクロシミュレーション」内閣府経済社会総合研究所ディスカッション

ペーパー No.245, 2010年9月, p.5)。改革案では、これに基礎控除の廃止による税収増加分が追加されるため、1兆5700億円以上の増収になることが推測される。

(5) 地域での相談援助
●地域における相談援助のネットワーク化　地域のなかに、制度の狭間にあたるケースを「発見」するための「入口」を設置したうえで、相談援助を提供するワーカーが「つなぎ」のために専門職によるネットワークを構築し、住民組織による「見守り」活動を組織する（詳細は『参加と連帯のセーフティネット』第11章参照）。

　現在全国に先駆けてコミュニティソーシャルワーカー配置事業を推進している大阪府では概ね中学校区に一人コミュニティソーシャルワーカーを配置するという方針のもと、政令指定都市および中核市を除く自治体に約150名のコミュニティソーシャルワーカーを配置してきている（なお、堺市および東大阪市は独自の財源で同様の事業を推進している）。

　大阪府の事業推進方法にならい、コミュニティソーシャルワーカーを全国の各中学校区に1人配置し、コミュニティソーシャルワーカー1人に対して440万円（大阪府の事業と同額）の補助金を支給する場合に必要な費用は、10,814校区（全国の中学校数、2010年8月時点）×440万円＝475億8160万円となる。

(6) 生活保護
　生活保護制度は最後のセーフティネットとして第4層に相当する。第1層から第3層までのセーフティネットを拡大、充実することで、生活保護の対象者は減少し、生活保護への依存度も低くなることが想定されうる。非稼働能力層である高齢者や障害者、明確に稼働能力をもつ失業者が、社会保険、社会手当に吸収された後、生活保護受給層になお残るのは、非稼働能力層と稼働能力層のいずれにも該当しないグレーゾーンである。これらの層は、所得以外の問題、すなわち心身の問題、家庭内暴力、アルコール依存などの解決困難な問題を抱えており、社会福祉としての適切なケースワークが必要となる。生活保護の残

余化が進めていくことは,生活保護の本質的機能についてあらためて議論することにもつながる(詳細は『参加と連帯のセーフティネット』第12章参照)。
⇒これまでにふれてきたような社会保険の適用対象の拡大と社会手当・給付つき税額控除制の導入により生活保護受給者の数は減ると予測されるが,それを数量的に確かめることは困難であり,今回の試算には含めていない。

4 総括とコメント──今後の議論に向けて

「参加と連帯のセーフティネット」実現に向けての必要予算額を試算集計したものが表4-3である。

第1層では最低賃金や雇用形態の適正化は「規制」であり,独自の財源を必要としないのでゼロとなっている。職業紹介・能力開発の内のパーソナル・サポーターは第3層の求職者就労支援制度のほうに振り向けてある。提言にある「訓練費用の助成強化(OJTを活用した訓練プログラムに参加する企業への支援)」は1484億円かかり,これは社会保障給付費(2008年度)の積極的労働政策の合計額のほぼ2割弱となる。

第2層の「1.年金保険」では,詳しい制度変更(所得比例年金と最低生活保障年金)の必要予算ではなくて,適用対象の拡大,つまり,標準報酬月額の上限撤廃とすべての被用者の年金加入(パートタイム労働者や雇用保険受給者,新卒未就職者を含む,第3号被保険者制度の廃止)による保険料収入の増加のみを示している。実際には,将来保険給付が増加するのであるが,そのことの影響は考慮していない。したがって,シミュレーションとしては不完全なものであり,そのため第2層全体としての「追加的な予算額(a−b)」は集計していない。ただしかし,そのなかでも標準報酬月額の上限を撤廃した場合の保険料増収分が多額に上ること(1兆5937億円)は強調されてもいいであろう。

「2.医療保険」の場合は短期保険なので,上の年金保険のような問題はないが,しかし,制度がより複雑なため今回の試算はいくつかの仮定の下でのものであることの注意が必要である。適用区分変更のため,加入者は減少するが雇用者すべてが被用者保険への加入となり,それらの加入者は所得があるため被用者保険の保険料収入は4.1兆円増加する。逆に,国保については加入者は

第4章 「参加と連帯のセーフティネット」を支えるコスト

表4-3 「参加と連帯のセーフティネット」必要予算額試算総括表

(単位:億円)

			制度改革による必要予算額(a)	現在の予算額(b)	追加的な予算額(a-b)	〈参考〉2008年度社会保障給付費
第1層	1. 最低賃金		0	0	0	
	2. 雇用形態の適正化(労働者派遣,有期雇用)		0	0	0	
	3. 職業紹介・能力開発	(1)パーソナル・サポーター(=第3層1.(2)と同じ)				積極的労働政策(2007)
		(2)訓練費用の助成強化(OJTを活用した訓練プログラムに参加する企業への支援)	1,484	0	1,484	
		小 計	1,484	0	1,484	8,353
	合 計		1,484	0	1,484	
第2層	1. 年金保険	(1)厚生年金適用拡大──保険料収入	-339,000	-249,000	-90,000	年金保険
		小 計	-339,000	-249,000	-90,000	481,509
	2. 医療保険	(1)適用区分変更──被用者保険の保険料収入	-185,000	-144,000	-41,000	医療保険
		(2)適用区分変更──被用者保険の保険給付費	69,000	88,000	-19,000	
		(3)適用区分変更──国保の保険料収入	-32,000	-32,000	0	
		(4)適用区分変更──国保の保険料・国庫負担分	32,000	32,000	0	
		(5)適用区分変更…国保の保険給付費	128,000	88,000	40,000	
		小 計	12,000	32,000	-20,000	177,411
	3. 雇用保険	(1)適用拡大──保険料収入	-31,346	-26,218	-5,128	雇用保険等
		(2)給付期間の延長──給付分	7,771	0	7,771	
		(3)所得代替率の引き上げ──給付分	1,285	0	1,285	
		(4)新卒者への基本手当──給付分	1,323	0	1,323	
		(5)新規加入──給付分	3,612	0	3,612	
		小 計	-17,355	-26,218	8,863	14,010
	合 計					
第3層	1. 求職者就労支援制度	(1)求職者就労支援手当	10,553	775	9,778	
		(2)パーソナル・アドバイザー	2,043	0	2,043	
		小 計	12,596	775	11,821	
	2. 医療費軽減制度	(1)高額医療費				
		(2)低所得者への医療費自己負担軽減	2,687	0	2,687	
		(3)18歳未満の児童の医療費無料化	3,429	0	3,429	
		小 計	6,116	0	6,116	
	3. 家賃補助					
	4. 給付つき税額控除	(1)給付つき税額控除──給付分	17,316	0	17,316	
		(2)所得税の人的控除の廃止	-15,700	0	-15,700	
		小 計	1,616	0	1,616	
	5. 地域での相談援助	(1)ソーシャルコミュニティワーカーの配置	475	0	475	
		小 計	475	0	475	
	合 計		20,803	775	20,028	
第4層	1. 生活保護					生活保護 26,778

増加するが所得のないものが多く、保険料収入が減少すると予想されたが、結果は、3.2兆円で増減はなかった。これは現行の保険料収入には保険料の未納分が抜け落ちているのに対して、今回のシミュレーションは「国民所得統計」を用いており（年金保険と医療保険の場合のみ）、そうしたことを想定していないことも影響していると考えられる。また、年金の場合と同じように、（個別に計算していないが）「保険料算定の基礎となる標準報酬月額の上限の撤廃」も保険料収入の増加に寄与していると考えられる。ともあれ今回のシミュレーションでは、おそらくは適用拡大と未加入、未納がないとしている影響もあり、また、いくつかの仮定の下ではあるが、2兆円の医療保険関係予算が節約されている。

「3．雇用保険」については、非正規従業員と公務員の加入により5128億円保険料収入が増加するが、給付期間の延長により7771億円、所得代替率の引き上げ（10％）により1285億円、新卒者への基本手当の支給により1323億円、適用拡大による支給額の増加3612億円、計8863億円の追加予算が必要となる。この数字は2008年度の雇用保険等の給付費1兆4010億円と比べても大きな額である。しかし、本文でも述べているように現行の雇用保険料率を現行の1000分の15.5から20.7へ引き上げれば賄える金額でもある。

第3層の「1．求職者就労支援制度」は、すでに一部期間を限った上で実施されているものであるが、手当で計9778億円、パーソナル・アドバイザーの人件費で2043億円の追加予算が必要である。「2．医療費軽減制度の創設」では、低所得層自己負担割合の3割から1割への軽減により2687億円、18歳未満のすべての児童の医療費無料により3429億円の追加予算が必要となる。「4．給付つき税額控除」では給付分として1兆7316億円の追加予算が必要であるが、追加的に必要な金額は、所得税の人的控除の廃止により差額の1616億円となる。最後に「5．地域での相談援助」では475億円の人件費予算が新たに必要となる。

以上が、私たちが提言した『参加と連帯のセーフティネット』実現に必要な予算額である。大まかには、第1層では1500億円必要で（ただしこれは経済の好転時に何年間に分けて実施することも可能）、第2層では医療保険ではいくつかの仮定の下ではあるが2兆円の余剰が出、雇用保険では追加に1兆円必要である（長期保険である年金に関する表のデータは給付費の増加を計上していないため参考資

料にとどまる)。第3層では、すべて併せて2兆円の追加費用が必要という結果になっている。

上のような追加的に必要となる予算額は、生活保護費がある程度減少するということを考慮に入れても多額の金額であることは確かである。実現可能性を追い求めるとしたら、これらの試算をもとにして、たとえば「雇用」の部分を緊急に整備するとか、「低所得層の医療費の軽減」を重視するとか、あるいは「人による人へのサービス」を重視するとか、優先順位を付けた上での政策論議が可能だろう。と同時に私たちは、次の引用分にあるように、社会支出の総額の増加が望ましく、またそのことが不可避であると考えている。そうしたある程度長期的な視野で社会支出の趨勢を検討する際に、今回の『参加と連帯のセーフティネット』実現のためのコストに関する試算結果が参照されるべきであると考える。

「…社会支出の総額を増加させる必要性である。これまで本書で提起してきた「参加保障・社会連帯型社会政策」を実現しようとすれば、社会支出の総額が増加するのは必至である。しかし、日本の社会支出の対GDP比は19.09%(2005年)であり、アメリカを除く先進福祉国家と比較するときわめて低い現状である(第5章の補足資料参照)。福祉国家の標準として、少なくとも対GDP比25%程度は必要であろうが、この数値でも北欧の対GDP比30%前後より低い水準である。対GDP比20%弱という貧弱な社会政策から抜け出し、例えば10年先を見通して、長期的に社会支出総額を増加させていく方向性は欠かせない」(『参加と連帯のセーフティネット』313〜314頁)。

注
(1) 現在、政府が進行中のパーソナル・サポート・モデル事業は、2010年秋以降、全国5地域(北海道釧路市、神奈川県横浜市、京都府、福岡県福岡市、沖縄県)で先行的にモデル・プロジェクトを実施し、以降2010年度中に20カ所程度まで拡大している。モデル事業実施の予算は、経済危機対応・地域活性化予算の活用で30億円(2010年9月24日、閣議決定)、厚生労働省平成23年度予算案で3.9億円(モデル事業を実施している自治体に、就職支援ナビゲーター(80人)を配置)である。

(2) ちなみに，イギリスのパーソナル・アドバイザー数は，2005年12月末現在で約9000人と見込まれているが，正確な統計データではないことに留意が必要である。実際に，パーソナル・アドバイザー1人あたりの対応する人数は，集中的なサポートを要する者については40〜50人以上，手厚いガイダンスが必要な者については400〜500人以上である（出所：内閣府「英国のコネクションズ・パーソナル・アドバイザーの養成制度等に関する調査」平成18年3月）。

(3) ただし，いくつかの問題が残される。第1に，改革案は応能負担を原則とするため，標準報酬月額の上限だけでなく下限も廃止され，下限以下の低い賃金（10万1000円未満）の労働者層が適用対象として追加される。これまで厚生年金に加入していなかった低賃金労働者にとっては，一時的には保険料が増加することになるが，将来的には年金給付を受けることができるため，一生涯でみれば不利にはならないといえる。第2に，厚生年金加入者に低賃金労働者層が増えた場合，国民年金（基礎年金）勘定へ基礎年金拠出金（平成22年度月額保険料1万5100円）を振り込むと，国民年金勘定には基本的に影響を与えないが，厚生年金勘定はマイナスとなるという問題が発生する。この問題を回避するためには，基礎年金の全額国庫負担が必要となる。第3に，適用拡大による保険料の徴収コストの問題が予想されるが，社会保障番号の普及によりそれはかなり抑えられることが予想できる。

第5章　ジェンダーから社会保障を考える

川　口　　　章

1　社会保障の何が問題か

　自力では生活できない人の生活を支えるのが，セーフティ・ネットである。私たちの一生を考えると，自力で生活できる期間というのは案外限られている。子どものころは誰も自力では生活できない。孔子は「三十にして立つ」といったが，近年，高学歴化やフリーターの増加によって，文字通り30歳くらいにならないと自立できない時代になりつつある。一方，平均寿命が延びたとはいえ，大半の企業の定年年齢は60歳である。その後20年ほどの人生は，何らかの形で勤労所得以外の所得に頼らなければならない。青年期や壮年期でも，病気，けが，失業などで，仕事ができない期間がある。このようなときに誰からも手が差し伸べられないと，私たちは生きてゆくことが難しくなる。

　伝統的なセーフティ・ネットの提供者は，家族である。子どもの養育費は一般に親が負担するし，子どもの身の回りの世話も親が行うのが普通である。高齢者を経済的に支え，介護を行うのも，一般には配偶者や子などの家族である。病気のときの世話も家族が行うことが多い。

　家族に次いで重要なセーフティ・ネットの提供者は，国や地方自治体（以下，単に「国」という）である。国が提供するセーフティ・ネットが社会保障である。子どもに対する支援としては子ども手当があり，保育所，幼稚園，学校などにおける保育・教育サービスがある。病気やけがの際には健康保険制度が，失業の際には雇用保険制度が，高齢になると年金保険制度や介護保険制度がセーフティ・ネットとなってくれる。育児休業の際にも雇用保険制度から賃金の一部

が補償される。低所得世帯には生活保護が，低所得のひとり親世帯には児童扶養手当が支給される。

さらに，市場もセーフティ・ネットの提供者として重要である。民間の医療保険，年金保険，学資保険などは，公的な保険を補完する役割を果たしている。民間の保育所や老人ホームも市場が提供するセーフティ・ネットである。また，企業のなかには企業年金という形で退職後の所得を提供しているものがある。最近では，育児支援施策やワーク・ライフ・バランス施策として，育児費用の一部を提供したり，事業所内託児所を設置している企業もある。[1]

セーフティ・ネットがどのような主体によって提供されるかは，国によって大きな違いがある。スウェーデンやノルウェーなどの北欧諸国では，相対的に国の役割が大きい。これらは「高負担・高福祉」国家であり，セーフティ・ネットの大半が無料で全国民に提供される。逆に，アメリカやイギリスなどのアングロ・サクソン諸国では国の役割は比較的小さく，市場の役割が大きい。民間医療保険，民間保育所，民間老人ホーム，勤務先企業のワーク・ライフ・バランス施策などがセーフティ・ネットの重要な部分となっている。それに対し，日本，韓国などの東アジア諸国やイタリア，スペインなどの南ヨーロッパ諸国では家族の役割が大きい。家族の絆が強く，子どもや高齢者の世話は家族がおこなうという伝統がある（Espin-Andersen 1999: 邦訳2005）。

ジェンダーの視点から社会保障を考えることの意義は2つある。第1は，社会保障制度は家庭における性別分業と不可分であり，わが国の極端な性別分業を変えるためには社会保障制度の改革が不可欠なことである。そして第2は，わが国の社会保障制度は女性の多様なライフコースのリスクを十分にカバーできていないことである。

第1の点から説明しよう。家族が提供するセーフティ・ネットは，男性の経済力と女性の家庭内労働力からなっている。子どもや高齢者や病人の世話するのは，母親，妻，嫁など女性の役割であり，彼らの生活費を稼ぐのが男性の役割である。セーフティ・ネットの提供者としての家族の役割が重要であればあるほど，女性は家族の世話をし，男性は生活費を稼ぐという性別分業が明確になる。女性が社会で活躍するには，女性が家族の世話から自由にならなければならない。

セーフティ・ネットを家族と国でどのように分担するかは，時代とともに変化する。たとえばかつては親の介護は家族（なかでも長男の妻）の役割だった。今日では，介護保険制度によって，そのような役割は次第に期待されなくなりつつある。また逆に，核家族が多くなり，親の介護ができない家族が増えたことによって介護保険制度が必要になったともいえる。

また近年，共稼ぎ家庭が増えつつある。つまり，家族の中で女性の稼ぎ手としての役割が次第に重要になりつつある。それにともない，家族が提供しうるセーフティ・ネットや国が提供しなければならないセーフティ・ネットが変化する。

次に第2の点について説明しよう。男女のライフコースを比較すると，女性のライフコースのほうがはるかに多様である。男性の多くは学校卒業後に正社員となり，その後，何度か転職するにしても，基本的に正社員として60歳の定年を迎える。定年後に嘱託社員として数年勤務した後，引退する。

それに対し女性は，学校卒業後に正社員となる人が多いのは男性と同じだが，結婚後の選択肢は男性より多い。まず，正社員として就業を継続するか，専業主婦となるか，パートで働くかの選択肢がある。また，出産前後にもそのような選択の機会がある。いったん退職した場合は，子どもが大きくなると再就職するか否かの選択もある。また，家族の都合によって，専業主婦とパートを行き来することも珍しくない。さらに，労働市場から引退する時期も男性と比べれば多様である。そして女性は男性より平均寿命が7歳ほど長く，夫のほうが年上のカップルが多いため，平均すれば夫と死別した後，10年ほどの人生がある。さらに近年は，生涯結婚しない人や離婚するカップルが増えており，家族形態は多様化している。平均的女性が労働から得られる所得は低いため，生涯結婚しない女性や夫と離別した女性は，家族による経済的支援が得にくく経済的に困窮するリスクが高い。

それにも関らず，わが国の社会保障は，正社員の夫と専業主婦または家計補助的なパートの妻からなる「近代家族」を標準的家族として制度が設計されている。[2] 近代家族に属さない女性に対するセーフティ・ネットは近代家族に属する女性と比べて不十分であり，また不公平である。

以下では，これら2つの点についてより詳細に議論する。まず，第2節で雇

用制度と家族形態と社会保障制度の関係について議論し，第3節でわが国の主の社会保障制度をとりあげてジェンダーの視点から分析する。第4節で家族形態の多様化をデータで確認し，第5節で社会保障制度のこれからの課題をジェンダーの視点から議論する。

2　雇用制度・家族形態・社会保障制度

バブル崩壊以前

　企業の雇用制度と家族形態と社会保障制度は相互依存的関係にある。何らかの外的要因によって三つのうちの一つが変われば，それに応じて他の二つも変わらなければならない。バブル期までの日本は「日本的雇用制度」と「近代家族」と「両者を前提とした社会保障制度」が制度的に安定的な状態（制度的均衡）を保っていた。現在は，そのような制度的均衡がゆらいでいるが，新たな均衡には至っていない不安定な時代である。

　日本的雇用制度は，高度経済成長期に形成され，バブル期に完成された。日本的雇用制度といえば，終身雇用や年功賃金が注目されるが，これらの制度を享受しているのは主に男性である。企業は男性を優先的に採用し，男性には多くの教育訓練を提供し，重要な職務に配置する。そして，家族全員を養えるだけの賃金（家族賃金）と安定的な雇用（終身雇用）を提供する。それに対し，女性の大半は日本的雇用制度から排除されている。女性は採用，配置，教育訓練，昇進などあらゆる場面で不利な扱いを受ける。

　日本的雇用制度において女性が差別されるのは偶然ではなく，日本的雇用制度は女性差別なしには成り立たない制度なのである。安定的な雇用から女性を排除することで，女性は結婚・出産後は家事労働に専念する。あるいは労働市場で働くとしても，家事を優先して働く。それによって，夫がいつでも企業の要求に応じて柔軟に働くことができるようになる。男性は家事から解放され，残業や休日出勤や出張など企業の都合に合わせた柔軟な働き方ができる。こうして，日本的雇用制度における女性差別と家族における性別分業が安定的な状態となるのである(3)。

　近代家族から成り立つ社会では，性別分業を前提とした社会保障制度が成立

する。社会保障の制度上男女が区別されることはほとんどないが、結果的に正社員であり世帯支持者である男性への社会保障は手厚く、女性は男性へのセーフティ・ネットを介して間接的に守られる。女性は男性に養われることを前提に、わが国の社会保障制度が成立しているのである。そのため、単身の女性にとってはリスクが十分カバーされているとはいえない。たとえば、後でより詳しく議論するように、母子世帯や高齢女性単身世帯は貧困率が非常に高い。これは、労働市場における男女の所得格差が社会保障によって十分埋め合わされていないためである。

また、社会保障制度は専業主婦や家計補助的パートの主婦がいる家族に有利にできている。たとえば、民間企業に勤める男性の妻は、自分が専業主婦や所得の低いパートの場合は、年金保険料を負担することなく国民年金の被保険者(第3号被保険者)となれるが、独身女性は自らの保険料を負担しなければならない。健康保険も同様である。また、現在の社会保障制度は、独身女性だけでなく正社員として働く女性にとっても不利である。年収が130万円を超える妻は、年金保険や健康保険の保険料を負担しなければならない。さらに公的保育サービスはきわめて不十分である。このような社会保障制度によって、女性は結婚し、専業主婦や主婦パートとなるインセンティブを与えられている。

バブル崩壊以後

雇用制度、家族形態、社会保障制度のうち、1990年代初頭のバブル崩壊以降にもっとも大きく変化したのは、雇用制度である。経済成長率の低下によって、企業は従来の日本的雇用制度を維持することが難しくなった。年功賃金が見直され、ライフサイクルに応じた賃金収入が期待できなくなった。リストラをする企業が増え、雇用の安定は期待できなくなった。正社員の新規採用が減り、不安定な非正規の採用が増えた。こうして、男性の雇用や賃金が極めて不安定になった。

近代家族を前提とした社会保障制度のもとで企業が社会から期待されるのは、男性への安定的雇用の提供である。このことは、2008年秋のリーマンショックで発生した非正規労働者の解雇に対する国民や政治家からの批判をみても明らかである。非正規労働者を景気の調整弁として雇うことは、以前から行われて

きたことであるが，2008年の雇用調整で雇い止めとなった非正規労働者の多くは，それまでと異なり，男性だった。男性が多かった理由の一つは，自動車産業や電機産業という男性が多い製造業で雇用調整が行われたことである。それが企業に対するすさまじい非難をもたらした。

しかし，低成長下で企業が安定雇用の提供という要求に応えるには限度がある。市場で生き残るためには，利潤を上げなければならず，赤字を出してまで雇用を維持し続けることはできない。そうなると，社会保障制度こそが雇用のリスク拡大に応じて変化しなければならない。

雇用制度の変化ほど急激ではないが，家族形態も確かに変化している。晩婚化，非婚化，離婚の増加という形で近代家族の崩壊が進んでいる。それに対し，結婚しているカップルの家庭内性別分業は大きく変化していない。妊娠・出産を契機に退職する女性は相変わらず多い。働く女性が増えているのは，晩婚化・非婚化が主な原因であり，結婚・出産後の性別分業は大きく変化していない。また，夫の雇用と賃金の不安定化も妻の就業を促進しているが，増えているのは家事を優先したパートタイムとしての働き方である。夫婦そろってフルタイムで共稼ぎをするのが非常に難しい状況は変わっていない。私たちが経済環境の変化に応じた性別分業の見直しをできないことが，晩婚化・非婚化・離婚の増加の原因にもなっている。

社会保障制度も雇用制度の変化に対応できていない。正社員が減少しているにもかかわらず，社会保険制度は相変わらず正社員中心の制度である。パートタイム労働者の多くは社会保険が適用されない。「平成19年就業形態の多様化に関する総合実態調査」（厚生労働省）によると，パートタイム労働者に雇用保険，健康保険，厚生年金保険を適用している企業の割合は，それぞれ55.5％，38.5％，34.6％にすぎない。また，それらの保険に加入しているパートタイム労働者の割合は，それぞれ48.1％，28.7％，26.9％にすぎない。

このような正社員中心の社会保険制度は，非正規労働者の増加に対応できないだけでなく，非正規雇用そのものを生み出す原因となっている。保険料節約のために正規労働者を非正規労働者に置き換える企業があるからである。上記の調査では，パートタイム労働者を雇う理由として「賃金以外の労務コストの節約のため」を挙げた企業が全体の21.3％ある。これらの企業のなかには社会

保険料節約のためにあえて非正規労働者を雇っている企業が少なくないと考えられる。

3 ジェンダーから見た社会保障制度

これまでの議論で，わが国の社会保障制度は，バブル崩壊以前に典型的であった日本的雇用制度と近代家族を前提として形成されており，経済成長率の低下にともなう雇用制度の変化や，非婚化・晩婚化・離婚の増加による家族形態の変化に対応できていないことが明らかになった。ここでは，医療保険，年金保険，雇用保険，保育サービスなどの社会保障制度について，それらの側面をより詳しく見てゆく。

医療保険

まず，医療保険について見よう。主な公的医療保険には健康保険と国民健康保険がある[4]。正社員として雇用されている労働者は健康保険に加入し，自営業の場合は国民健康保険に加入する。健康保険は労働者（＝被保険者）と雇用主が折半で保険料を支払うのに対し，国民健康保険は被保険者のみが保険料を支払うという違いがある。無業や非正規労働者の場合は，婚姻関係，配偶者の職業，本人の所得，労働時間などによっていずれの保険に加入するかが決まるという複雑な制度になっている。

第2節でも述べたように，公的医療保険制度は，専業主婦や家計補助的パートに有利な制度になっている。たとえば，夫が正社員であり，妻が専業主婦か年収130万円未満のパートの場合，妻は保険料を支払うことなく，夫の健康保険の被保険者となることができる。他方，年収が130万円以上の雇用者である女性は夫の扶養要件を満たさなくなるので，国民健康保険に加入しなければならない。さらに労働時間が正社員の4分の3を超えると，本人が健康保険に加入することになる[5]。夫が自営業を営んでいる女性の場合は，たとえ専業主婦でも国民健康保険の保険料を負担しなければならない。国民健康保険の保険料の計算方法は市町村によって異なるため，居住地によって保険料負担が異なる。医療費の自己負担額はいずれの場合も3割である。

このように，現在の健康保険制度の下では，正社員の夫をもつ専業主婦や家計補助的パートの主婦は，保険料を支払うことなく被保険者となることができるが，そうでない女性は保険料を負担しなければならないという違いがある。

しかし，専業主婦は所得がないのだから保険料を支払わなくても当然だという主張もありうる。社会保険料が個人の所得を基準とするのならば，それも筋が通る。ただしこの論理では，自営業主の妻も所得がなければ保険料の支払いを免除されるべきだ。また，所得があっても130万円未満であれば保険料が免除されることの説明がつかない。この制度は，既婚女性に就業調整をするインセンティブをもたらし，経済効率を低下させる。

年金保険

わが国の公的年金は，最低限の保障を行う国民年金と現役時代の所得に比例した年金を支給する厚生年金（職業によっては共済年金）からなっている。国民年金は原則としてすべての国民をカバーし，労働時間が一定以上の給与所得者は厚生年金にも加入する。

年金保険についても，健康保険と同様の問題がある。専業主婦や年収130万円未満のパートの主婦は，保険料を支払うことなく国民年金の被保険者となれるという問題である。結婚している女性でも年収が130万円以上ある場合や，夫が失業した場合，夫と離別や死別した場合は，自ら保険料を払わなければならない。それを知らずに，夫の転職などで，第3号被保険者でなくなった後も必要な手続きをおこなわず，年金保険料が未納となっている女性が，最大で100万人存在するといわれている。民主党政府は，そのような女性に対し，特例措置として，過去2年間の保険料を払えばそれ以前の保険料を免除する政策を2011年1月から実施しようとしたが，「不公平」であるという批判が相次ぎ，現在（2011年3月）は特例措置を凍結している。

年金保険には健康保険にはない別の問題がある。それは遺族年金の存在である。夫が厚生年金に加入している女性は，夫が亡くなればそれ以降生涯にわたって遺族厚生年金を受け取ることができる（ただし，子のいない30歳未満の妻の場合は受給期間が5年間に制限されている）。受給額は老齢厚生年金の報酬比例部分の4分の3である。自営業主の妻にはそのような年金がない。

老齢厚生年金を受けている高齢女性の場合，夫がなくなると夫の遺族厚生年金を受ける権利も生ずる。しかし，老齢厚生年金と遺族厚生年金を合わせた額を受け取ることはできない。事実上，いずれか高いほうの金額を選択しなければならない。遺族厚生年金は夫の老齢厚生年金の4分の3なので，たいていの場合は，妻の老齢厚生年金より夫の遺族厚生年金のほうが高い。したがって，妻は自分自身の老齢厚生年金を事実上放棄することになる(9)。このように，共稼ぎ夫婦の妻は，専業主婦と比べると不公平な扱いを受けている。しかし，共稼ぎ夫婦の妻も遺族年金を受け取れるという点では，生涯非婚を通した女性よりは優遇されている。

　では，離婚した女性の年金はどのように扱われるのだろうか。専業主婦が民間企業の正社員の夫と離婚した場合，妻は離婚前には国民年金の第3号被保険者であったから，その期間は保険料を支払っていたものとして扱われる。この点については，夫と死別した場合と変わりない。他方，厚生年金については，結婚期間に相当する厚生年金の半分を配偶者に分割することが可能である(10)。年金分割が可能であるのは，専業主婦だけではない。妻が自ら厚生年金に加入している場合でも，離婚の際に夫の厚生年金を按分分割することは可能である。ただし，夫と死別した場合の遺族厚生年金が夫の厚生年金の4分の3であるのと比べると，離別は経済的には不利である。これは離別が不当に取り扱われているとも解釈できるし，遺族厚生年金の支給額があまりに高い（死別が優遇されている）とも解釈できる。

　では，現在の年金は高齢者の生活を保障するのに十分だろうか。「平成19年就業構造基本調査」（総務省統計局）によってそれを確認しよう。生活保護や年金などなどを含む所得をみる。高齢（65歳以上）女性単身世帯の30.9％，高齢男性世帯の19.2％が年収100万円未満である。年収200万円未満の世帯は，高齢女性単身世帯の64.6％，高齢男性世帯の44.9％に上る。

　「平成14年度所得再分配調査」（厚生労働省）を使った阿部（2008）の研究でも同じような傾向がみられる。阿部は世帯類型別の貧困率を計算している。貧困率とは，等価可処分所得の中央値の半分を貧困線とし，それより低い等価可処分所得しか得ていない人の割合である。また，等価可処分所得とは，世帯の可処分所得を世帯人員の平方根で割った値である。2002年の貧困率を年齢・性

別・世帯の種類別に見ると、最も貧困率が高いのは、高齢（60歳以上）単身女性で51.7%である。

老齢基礎年金だけで生活している高齢単身者の場合、年収はおよそ80万円にすぎない。しかも、これは20歳から60歳まで40年間すべて年金保険料を支払っていた人の場合で、保険料を納付していない期間がある人はこれより減額される。生活水準は資産がどの程度あるかにもよるが、もし資産がなければ満足できる生活水準の維持は難しい。

男性単身世帯より女性単身世帯の所得が低いのは、就業していたときの所得が年金に反映するからである。男性の場合、正社員として働いていた期間が長いのでそれなりの額の老齢厚生年金を受けることができるが、女性の場合、正社員の期間が短い女性が多く、老齢厚生年金の額が低い。

雇用保険

雇用保険への加入は、配偶関係とは関係なく決められている。当然ながら専業主婦は雇用されていないため雇用保険がない。パートの場合はどうだろう。労働時間が週20時間以上であれば、雇用保険に加入しなければならない。[11] 保険料は賃金の1.55%で、0.95%は雇用主の、0.6%は労働者の負担である。失業する前1年間のうち6か月の雇用期間があれば、倒産や解雇による失業の際に失業給付を受けることができる。また、失業する前2年間のうち12カ月の雇用期間があれば、雇い止めや自己都合による失業の際にも失業給付を受けることができる。

2009年以降、雇用保険の適用範囲について2度の制度改正がおこなわれ、加入条件が大幅に緩和されたことは大いに評価できる。2009年3月までは、1年以上の雇用が見込まれる労働者しか加入できなかったが、2009年4月からは6か月以上の雇用が見込まれる労働者へと適応範囲が拡大され、さらに2010年4月には31日以上の雇用が見込まれる労働者へと拡大された。

保育所

妻がフルタイムで働く共稼ぎ家族も近代家族から乖離した存在である。フルタイム共稼ぎ家族に対する育児支援は決して十分とはいえない。2010年4月1

日現在の待機児童数は2万6275人であり、3年連続で増加している。[12] 保育所利用児童数は2003年の192万人から2010年の208万人へと、16万人増加したが、待機児童数は2003年と2010年でほぼ同数である。これは保育所に対する需要増加に保育所整備が追いつかず、入所できない待機児童が大量に発生していることを意味している。

　小泉内閣は2002年度から2004年度までの3年間に15万人の受け入れ増をはかることを目標に「待機児童ゼロ作戦」を実施した。15万人増はほぼ達成したが、待機児童はほとんど減らなかった。その後も毎年待機児童数に相当する児童数の定員増加がありながら、待機児童数がほとんど減らなかったのは、政府の統計が待機児童を過小に推計しているからとしか考えられない。待機児童として登録はしていなけれど、機会があれば子どもを保育所に預けて働きたいと考える女性は非常に多い。たとえば、「平成19年就業構造基本調査」（総務省統計局）によれば、30〜34歳の求職活動をしていない専業主婦のうち、46％は「収入になる仕事をしたい」と考えているが、そのうち65％は「育児のため仕事が続けられそうにない」ために求職活動をしていない。つまり、求職活動をしていない30〜34歳専業主婦のおよそ3割（46％×65％）は育児の環境さえ整えば仕事をしたいと考えているのである。そのような女性の数は30〜34歳に限っても30万人を超える。待機児童数が3万人弱であるのと比べると桁違いに多い。

　また、「待機児童ゼロ作戦」は入所児童数を大幅に増やしたが、同時に、保育所への児童の「詰め込み」による保育環境の悪化が憂慮されるようになった。1997年度から2007年度までの10年間で入所児童数は22.7％（37万2628人）増えたのに、保育所数は2.0％（450カ所）しか増えていない。

　待機児童問題の特徴として、(1)待機児童の82％を3歳未満児が占めること、(2)待機児童が、埼玉県、千葉県、東京都、神奈川県、京都府、大阪府、兵庫県の7都府県で全体の84％を占めることが挙げられる。つまり、大都市圏の3歳未満児の保育サービスが不足しているのである。

　厚生労働省は、2008年2月に「新待機児童ゼロ作戦」を発表した。今後10年間で3歳未満児への保育サービス提供割合を20％から38％に引き上げ、利用児童数（0〜5歳児）全体を202万人から300万人へ、学童保育（放課後児童クラブ）の登録児童数を68万人から213万人に増やす目標が掲げられた。この目標が実

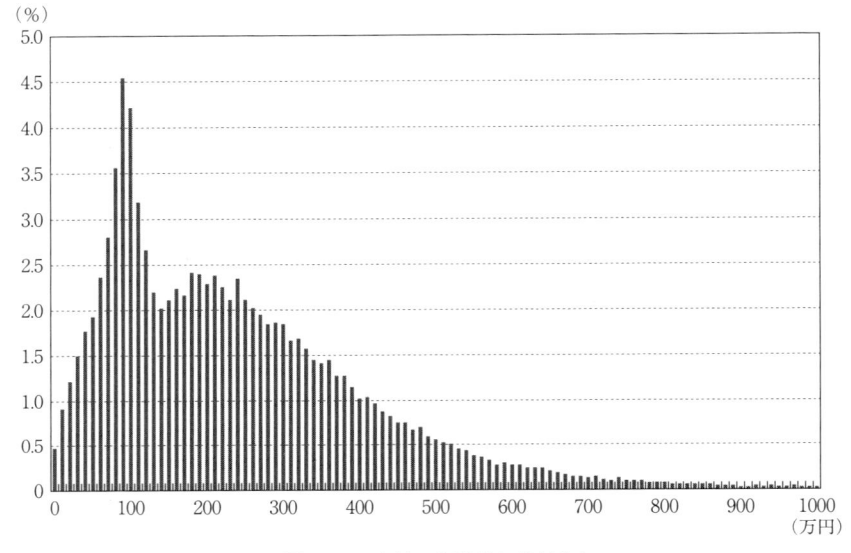

図5-1 女性の年間給与総額分布

(注1) 年間給与総額を10万円単位で刻み,それぞれに何パーセントの女性雇用者が存在しているかを示す。
(注2) 年間給与総額は,ボーナスを含む。
(出所) 「平成21年賃金構造基本統計調査」(厚生労働省)から筆者が作成。

現すればかなりの改善が見込まれるが,現在の政治・経済状況では目標が実現する保証はない。

「130万円の壁」

図5-1は,女性の年間給与所得の分布である。臨時労働者を除く女性雇用者全体を100%とし,10万円未満,10万円以上20万円未満,20万円以上30万円未満…というように,10万円の幅に何パーセントの女性がいるかを示している[13]。ピークは90万円以上100万円未満で,このなかに女性雇用者の4.6%がいる。100万円を超えると数は減り,140万円以上150万円未満のところに谷がある。女性雇用者の2.0%がここにいる。再びピークになるのは180万円以上190万円未満で,それ以降は徐々に減ってゆく。

分布を見ると,100万円から150万円にかけての急激な減少は明らかに不自然

で，103万円の壁と130万円の壁が存在していることを示している。有配偶の
パートタイム労働者は，年収103万円または年収130万円を超えないように労働
時間を調整している人が少なくないといわれている。年収103万円は所得税の
配偶者控除の基準額であり，この額以下であれば配偶者の所得税が控除される。
ただし，年収が103万円を超えて配偶者控除がなくなっても，配偶者特別控除
という制度があるために，夫と妻の手取りの総額が減るわけではない。配偶者
特別控除は，103万円を超えると徐々に控除が減るように設計されている。し
かし，夫の勤務先によっては，配偶者の年収が103万円を超えると配偶者扶養
手当を打ち切られる場合もあるために，103万円を超えないように年収を調整
する主婦が存在する。妻の所得を減らすことによって，夫の所得が増えるとい
う奇妙な制度である。

　130万円の壁は，妻本人の社会保険料の問題である。先にも述べたとおり，
夫が正社員の場合，妻の年収が130万円未満であれば，年金保険と健康保険の
保険料を払う必要がない。年収が130万円以上になると，国民年金の保険料と
国民健康保険の保険料を支払わなければならない。40歳以上であれば，それに
介護保険の保険料が加算される。したがって，年収が130万円を超えると手取
りが減ってしまうのが実態である。図5-1の大きな谷は，それを避けて就労
調整している女性が多いことを示している。

4　近代家族の減少

　夫婦と子どもからなり，夫婦間性別分業を基礎としている近代家族が減少し
ている原因には，晩婚化・非婚化と離婚の増加がある。夫婦間の性別分業の解
消によって近代家族が減少する可能性もあるが，これは進んでいない。まず，
晩婚化・非婚化から考察しよう。1995年と2005年の「国勢調査」を比較すると，
20歳代後半における男性の未婚率は，66.9％から72.6％へ，女性の未婚率は
48.0％から59.9％に上昇している。また，30歳代前半でも男性未婚率が37.3％
から47.7％へ，女性未婚率が19.7％から32.6％へと上昇している。男性の場合，
50歳代前半でも未婚率が急激に上昇しており，晩婚化のみならず非婚化が進ん
でいる。

離婚率も上昇傾向にある。人口1000人あたりの離婚率は，1990年には1.28だったのが，2009年には2.01と，20年弱で1.57倍になっている。また，景気循環と離婚率の間には負の相関関係がある。1980年代後半のバブル景気の時期には離婚率が低下し，最近も2002年をピークに2008年までは低下傾向にあったが，2009年に再び増加した。

バブル崩壊後，すべての世代で失業率が上昇し，大企業に勤める中高年労働者の間でも失業のリスクが高まった。中高年夫婦も家族の経済的基盤は夫の所得である。それを失った家族は崩壊の危機にひんする。離婚率と失業率の変動は見事に相関している。

男性非正規労働者の増加は晩婚化・非婚化をもたらした。「労働力調査」（厚生労働省）によると，「正規職員・従業員」は男女とも1997年がピークでその後減少している[15]。その一方で「非正規職員・従業員」は一貫して増加傾向にある。これは，企業がもはや男性に安定的な雇用を提供し続けることができなくなったことを意味する。「男は仕事，女は家庭」という性別分業に基づく標準家族は男性の安定的雇用があって初めて成り立つものだが，その条件が崩れつつあるのだ。

男性への安定的雇用の提供が困難になりつつある原因の一つは，わが国の経済成長率の低下である。右肩上がりの成長が期待できた時代には，不況期に余剰人員を抱えていても，やがて好景気になれば人材不足になることがわかっていた。そのため，不況期に解雇するよりも経験ある労働者を温存しておくほうが長期的にみれば合理的だった。ところが今日では経済成長率の低下により，労働市場が逼迫することがまれになった。そのため余剰人員が発生すれば速やかに解雇する必要性に迫られるのである。ところが，正社員の解雇は法的に容易でなく，労働者の士気にも悪影響を及ぼす。そこで，景気の調整弁として雇われる非正規労働者が増えたのである。

妻の就業率は上昇傾向にあるが，夫婦の性別分業が大きく変化するには至っていない。「平成19年年就業構造基本調査」（総務省統計局）によると，3歳未満の子のいる夫婦世帯（ひとり親世帯を含まない，三世代同居世帯は含む）の妻の就業率は33.3％，正社員就業率は17.4％だった。20年前の「昭和62年就業構造基本調査」と比較すると，就業率は5.1ポイント，正社員就業率は3.5ポイント

上昇したにすぎない。妊娠・出産を機に大半の女性が仕事を辞める事態に大きな変化はない(16)。

5　ジェンダーから見た社会保障制度の課題

　最後に、ジェンダーの視点から社会保障制度の課題を議論する。まず、これまでの議論から、現在の社会保障制度の問題点を列挙しよう(17)。

　第1に、非正規労働者に対する社会保障が不十分である。世帯に非正規労働者しかいない場合には、所得が低い上に、セーフティ・ネットがきわめて脆弱である。非正規労働者の単身世帯、夫婦そろって非正規労働者である世帯、正社員として働いていた期間が短い高齢者の世帯がそれにあたる。低所得層は将来のリスクに備えるゆとりがないため、国民健康保険や国民年金の未納が発生しやすい。

　第2に、配偶関係や就業形態によって不公平がある。特に社会保険制度では、独身女性や所得の高い既婚女性から専業主婦への事実上の所得移転がなされていることである。所得が130万円未満の妻は厚生年金や健康保険の保険料の支払いが免除されるが、未婚の女性や所得が130万円以上の妻は保険料を支払わなければならないという不公平がある。また、遺族厚生年金でも、共稼ぎだった妻の大半は自らの厚生年金保険を事実上放棄しなければならない。

　第3に、社会保障制度によって、経済活動がゆがめられている。専業主婦や所得の低い妻が優遇されるため、結婚している女性が所得を130万円未満に抑えるよう就労調整をしている女性が多い。これは、就労意欲を低下させるという個人の問題に止まらない。性別分業を固定化するという社会的な影響もある。また、雇用主も保険料の事業主負担を避けるために、正社員ではなく非正規労働者を雇おうとする。経済学的にみれば、経済活動をゆがめる非効率な制度となっている。

　第4に、社会保険制度においては、配偶関係、雇用形態、労働時間、所得などによって適用される制度が異なっており、制度が非常に複雑になっている。たとえば、主婦は所得と労働時間によって、厚生年金の被保険者、国民年金の第1号被保険者、第3号被保険者の間を行き来しなければならない。また、未

婚女性でも労働時間によって厚生年金の被保険者になったり国民年金の第1号被保険者になったりする。なかでも国民年金の保険料は給与からの源泉徴収ではないために，未納になりやすい。未納によって年金支給が減額されることが，高齢女性単身世帯の貧困の原因の一つとなっている。

　第5に，共稼ぎ世帯の育児に対する支援が不十分である。仕事と育児の両立が可能であれば働きたいと考える女性は多いが，それができないために専業主婦となっている。

　これらは，雇用制度の変化や家族形態の多様化に社会保障制度が対応できていないために生じている問題である。生涯独身の人，結婚している人，離別や死別で夫婦関係が解消された人など，多様なライフコースにできる限り中立的な社会保険制度にするには，個人単位の制度が望ましい[18]。そして，正社員か非正規労働者か，フルタイムかパートかに関係なくすべての雇用者に同一の社会保険制度が適用されるべきである。

　では，上記の問題を克服する社会保障制度はどのようなものだろうか。最後に，望ましい改革の方向を示すことにする。

　第1に，健康保険や基礎年金のように，国民が広く等しい保障を受けるセーフティネットは，保険料を消費税によって徴収するのが望ましい。それによって，配偶関係や雇用形態による不公平がなくなる。さらに，国民健康保険や国民年金の未納を防ぐことができる。

　第2に，雇用保険も厚生年金保険も，有期雇用者や短時間労働者などの非正規労働者を含めたすべての雇用者が加入することにする。これにより，130万円の壁がなくなり，就労調整する必要がなくなる。雇用主が，保険料逃れのためにあえて短時間労働者を雇うこともなくなる。また，非正規労働者の年金もより充実したものとなる。

　第3に，共稼ぎ世帯や母子・父子世帯の仕事と育児の両立を可能にするためには，育児サービスをさらに充実することが必要である。女性の就業による経済効果を考えれば，子ども手当の充実よりも，保育所の充実を優先すべきであろう。

注

(1) セーフティ・ネットの提供者としては，これらの他に，地域，宗教団体，NPO・NGOなどがある。

(2) 落合（1989）は「近代家族」の特徴を以下の8つにまとめている。(1)家内領域と公共領域の分離，(2)家族構成員相互の強い情緒的関係，(3)子ども中心主義，(4)男は公共領域，女は家内領域という性別分業，(5)家族の集団性の強化，(6)社交の衰退，(7)非親族の排除，(8)核家族。本章では，第4の「性別分業」に着目して議論する。

(3) 川口（2008）参照。同じ論理で，企業による平等な雇用制度と家庭での平等な分業も均衡であることを示せる。

(4) これら以外に，船員保険と共済組合があるが，ここでは取り扱わない。健康保険，船員保険，共済組合はいずれも雇用者が加入する保険で「被用者保険」ともいわれる。

(5) 「労働時間が正社員の4分の3」という基準には法的な強制力があるわけではないので，労働時間が週30時間を越えても被用者健康保険に加入していないケースは珍しくない。被用者健康保険制度への加入の決定要因の分析として永瀬（2003），岸（2007）がある。

(6) ただし，労働供給の計量分析によると，「130万円の壁」による労働時間の減少は，女性の全労働時間に比べると大きくない。130万円の壁を撤廃することで増える労働時間は，Akabayashi（2006）は0.6%，高橋（2010）は0.1%未満と推計している。

(7) 年金の制度や金額は2010年度のものである。社会保険庁「年金制度（国民年金・厚生年金）」参照。

(8) 『日本経済新聞』2010年3月1日朝刊，3頁。

(9) 2007年4月以降，形式上は，妻自身の老齢厚生年金は満額支払われ，遺族厚生年金と老齢厚生年金の差額を遺族厚生年金から支払うことになっている。受け取る金額は，遺族厚生年金に等しく，2007年3月以前と変わっていない。

(10) ただし，2008年4月1日以前の分については，分割について夫婦間での合意が必要である。

(11) 雇用保険については厚生労働省「雇用保険制度」参照。

(12) 厚生労働省「保育所関連状況取りまとめ（平成22年4月1日）」参照。

(13) 同調査における「臨時労働者」の定義は，「日々または1か月以内の期間を定めて雇われている労働者のうち，4月または5月のいずれかの月に18日未満しか雇用されなかった労働者」である。

(14) 非正規労働者の社会保険への加入を分析した研究に安部・大竹（1995），神谷

(1997)，永瀬（2003），岸（2007）などがある。

(15) ただし，女性の正規労働者は，2005年に1018万人まで減少した後，やや回復傾向が見られ，2009年には1046万人となっている。

(16) ただし，1987年から2007年にかけて生じた3歳未満の子のいる夫婦世帯の妻の就業率の上昇5.1ポイントのうち4.0ポイント，および正社員就業率の上昇3.5ポイントのうち2.8ポイントは最後の5年間に生じている。つまり，過去20年間における就業率上昇の大部分はごく最近に生じているのである。このことは，最近になって幼い子のいる女性の就業率が加速的に上昇している可能性を示している。

(17) 年金制度の問題点については，多くの研究者が同様の指摘をしている。たとえば，神野・大沢（2004），塩田（2000），西沢（2008）参照。

(18) 世帯を基準とした社会保障制度を，個人を基準とした制度に変える，あるいは個人の自立を促す制度に変えるという考えは，すでに多くの研究者によって主張されている。たとえば，大沢（1993, 2004），Sainsbury（1994），伊田（1995），塩田（2000）などを参照されたい。なかでも，Sainsbury（1994）は「稼ぎ手モデル」対「個人モデル」，伊田（1995）は「カップル単位」対「シングル単位」，大沢（2004）は「男性稼ぎ主型」対「両立支援型」という社会保障のモデルを示して対比している。

参考文献

阿部彩（2008）「日本の貧困の実態と貧困政策」阿部彩・國枝繁樹・鈴木亘・林正義『生活保護の経済分析』東京大学出版会。

安部由起子・大竹文雄（1995）「税制・社会保険制度とパートタイム労働者の労働供給行動」『季刊社会保障研究』31巻2号，pp. 120-134。

伊田広行（1995）『性差別と資本制』啓文社。

大沢真理（1993）「現代日本の社会保障と女性の自立」社会保障研究所編『女性と社会保障』東京大学出版会，pp. 13-34。

大沢真理（2004）「『男性稼ぎ主』型から脱却できるか——社会政策のジェンダー主流化」社会政策学会編『新しい社会政策の構想——20世紀的前提を問う』法律文化社，pp. 52-66。

落合恵美子（1989）『近代家族とフェミニズム』勁草書房。

神谷隆之（1997）「女性労働の多様化と課題——税制・社会保障制度における位置づけ」大蔵省財政金融研究書『フィナンシャル・レヴュー』44, pp. 29-49。

川口章（2008）『ジェンダー経済格差——なぜ格差が生まれるのか，克服の手がかりはどこにあるのか』勁草書房。

岸智子（2007）「非典型労働者の健康保険」古郡鞆子編著『非典型労働と社会保障』中央大学出版部，pp. 97-121。

塩田咲子（2000）『日本の社会政策とジェンダー――男女平等の経済基盤』日本評論社。

神野直彦・大沢真理（2004）「財政と年金制度――ジェンダーへの財政社会学的アプローチ」大沢真理編『セーフティ・ネット国家とジェンダー』明石書店，pp. 41-64。

総務庁統計局（1989）「昭和62年就業構造基本調査」総務庁統計局。

高橋信吾（2010）「配偶者控除及び社会保障制度が日本の既婚女性に及ぼす労働抑制効果の測定」『日本労働研究雑誌』No. 605, pp. 28-43。

永瀬伸子（2003）「非正規雇用と社会保険」日本労働研究機構『非典型雇用労働者の多様な就業実態――「就業形態の多様化に関する総合実態調査」等による実証分析』調査研究報告書No.158, pp. 142-168。

西沢和彦（2008）『年金制度はだれのものか』日本経済新聞出版社。

Akabayashi, H. (2006) "The Labor Supply of Married Women and Spousal Tax in Japan," *Review of Economics of the Household*, Vol. 4, No. 4, pp. 349-378.

Espin-Andersen, G. (1999) *Social Foundation of Postindustrial Economics*, Oxford University Press.（渡辺雅男・渡辺景子訳『ポスト工業経済の社会的基礎――市場・福祉国家・家族の政治経済学』桜井書店，2005年）

Sainsbury, D. (1994) "Women's and Men's Social Rights: Gendering Dimensions of Welfare States," in D. Sainsbury (ed.) *Gendering Welfare States*, Sage Publications, pp. 150-169.

参考サイト

厚生労働省「雇用保険制度」http://www.mhlw.go.jp/bunya/koyou/koyouhoken.html

厚生労働省「平成19年就業形態の多様化に関する総合実態調査」http://www.e-stat.go.jp/SG1/estat/NewList.do?tid=000001021304

厚生労働省「保育所関連状況取りまとめ（平成22年4月1日）」http://www.mhlw.go.jp/stf/houdou/2r9852000000nvsj.html

厚生労働省「労働力調査」http://www.stat.go.jp/data/roudou/index.htm

総務省統計局「平成19年就業構造基本調査」http://www.stat.go.jp/data/shugyou/2007/index.htm

第6章　介護パターンの最適性と介護サービス選択行動[1]

八 木　匡[2]
原 田 禎 夫[3]

　近年の介護サービスの利用者の増加は保険財政を逼迫させていることから，重要な課題として制度の持続可能性が問われている。しかしながら，保険料・利用者負担の引き上げは，介護サービスの利用を抑制する効果があるにしても公的介護保険制度の目的である介護の社会化を損ないかねないことから，重点的かつ効率的な介護サービスの制度設計が求められている。本章では，公的介護保険制度が，要介護者の健康維持および改善と家族の介護負担の軽減においてどの程度効率的かつ効果的に成果をもたらしているかを評価するための最適介護パターンを提示し，そのうえで，A市における介護サービスデータを利用しながら，実際に選択された介護サービスの組み合わせが，最適介護パターンとの比較においてどのような傾向をもっているかを検証する。
　まず，介護サービスを訪問系と施設系に二分し，それらの組み合わせを決める要介護者の効用に健康水準，孤独感を，また，その介護者の効用には介護サービス利用による負担の軽減を組み入れた理論モデルより最適介護パターンを示した。これをもとに，実際の介護サービスの利用状況を比較した場合，最適介護パターンでは訪問系・施設系サービスどちらか一方に偏るサービス選択は起こりにくいが，実際には，一方のサービスへの偏重が見受けられ，したがって，現行の介護保険制度では非効率なサービス選択を引き起こしやすい傾向にあることが示された。実際のサービス選択を最適介護パターンへ誘導するには，価格政策による介護サービス需要のコントロールが考えられることから，そのひとつの指標として介護サービス需要の価格弾力性の推計を行った。その結果，訪問系介護サービス，施設系介護サービスともに価格変化に対して非弾

力的であるものの，その弾力性値には小さくない差があることが示された。しかし，より確かな最適介護パターンの構築と，それによる介護保険制度の非効率性改善への方策は，今後の知識・データの蓄積が待たれるものである。

1　介護保険制度の現状と課題

2000年4月の公的介護保険の施行から10年が経過し，介護サービスの利用者数は厚生労働省『介護給付費実態調査報告』によると，2009年度において8961万人であり，施行直後の2001年度の利用者数2637万人と比較して3.4倍の増加を示している。この利用者数の増加は，介護の社会化，すなわち，家族内で抱えていた高齢者の介護を地域および社会全体で支援することを目的とする介護保険制度への理解の深まりによるニーズの高まりであると考えられる。しかし，このような急速な利用者数の増加は，介護保険の総費用や給付費についても同様に増大させている。給付費についてみれば，初年度の3.2兆円から2009年度では7.23兆円と2.26倍となっている。また，現在のような介護サービス利用の傾向が続くと，高齢化のピークをむかえる2025年には介護給付費は20兆円となり，社会保障給付費の11.0％を占めることになると推計されている。

このような介護給付の急拡大が進む中で，介護保険制度に関する研究も様々な観点から活発に進められてきている。例えば，田近，菊池（2006）では介護保険制度が直面する問題を，(1)医療保険と介護保険との役割分担の不明確さ，(2)要介護高齢者の状態の維持・改善への効果，といった問題に焦点を当てて分析している。また，Iwamoto, Kohara and Saito（2009）は，公的介護保険制度の導入により，要介護の家族を持つことによる消費減少が抑えられていることを実証的に明らかにしている。菅（2010）は，公的介護保険導入によって介護サービスに対する需要がどのように変化したかを家族類型と所得の効果を考慮に入れながら分析している。

本章では，上述の研究では十分に扱ってきていない公的介護保険サービスに対する需要増の要因を理論的に明らかにし，介護需要のパターンが社会的厚生の観点からどのように評価されるかを明らかにする。そして，社会的最適性を達成するための政策と介護保険財政に与える影響について分析を行う。

年金や医療などの社会保険制度でも，少子高齢化にともない給付の抑制が課題となっており，保険料の引き上げや給付額の引き下げによる保険財政の建て直しが図られている。しかし，それと並行して介護給付費が増えていくとなれば，社会保障制度全体ではその効果は相殺されてしまう。では，介護保険についても他の社会保険と同様に保険料や自己負担の引き上げによって，保険財政の安定化を図るべきであろうか。

2003年度に設置された社会保障審議会介護保険部会では，制度の見直しに関する意見を取りまとめた意見書を公表している。この意見書においても，2015年までの期間が高齢化率の最後の急激な上昇局面にあり，これまで以上の介護サービスの利用者の増加やそれにともなう介護給付費の増大が予想されることから，制度の「持続可能性」について言及されている。そのなかで，保険財政の健全化の観点から挙げられた課題として，「施設給付の見直し」「サービスの質の確保・向上」「保険料負担などの見直し」「制度運営の見直し」といった項目がある。保険財政を直接的にコントロールする項目は「保険料負担」であるが，2003年度に保険料の改定を行っていることもあり，保険料引き上げについて積極的な意見は見受けられない。むしろ，他の項目を見れば分かるように，サービスの適正化や制度運営の無駄を省くことを重視し，その結果，給付費の抑制に向かうような効率的な制度設計が求められている。

さらに意見書では，具体的な制度見直し案として，「介護予防システム」の構築を重視している。介護予防システムの構築が必要とされる理由には，現状の介護サービス利用の在り方では利用者の健康状態の維持や改善につながっていないとする指摘があるためである。今後，軽度の要介護者における健康状態（身体機能および精神状態）の悪化やそれに所以する生活機能の低下を適切なサービス利用によって予防していくことは，より多くの介護サービスを必要とする重度の要介護者を減らし，その結果，給付費の抑制につながるものと期待される。

利用者本人の健康維持および改善を支援する適切な介護サービスの利用が必要とされる一方で，介護保険制度の目的である介護の社会化，すなわち，家族介護者の介護負担の軽減が実現されるサービス利用の在り方も考慮されるべきである。「介護サービス価格に関する研究会」の報告書によれば，主な家族介

第6章　介護パターンの最適性と介護サービス選択行動

護者が1日8時間以上の長時間介護を行っている世帯の割合は，公的介護保険制度の導入前の1999年では21.7％，以後の2001年では20.5％であるとの調査結果を得ている。また，長時間介護者の介護時間の変化においても，半数以上が変わらない，あるいは増加したことを示している。これらの結果から，介護保険制度による家族の介護負担の軽減には，依然改善の余地があることが分かる。

このように，これからの介護保険制度には，健全な保険財政の維持と制度の目的である介護の社会化が達成されるような効率的かつ効果的な制度運営が求められている。そして，それを実現するためには，まず利用者とその家族によって適切な介護サービスの利用が行われているか評価する必要が生じていると考えられる。

現行の介護保険制度において，利用者は認定された要介護度に応じて利用可能な種々の介護サービスの中からサービス選択を行うが，その際に重要な役割を果たしているのがケアマネジャーである。ケアマネジャーは，要介護者とその家族と相談しながら，要介護者の健康状態，希望，家庭内での介護設備の状況，家族構成，家族の健康・就業状況および家族の希望をもとに，各種介護サービスの組み合わせであるケアプランを作成する。したがって，ケアマネジャーは知りうる情報のもとで利用者と家族の希望に合った介護サービスの組み合わせを選択していると考えているであろう。しかしながら，そのように選択された介護サービスの組み合わせが，利用者の健康維持および改善と家族の負担軽減を達成するものであると客観的に評価しうる機能が制度内に存在していないことが問題となってくる。

そこで本章では，利用者（要介護者）の健康維持および改善と家族（介護者）の負担軽減が達成される介護サービスの組み合わせの最適性を分析し，それがどのようなものであるかを示す。また，実際に選択されている介護サービスと最適介護パターンとの比較から，政策的対応を検討する。

以下では，まず次節において現行制度で提供されている介護サービスのタイプと特徴について述べる。次に第3節において，最適介護パターンに関する理論分析を行う。第4節では，介護サービスデータをもとに，実際に選択された介護サービスの組み合わせが，最適介護パターンとの比較においてどのような傾向をもっているかを分析する。第5節では，最適介護パターンを政策的に実

表6-1 介護サービスのタイプ

タイプ	項　目
訪問系介護	訪問系介護，訪問入浴，訪問看護，訪問リハビリ，福祉用具貸与，居宅療養管理指導
施設系介護	通所介護，通所リハビリ，短期入所（老人福祉施設），短期入所（老人保健施設），短期入所（療養型医療施設），認知症対応型共同生活介護，特定施設入所者生活介護，老人福祉施設，老人保健施設，療養型医療施設

現するために有効な指標である介護サービス需要の価格弾力性を推計し，最後に今後の課題について述べる。

2　介護サービスのタイプと特徴[11]

本節では，要介護者の健康維持および改善と介護者の負担軽減を考慮した介護サービスの特徴を述べる。まず，要介護者が介護サービスを在宅で利用する場合を訪問系介護サービス，施設において利用する場合を施設系介護サービスと定義する。したがって，実際に介護保険制度で提供されている介護サービスは，この定義に従うと表6-1のように分類される。

訪問系介護サービスのメリットとデメリット

(1)メリット

訪問系介護のメリットの一つとして，要介護者が家族との交流を維持でき，孤独感が比較的少ない点が考えられる。また，要介護者は住み慣れた住居で，それまでの生活パターンをある程度継続でき，気力を維持することが可能となる。そのため，家族の協力が十分に得られる環境のもとでは，健康維持に対して効果が大きいと予想される。さらに，訪問系介護は，サービス供給コストの固定費用が比較的安く，投入要素もヘルパー供給が主要なものとなっており，需要増大に対して，比較的弾力的に調整することが可能となっている。ただし，家族介護の機会費用を含めた社会的コストが，訪問系と施設系でどちらが高くなっているかについては，今後研究が必要であろう。

(2)デメリット

訪問系介護が要介護者の健康維持に対して効果を有するか否かは，家族によ

る介護がどの程度十分に行われているかに依存すると予想される。施設系介護の1時間あたり自己負担額と訪問系介護の1時間あたり自己負担額とを比較した場合、訪問系介護の方が高くなっている。したがって、訪問系介護では、1日の介護のかなりの部分を家族による介護に依存せざるを得ないことになる。家族による介護が不十分な場合には、排尿、排便、洗濯、清掃といった衛生上の問題、食事の不安定化などが起き、健康維持が困難になる。また深夜における介護が介護者の睡眠を妨げ、介護者の健康を悪化させることも起きる。このような介護者の負担の増大は、介護者のストレスを大きくし、介護者の精神状態を悪化させ、介護者と要介護者との衝突を招くことになる。そして、最悪の場合には介護者による要介護者への虐待が生じ、家族関係を結果的に崩壊させることが起こり得る。このような事態では、要介護者の精神状態も悪化し、気力の喪失を引き起こし、健康維持が困難になる。また、介護者の機会費用を考慮に入れた場合には、介護の直接的コストが低い場合でも社会的コストが大きくなっていることも十分に考えられる。

　訪問系介護の場合には、要介護度が上がるにつれて、家族の介護負担が増大するため、メリットに比べてデメリットが相対的に大きくなっていくと考えられる。

施設系介護サービスのメリットとデメリット
(1)メリット

　施設系介護のメリットは、訪問系介護のデメリットの裏返しの部分が多いと考えられる。最大のメリットは家族の介護負担を軽減できる点にある。また、施設系介護では、相対的に衛生的な介護が維持できると共に、食事を安定的に提供できる。また、食事内容も栄養不足および栄養過多になることなく、最適にコントロールできており、肥満を防ぎながら健康維持することが可能となっている。精神面でも、家族以外とのコミュニケーションにより社会性を維持でき、適度な緊張感を維持できるという側面もある。

　また、施設系介護ではリハビリ設備が整っている場合があり、その場合には専門家によるリハビリを頻繁に受けることも可能である。特に、要介護度が高い要介護者にとっては、家庭内でのリハビリには限界があり、健康維持のため

には施設系介護が高い効果を挙げると期待できる。また，施設系介護では介護専門の入浴施設が整っている場合が多く，排尿・排便の処理を含めて，衛生上優れた面を多く持っていると言える。

専門家集団による介護は，家族による介護に比較して要介護者と家族との衝突を少なくでき，要介護者のストレスを抑えることができる。これは，家族の場合と異なり，要介護者との関係を冷静に保つことができることが重要な要因になっている。

(2) デメリット

施設系介護のデメリットは，家族と離れ，これまで生活してきた環境から離れることにより，孤独感を高め，精神的に鬱状態が続き，無気力化する場合があることである。さらには，家族以外との共同生活は，適度な緊張をもたらす場合には良いが，人間関係で問題が生じると深刻なストレスとなり，それが帰宅願望を高め，帰宅できないことがさらに大きなストレスとなる場合がある。このようなことが続くと，精神的な鬱状態が悪化し，急速に無気力化し，健康状態が急速に悪化する。このような状態は，施設が最新のものであったとしても起き得ると考えられる。

さらには，施設内の完全なバリアフリー化が，逆に強制的な歩行，移動，立ち上がりの機会を減少させ，身体機能の低下を加速する場合もある。これは家庭内では完全なバリアフリー化が困難であるが故に，食事場所への移動，トイレへの移動等で長時間をかけながらも自力で動かざるを得ない場合があり，それが機能低下を抑制する効果を持っていることと逆の効果を持っていることである。そのため，要介護者が無気力化し，施設内でのリハビリを拒否し始めると，機能低下が急速に進むことになる。

3　介護サービスの組み合わせに関する最適性

最適性ルール

本節では，前節の介護サービスのタイプ別特徴に関する仮説を前提として，介護サービスの組み合わせに関する最適性を分析するモデルを構築する。[12]

まず，「最適性の基準」における最適性とは何かについて議論をする必要が

第6章 介護パターンの最適性と介護サービス選択行動

ある。経済学において，最適という言葉は，例えば「消費者の効用を最大にする」，「社会的厚生を最大にする」といったように，誰にとって最適であるかを明確にする必要がある。介護サービスの場合には，誰にとって最適であるかという問題は，それほど容易ではない。一つには，要介護者の効用水準を最大化する介護パターンが最適介護パターンであるという考え方がある。しかし，この考え方では，介護保険制度における家族の介護負担の軽減という目的が入ってこないことになる。そこで，本章では要介護者と介護者との効用の和を最大化する介護パターンを最適介護パターンであると考える。

そこでまず，要介護者の効用がどのように決まるかを考える。要介護者も通常の消費者と同じように，消費から効用を得ると考えられる。しかし，消費からの効用は，健康水準次第で大きく異なると考えられる。また，健康水準自体も要介護者の効用に直接影響を与えると考えられる。そして，施設介護と訪問介護の違いとして重要なものとして，家族とのふれ合い機会の多さがある。

要介護者の効用を決定する重要な要因である健康水準を左右するのは食事，衛生状態，介助等の介護サービスであると考える。しかし，食事も衛生状態も，最終的には介護サービスに依存して決定すると考えられるため，最終的には介護サービスの質が健康状態を決定すると考えることができる。そこで，要介護者が購入する介護サービスを施設系介護と訪問系介護に分類し，それぞれが異なった財として健康関数に入るとする。

要介護者の効用水準を決定する第3番目の要因である孤独感については，次のように考える。訪問系介護と施設系介護は孤独感に異なった形で影響を与えると考え，本章では訪問系介護は孤独を少なくし，施設系介護は孤独感を高めると仮定する。この仮定は，訪問系介護の方が家族とのふれ合い機会が多いという性質を反映したものである。

これまでは，費用を払って購入する施設系介護と訪問系介護を考えてきたが，家族が無償で提供する介護サービスも存在する。この家族介護サービスも異なった財として健康関数に入ると共に，孤独感を減少させる効果を与えるとして考える。

このような考えの下で，健康水準を決定する関数として健康関数を，施設，訪問，家庭内での介護サービス量によって決定されると考える。また，孤独感

を決定する関数も，施設，訪問，家庭内での介護サービス量によって決定されると考える。要介護者が直面する予算制約式は，消費支出，介護支出，介護保険料の総和が所得以下となるように考える。

　介護者の効用は，介護者の消費支出，余暇時間，無償の家族による介護労働，施設系介護サービスによって軽減できる介護人の負荷，訪問系介護サービスによって軽減できる介護人の負荷によって決定されると考える。予算制約式は，消費支出額と労働者が負担する介護保険料の総額が，一般労働市場で供給する労働供給と一般労働市場での賃金率を掛け合わせた賃金収入よりも少なくなることによって与えられる。

　まず，要介護者と介護者が協調する場合の最適介護パターンは，予算制約条件のもとで，効用の和を最大化することによって得る。補論1で示す式展開により，施設系介護と訪問系介護の限界代替率（施設系介護によって訪問系介護を代替する場合の代替比率）が価格比に一致するように選択することが最適条件となることが導かれる。この限界代替率は，施設系介護およびヘルパー等による訪問系介護が健康に与える効果，孤独感に与える効果によって変化する。

　問題は，要介護者と介護者が協調する場合の最適に比して，介護者の効用を最大にする条件が異なることである。補論2の式展開より，介護サービス利用を通じた効用の限界代替率が，機会費用で測った介護者にとっての介護サービスの価格と等しくなることが最適条件となる。

　要介護者と介護者が協調する場合の最適性と介護者の最適性を比較することにより，最適選択に関して以下の結果を得る。まず，要介護者と介護者が協調して最適選択を行う場合は，訪問系介護に伴う孤独感の緩和および施設系介護と訪問系介護の相対的サービス価格が最適配分に影響を与えることから，施設系介護に偏ったサービス選択は起こり難く，また，訪問系介護のコストである労働の機会費用も最適条件に含まれるため，訪問系介護に偏ったサービス選択も起き難くなっている。しかし，介護者が自らの効用のみを最大にするようにサービス選択を決定する場合には，介護者は介護による負荷と労働の機会費用を最小化するように行動し，施設系介護に偏ったサービス選択が行われることになる。

第6章　介護パターンの最適性と介護サービス選択行動

最適介護パターン達成のための価格づけルール

　社会的最適を達成する施設系介護と訪問系介護のサービス価格は，社会的な幸福を表す社会厚生関数を政府の予算制約条件のもとで最大化するように決定する問題を解くことによって得る。補論3の式展開より，最適介護サービス価格を求める式を得ることができる。

　また，この最適介護サービス価格を求める式がどのような要因によって変化するかも重要である。介護サービスの価格を引き上げると，財政補助額が減少する一方で，労働供給が減少し，財政収入が減少する点は重要と考えられる。この労働供給の減少の程度が，施設系介護と訪問系介護でどちらが大きいかが，最適価格に影響を与えることになる[13]。このように，介護サービス価格の決定を行う際には，価格変化によって生じる介護者の労働供給行動の変化とそれによる財政収入の変化まで予測して決定する必要があることが示されている。

4　介護サービス選択行動の分析

　本節では，A市の介護サービスの実態データをもとに，現実にどのようなパターンで，訪問系介護と施設系介護の間でのサービス選択が行われているかを実証的に分析する。介護サービスの種類は10種類以上あり，すべての介護サービスを詳細に区別しながら分析することは極めて困難であり，明確な結果を導くことができない。そのため，表6-1で示したように訪問系介護サービスと施設系介護サービスとに二分する。そのうえで，まずは二分化された介護サービスの組み合わせに関して，実際の介護サービスの選択行動の特徴を整理する。その後，前節での理論分析を踏まえ，最適介護パターンとの比較を試みる。

データ概要

(1)要介護認定データ

　A市において平成12年4月〜平成15年5月まで要介護認定を受けた要介護者すべての認定情報（要介護認定概況調査および基本調査項目）を用いている。平成12年4月〜平成14年6月までのデータについては，登録高齢者数は8228件であり，平成14年6月までにのべ2万2286回の認定を受けていることが確定している。

表6-2 記述統計量

	度　数	最小値	最大値	平均値	標準偏差
訪問系介護利用金額（円）	5112	0	439,880	58,058.30	68792.19
施設系介護利用金額（円）	5112	0	433,840	83,079.60	127395.8
合計利用金額（円）	5112	500	505,080	141,138	114458.99
年　齢	5112	41	110	82.38	8.401

レコードに含まれている情報としては，
・認定調査票―概況調査の一部……現在受けているサービスの状況について
・認定調査票―基本調査項目……要介護者の心身状況（85項目）
・要介護認定結果（一次判定結果，二次判定結果）
・要介護認定基準時間及び中間評価項目得点

データの構造は基本的には，各要介護高齢者の要介護認定を行った月ごとに1レコード存在する。利用金額と年齢に関する記述統計量は表6-2で示された通りである。

(2)介護サービス給付データ

A市において平成12年4月〜平成15年5月まで要介護認定を受けた要介護者すべての介護サービス給付データを用いている。内容的には，要介護認定を受け，その認定結果から介護サービス計画書を作成し，実際に介護保険サービスを利用した際の，サービス利用状況をデータ化したものとなっている。

このデータは，各要介護高齢者がサービス利用を行った利用日毎に，どのようなサービスをどの事業所から提供を受けたが分かる。介護保健サービスについては，約1000種類を超えるサービスコードに分かれている。このサービスコード毎に1回のサービス利用料（介護報酬の単価（単位））が決められている。データの構造は基本的には，各要介護高齢者の利用サービスの利用日毎に1レコードが存在する。

介護サービスの配分状態

まず，介護サービスの選択行動に関する概要を眺めてみる。

表6-3は要介護度別のサービス選択の比率を示している。ここでは，以下

第6章 介護パターンの最適性と介護サービス選択行動

表6-3 要介護度別の介護サービス選択
(単位:%)

	施設系介護	併用	訪問系介護
要支援	3.6	2.2	94.2
要介護1	12.1	6.0	81.9
要介護2	28.8	8.7	62.5
要介護3	36.7	13.6	49.7
要介護4	48.3	14.6	37.1
要介護5	53.8	12.4	33.9
全体	27.6	9.1	63.3

の特徴を見ることができる。

(1)サンプル全体で見たときに、施設系介護のみが27.6%、訪問系介護のみが63.3%で施設系介護と訪問系介護の併用はわずか9.1%となっている。

(2)施設系介護のみの比率は要介護度が上昇するにつれて上昇し、要介護度5では53.8%となっている。しかし、併用比率は最も高い比率である要介護度4においても14.6%となり、併用比率は圧倒的に少なくなっている。

次に、表6-4で示されている高齢者の個体要因からみた介護サービス選択の特徴を示す。

まず、「起き上がり」「歩行」「移乗」「立ち上がり」については、ほぼ同様の介護サービス選択の傾向がみられる。移動動作について何らかの支えがあればできる場合、要介護者のうち6～7割は訪問系介護のみの利用となっている。一方、それらの動作がまったくできない状態の場合には、5割以上の人が施設系介護のみの利用を選択している。しかし、同じ状態にあっても4割弱の人が訪問系介護のみを利用しており、身体機能が低い場合に施設サービスのみを選択することが望ましい行動であるか検討されるべきである。また、これら4つの項目がほぼ同様な介護選択パターンを示していることは、今後、介護選択パターンを分析する上で、どれか一つを身体能力の指標として用いることが可能と考えられる。

「浴槽の出入り」と介護サービス選択との関係では、浴槽への出入りを行っていない場合には59.4%が施設系介護のみを選択していることが示されている。

表6-4　個体要因別の介護サービス選択

(単位：%)

		施設系介護	併用	訪問系介護			施設系介護	併用	訪問系介護
起き上がり	できる	23.7	8.3	68.0	爪切り	自立	6.7	6.7	86.6
	つかまれば可	22.0	8.6	69.4		一部介助	12.4	5.8	81.8
	できない	50.7	11.5	37.8		全介助	41.0	11.2	47.8
歩行	できる	25.5	8.1	66.4	視力	普通	25.7	8.0	66.3
	つかまれば可	15.3	8.4	76.3		1m先が見える	26.4	10.4	63.2
	できない	53.6	10.9	35.5		目の前が見える	34.9	12.7	52.5
移乗	自立	17.6	7.2	75.3		ほとんど見えず	42.6	6.9	50.5
	見守りが必要	29.6	10.2	60.2		判断不能	62.5	7.7	29.8
	一部介助	32.5	13.3	54.1	食事摂取	自立	21.3	7.0	71.7
	全介助	55.2	11.2	33.6		見守りが必要	38.8	13.2	48.0
立ち上がり	できる	33.2	9.1	57.7		一部介助	35.9	13.8	50.2
	つかまれば可	20.6	8.3	71.1		全介助	49.6	12.1	38.2
	できない	51.4	12.0	36.7	名前	できる	24.8	8.9	66.3
浴槽の出入り	自立	8.8	5.8	85.5		できない	63.0	11.4	25.7
	一部介助	25.8	8.9	65.3	常時の徘徊	ない	26.3	8.5	65.2
	全介助	35.7	13.0	51.3		ときどきある	39.1	10.9	50.0
	行っていない	59.4	10.7	29.9		ある	44.3	17.0	38.7
排便後の後始末	自立	14.3	5.4	80.2	意思の伝達	できる	20.0	7.9	72.1
	間接的援助	28.7	13.9	57.4		ときどきできる	40.4	12.1	47.4
	直接的援助	42.7	13.9	43.4		ほとんど不可	53.3	14.1	32.6
	全介助	51.4	13.1	35.5		できない	68.6	8.8	22.7

　これは，浴槽への出入りができないほど健康状態が悪化している場合には，訪問系介護だけでは支援が行き届いていないと解釈できる。したがって，在宅での介護を希望している要介護者に対しては，入浴装置を設置した施設での通所サービスをもっと頻繁に用いて入浴機会を増やしていくことを検討する必要があると考えられる。

　「排便後の後始末」に関しては，直接的援助を受けている要介護者の42.7%が施設系介護のみで介護サービスを受けており，43.4%が訪問系介護のみを受けていることが示されている。また，同じ状態における介護サービス併用は

13.9％とその他の項目と比べ高い比率を示している。しかし，全介助の51.4％が施設系介護のみで介護サービスを受けており，生活機能の低下が施設系介護の利用を促している。

「爪切り」「視力」「食事摂取」では，全介助や身体機能がほとんど失われている場合であっても，施設系介護のみと訪問系介護のみの比率に大きな差はみられない。これについては，これらの項目の介助では特に設備面で施設系介護に優位性があるわけではないことを反映していると解釈することも可能である。

「名前（自分の名前を言う）」，「常時の徘徊」「意志の伝達」では，認知能力が非常に低下している場合，7割近くの人が施設系介護を利用している。しかし，「常時の徘徊」については頻度が高い場合でも，施設系介護のみと訪問系介護のみの利用比率に差はない。また，併用比率は最も高い17.0％である。身体能力と認知能力に差がみられる場合には，併用が望ましいことを示唆していると考えられる。

以上のように，実際の介護サービスの選択では，施設系・訪問系のどちらかのサービスのみを利用する傾向がみられた。とくに，要介護者の健康状態が悪い場合には施設系介護サービスのみの利用，または，状態が軽い場合には訪問系サービスのみ利用する比率が高い。前節の理論分析では，介護者が自身の効用のみを最大化するような介護サービス選択を行った場合には，施設系介護サービスに偏る傾向があることが示された。この仮説が支持されるならば，利用者の健康状態の悪い場合には利用者本人の意思よりも介護者の意思が優先され，その結果，施設系介護サービスのみの利用が高まっているものと考えられる。しかし，介護サービスの決定者が常に介護者であるならば，要介護者がどのような健康状態であっても施設系サービスの利用に偏るはずであるが，実際には介護サービス選択は二極化している。

また，要介護者の健康維持および回復と介護者の負担軽減を目的とした場合の最適介護パターンは，訪問系介護サービスと施設系介護サービスの併用であることが示されたが。実際のサービス選択の中では併用はほとんどみられず，すべての項目についてみてもその比率は1割未満であった。そこで，次節においては実際の介護選択のパターンがどの程度要介護者の健康維持に効果を持つのかを検証する。

第Ⅱ部　社会保障改革の新しい動き

要介護者の状態変化

　本項では，実際の介護サービス選択が，利用者の健康状態にどのような影響を与えているかを分析し，そのサービス選択の最適性を検証する。健康状態への影響を要介護認定の変化で示し，要介護度がより軽度に変化したものを改善群，変化がなかったものを維持群，重度に変化したものを悪化群と呼ぶこととする。

　全データを対象に，改善群を見た時，16.1％が施設系介護のみ，78.9％が訪問系介護のみとなり，維持群の中では，28％が施設系介護のみ，63％が訪問系介護のみとなっている。悪化群の中では，34.2％が施設系介護のみ，53.4％が訪問系介護のみとなっており，改善群では相対的に施設系介護のみの比率が少なく，訪問系介護のみの比率が大きくなっている。これを要介護度別に分析すると，表6-5のように示される。

　特に注目すべきは，要介護度5のグループで，改善群の施設系介護比率が25％，併用比率が16.7％であるのに対し，悪化群の施設系介護比率は56.4％，併用比率は12.7％となっている点である。同様に要介護度4のグループでも，改善群の施設系介護比率が35.9％であるのに対して，悪化群の施設系介護比率は43.6％となっている。要介護度3のグループでは，改善群と悪化群における施設系介護のみの比率に大きな差はないが，訪問系介護のみの比率は改善群の方が大きくなっている。要介護度2でも同様な傾向を確認することができ，訪問系介護のみの比率は悪化群よりも改善群で大きくなっている。このように同一の要介護状態でも，改善群では施設系介護のみの比率が悪化群に比べて少なくなっており，訪問系介護のみの介護サービスの比率が改善群では悪化群に比して大きくなっていることが示されている。改善群と悪化群との間での，施設のみと訪問系介護のみの比率の違いは要介護度が高くなるほど大きくなっている。これは，要介護度が上がるほど，施設のみでの介護サービスを求めるニーズが高まる一方で，施設系介護のみのサービス供給が要介護者の健康維持に対して有効ではないことを示している。家族の介護負担の問題を考慮に入れると，訪問系介護のみの介護サービス供給を進めることは困難であると考えられ，施設系介護と訪問系介護の介護サービスを併用することを進める必要があると言えよう。ただし，悪化するから施設に入れるのか，改善したから家庭にいるの

第6章 介護パターンの最適性と介護サービス選択行動

表6-5　要介護度認定変化

(単位：%)

要介護度		施設系介護	併用	訪問系介護
要支援	改善群	1.8	5.4	92.9
	維持群	4.1	1.4	94.6
	悪化群			100.0
要介護1	改善群	12.8	4.3	82.9
	維持群	12.7	6.4	80.8
	悪化群	5.2	5.2	89.6
要介護2	改善群	19.1	2.9	77.9
	維持群	30.4	9.4	60.3
	悪化群	28.6	10.2	61.2
要介護3	改善群	30.3	7.6	62.1
	維持群	39.7	13.3	47.1
	悪化群	29.9	16.8	53.3
要介護4	改善群	35.9	7.7	56.4
	維持群	51.3	14.7	34.0
	悪化群	43.6	16.0	40.4
要介護5	改善群	25.0	16.7	58.3
	維持群	53.4	12.1	34.5
	悪化群	56.4	12.7	30.9

か，といった因果関係については詳細に検討する必要がある。

5　介護保険における需要の価格弾力性の測定

　これまでの議論で見てきたように，最適介護パターンと実際の介護サービス選択では，大きく乖離していることが推測される。この乖離によって生じる介護保険制度の非効率性を是正する政策手段としては，最適介護パターンのもとで決定される介護サービス価格による需要のコントロールが挙げられる。そこで，本節では最適介護サービス価格を得るための指標として，A市の介護サービスの実態データをもとに，介護サービス需要の価格弾力性を中心に被保険者の需要行動を分析する。

第Ⅱ部　社会保障改革の新しい動き

分析の枠組み

これまでにも，介護サービス需要の価格弾力性についてはいくつかの分析がなされてきたが，調査実施時期が介護保険導入の初期に行われたことも多く，その多くはCVMやコンジョイント分析など仮想的な手法によるものが多かった。たとえば下野・大日・大津（2003）はコンジョイント分析を用いて価格弾力性を測定した。これによると，おおむね非弾力的であり，その値は−0.1〜−0.4であった。また，清水谷・野口（2004）ではCVMなどの手法をもとに在宅介護サービスの価格弾力性を測定し，−0.2〜−0.4であり，非弾力的であった。健康保険組合連合会（2002）の調査では，介護保険の自己負担の減免措置のデータを用いて，需要の価格弾力性を測定している。この場合の需要の価格弾力性は0.33であり，やはり非弾力的であった。また，「介護サービス価格に関する研究会」報告書（内閣府，2002）において施設サービスとその他介護サービス，医療機関との代替関係について分析がなされている。

しかし，これら従来の研究では実態データに基づいた実証分析が少ない，分析対象となる介護サービスが訪問系介護など居宅介護サービスに限られているなどの問題があり，実態データに基づきすべての介護サービスにわたる分析は課題となっていた。

本節では，A市の介護サービスの実態データをもとに，介護サービスの価格弾力性を測定するとともに，訪問系介護と施設系介護およびこれらを併用した場合について需要の価格弾力性にどのような傾向が見られるかを分析する。介護保険を利用した場合の介護サービスについては原則として介護サービスの費用にかかわる利用者の自己負担は一般的には1割となっている。しかし，実際には支給限度額を超えた場合の全額自己負担や，あるいは各種の減免措置や過誤請求分の返還などの減額措置が行われている。本節の分析では，井伊・大日（2002）の手法をもとに，このような自己負担額の増加あるいは減少を通じた需要者の行動変化の過程を通じて需要の価格弾力性を測定することを目的とする。

図6-1は，この分析の概要を示したものである。ここでは，縦軸に自己負担額，横軸に介護サービスの利用者数をとっている。被保険者の健康状況などに応じて市場が分断されているのではなく，図に示すように右下がりの線のよ

第6章　介護パターンの最適性と介護サービス選択行動

(自己負担額)
P
a/b
p*
p′
1/b
q
(介護サービスの利用者数)

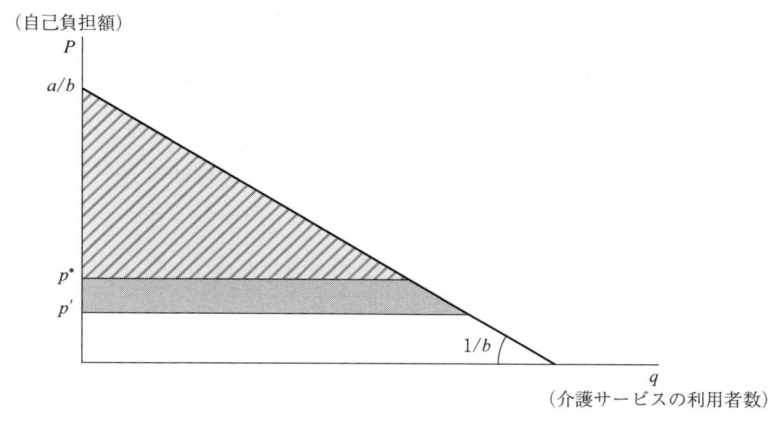

図6-1　自己負担額の減免に伴う平均介護費の変化

うに患者が分布していると考える。仮に需要曲線が線形で $q=a-bp$ で表されるとすると，逆需要関数は，図に示すように $p=a/b-q/b$ である。自己負担額を p^* とすると，そのときの介護費用の総額は斜線部分に相当する。また，平均介護費用は総費用を利用者数で除した $p^*+(a/b-p^*)/2$ となる。一方，自己負担額を減免措置により $p′$ まで軽減した場合の総費用は図の灰色の部分に相当し，その際の平均費用は $p′+(a/b-p′)/2$ である。すなわち，自己負担額の差によって斜線部分と灰色部分との面積の差だけ総費用の差が生じる。これは自己負担の減免によって，

$$\{[p^*+(a/b-p^*)/2]-[p′+(a/b-p′)/2]\}/\{p^*+(a/b-p^*)/2\}=(p^*-p′)b/a$$

だけ平均費用が低下することを意味している。このことより，需要の価格弾力性は，

$$\frac{(p^*-p′)b/a}{1-(p^*-p′)b/a} \tag{1}$$

となり，平均費用の変化率で表すことが可能となる[14]。

推定結果

本章で使用するデータはA市における被保険者の認定情報および介護サービスの給付データ，請求データであり，2000〜02年までの各年の4月のデータで

ある。標本数は欠損値を除いた1万1543個である。また,訪問系介護のみを利用した場合の標本数は3742個,訪問系介護と施設系介護を併用した場合の標本数は2522個,施設系介護のみを利用した場合の標本数は5279個である。

$$\text{介護サービスの総費用} = \beta_0 + \beta_1 \times \text{年齢} + \beta_2 \times \text{後期高齢者} + \beta_3 \times \text{要介護者の性別} + \beta_4 \times \text{要介護度} + \beta_5 \times \text{利用回数} + \beta_6 \times \text{自己負担額} + \varepsilon \quad (2)$$

このうち介護サービスの総費用と自己負担額は対数値をとっている。以上をふまえて(2)式を最小2乗法を用いて推計した。

推計の結果,介護者全体での平均介護費用に対する自己負担額の弾力性は0.246であり比較的大きな値であった。これは介護サービスの価格体系が原則として総費用の1割が自己負担という,いわば公定価格となっていることや,老人医療の場合と異なり現状では自己負担額の減免措置などがそれほど大きな規模ではないことによるものと思われる。

訪問系介護のみの場合では,平均介護費用に対する自己負担の弾力性は0.406と,全体での値よりかなり大きくなっている。介護保険制度における自己負担額が原則1割負担であること,また介護報酬はサービス内容に応じて制度的に決定されていることから,総費用はサービス内容と対応したものと考えるのが妥当であり,このことより訪問系介護のみを利用している被保険者は比較的要介護度が低く,自己負担額に応じて被保険者が介護サービスの利用行動を選択する余地が大きいことによるものであると考えられよう。

訪問系介護と施設系介護を併用した場合,平均介護費用に対する自己負担の弾力性は0.076であり,比較的小さな値となった。

施設系介護のみの場合でも,平均介護費用に対する自己負担については0.133と,併用の場合よりはやや高い値を示している。

前節で述べたように,介護保険制度のもとでの介護サービス利用者の自己負担額をp^*,また,減免された自己負担額をp'とすると,自己負担額が平均介護費用に与える影響は,

$$\{[p^*+(a/b-p^*)/2]-[p'+(a/b-p')/2]\}/\{p^*+(a/b-p^*)/2\}=(p^*-p')b/a$$

である。これが,平均費用に対する自己負担額の弾性値として推定された係数

に相当する。これをもとに(1)式を用いて需要の価格弾力性を計算すると，表6-6のようになり，すべての場合において非弾力的であることが分かる。

この中で注目すべき点は，訪問系介護のみの場合，比較的価格弾力性が大きいという点である。訪問系介護のみを利用する被保険者は比較的要介護度の低い場合が多く，被保険者本人，あるいは介護者も含めてサービス選択の自由度が高いことを示しているといえよう。このことは，介護サービスに対する需要の価格弾力性を考慮した価格体系を用いることで社会的に望ましい方向へ誘導できる可能性があることを示唆している。すなわち，介護サービス利用者の選択が最適介護パターンから乖離するような場合，その乖離の程度に応じて料金を高くするような価格体系の構築である。現在の介護保険制度におけるサービス利用者の自己負担額などの価格体系は，介護サービス利用者の選択行動を考慮したものとはいえない。そのことが介護サービスの利用に非効率性をもたらしている可能性は否定できず，将来にわたって介護保険制度が持続可能であるためにも，介護サービス需要の価格弾力性を考慮した価格体系の導入を検討すべきであろう。

表6-6 需要の価格弾力性

全体	0.3263
訪問系介護のみ	0.6835
併用	0.0823
施設系介護のみ	0.1534

6 分析の政策適用可能性

本章では，訪問系介護と施設系介護のメリット・デメリットを考慮した仮説的なモデルから出発し，介護サービス選択における最適性についての条件を考察した。まず，要介護者の健康維持および改善と家族の介護負担軽減を考慮したサービス選択では，施設系介護と訪問系介護のどちらかに偏る選択は起き難いことが示された。このことから，要介護者とその家族の双方にとって最適な介護パターンとは，施設系介護サービスと訪問系介護サービスの併用であるといえる。しかし，今回利用した介護サービスデータにおける実際のサービス選択では，介護サービスの併用比率は全体で9.1％と非常に低いものであった。また，実際のサービス選択を要介護度の変化による要介護者の健康維持および改善について検証した場合，訪問系介護のみの利用と比較して，施設系介護の

みの利用は相対的に要介護度を悪化させる傾向にあることが示された。最適介護パターンを実現するための方策としては介護サービスの価格体系を通じた介護サービスの需要の誘導が挙げられるが、その有効性を検証するために実際の介護データを用いた価格弾力性の推定を行った。結果は、訪問系介護サービス、施設系介護サービス、両サービスの併用ともに非弾力的であったものの、その弾力性値には小さくない差があることが分かった。このように、経済学的な手法による分析は、過剰介護または過少介護を含めて、介護保険制度の非効率性の要因を明らかにし、その改善のための具体的なシステムを検討することに寄与すると考えられる。

　しかしながら、最適介護パターンによって制度の非効率性を明示にするには不十分な点が多いことも確かである。まず、最適性についてのより現実的な知見を得るためには、症状、家庭環境等に対してどのような介護パターンが最適であるかについて知識の集積や、それをどのような方法で蓄積することができるのかを検討する必要がある。さらに、施設系介護サービスと訪問系介護サービスがそれぞれどの程度要介護者の健康改善や孤独感に影響を与えるのか、家族の負担感や労働の機会費用の測定といった実証的検証も不可欠である。これらの点が明らかにされた後においても、最適介護パターンについての価格政策による最適介護パターンへの誘導に関して問題が残る、サービス選択の決定において利用者よりもその家族の希望が強く反映される場合、家族が介護サービスの費用負担をしていない限り価格政策は有効ではなく、また、低所得の利用者への配慮も考慮しなくてはならない。また、介護サービスの供給サイドの定量的分析も今後に残されている課題である。

　最後に、介護保険の便益が何であり、それがどの程度の大きさで発生しているかを明らかにすることも、介護保険の費用負担を考える上で必要である。便益としては、女性の労働供給の増加、家族のストレスの改善、要介護者の健康の改善など考えられるが、これらのうちどの程度が社会的便益と考えることができるのかを明らかにすることによって、今後増大すると予想される公的介護保険の財政負担をどのような方法で賄っていくかを検討することが可能となる。

第 6 章　介護パターンの最適性と介護サービス選択行動

補論 1　要介護者と介護者の協調ケースでの最適条件

まず，要介護者の効用関数を U_r とし，効用関を次のように定義する。

$$u_r = u_r(c_r, h, s), \quad \frac{\partial U_r}{\partial c_r} > 0, \quad \frac{\partial U_r}{\partial h} > 0, \quad \frac{\partial U_r}{\partial s} < 0 \tag{A-1}$$

ここで，c_r は消費，h は健康水準，s は孤独感とする。健康水準は，健康関数 h

$$h = h(m_i, m_h), \quad \frac{\partial h}{\partial m_i} > 0, \quad \frac{\partial h}{\partial m_h} > 0 \tag{A-2}$$

を通じて決定されると考える。要介護者が購入する介護サービスを施設系介護 m_i と訪問系介護 m_h に分類し，それぞれが異なった財として健康関数に入るとする。家族が無償で提供する介護サービスを m_v とし，これも異なった財として健康関数に入ると共に，孤独感を減少させる効果を与えるとして考える。すなわち，

$$s = s(m_i, m_h, m_v), \quad s_{mi} > 0, \quad s_{mh} < 0, \quad s_{mv} < 0 \tag{A-3}$$

とする。要介護者が直面する予算制約式は，

$$y_r = c_r + p_{mi} m_i + p_{mh} m_h + t_r \tag{A-4}$$

となる。ここでは，介護サービスの総需要が介護保険支給限度額以下となるケースから分析を始める。消費財を基準財とし，消費財で計った価格として，要介護者が負担する施設系介護の価格を p_{mi}，ヘルパーなどによる訪問系介護の価格を p_{mh}，介護保険の一律保険料を t_r，要介護者の所得を y_r とする。

介護者の効用 U_g は，効用関数

$$U_g = U_g(c_g, l, m_v, \psi_i(m_i), \psi_h(m_h)), \tag{A-5}$$

$$\frac{\partial U_g}{\partial c_g} > 0, \quad \frac{\partial U_g}{\partial l} > 0, \quad \frac{\partial U_g}{\partial m_v} < 0, \quad \frac{\partial U_g}{\partial \psi_i} < 0, \quad \frac{\partial U_g}{\partial \psi_h} < 0$$

で与えられると考える。ここで，c_g は消費，l は余暇時間，m_v は無償の家族に

よる介護労働を表し，$\psi_i(m_i)$ は施設系介護サービスによって軽減できる介護人の負荷を表し，$\psi_h(m_h)$ は訪問系介護サービスによって軽減できる介護人の負荷を表す。予算制約式は，

$$(1-t_g)(1-l-m_v-\psi_i(m_i)-\psi_h(m_h))w = c_g \tag{A-6}$$

で与えられる。ここで，$(1-l-m_v-\psi_i(m_i)-\psi_h(m_h))$ は一般労働市場で供給する労働供給を表し，w は一般労働市場での賃金率，t_g は労働者が負担する介護保険料率とする。

まず，要介護者と介護者が協調する場合の最適介護パターンは，予算制約条件である（A-4）式と（A-6）式のもとで，効用の和を最大化することによって得る。すなわち，

$$\max_{m_i, m_h, m_v, c_r, c_g, l} U_r(c_r, h(m_i, m_h), s(m_i, m_h, m_v)) \tag{A-7}$$
$$+ U_g(c_g, l, m_v, \psi_i(m_i), \psi_h(m_h))$$

$$s.t. y_r = c_r + p_{mi} m_i + p_{mh} m_h + t_r \tag{A-8}$$

$$(1-t_g)(1-l-m_v-\psi_i(m_i)-\psi_h(m_h))w = c_g \tag{A-9}$$

ラグランジュ関数は，

$$\begin{aligned} L &= U_r(c_r, h(m_i, m_h), s(m_i, m_h, m_v)) + U_g(c_g, l, m_v, \psi_i(m_i), \psi_h(m_h)) \\ &+ \lambda_1(y_r - c_r - p_{mi} m_i - p_{mh} m_h - t_r) \\ &+ \lambda_2((1-t_g)(1-l-m_v-\psi_i(m_i)-\psi_h(m_h))w - c_g) \end{aligned} \tag{A-10}$$

1階の条件は，

$$\frac{\partial L}{\partial c_r} = \frac{\partial U_r}{\partial c_r} - \lambda_1 = 0 \tag{A-11}$$

$$\frac{\partial L}{\partial m_i} = \frac{\partial U_r}{\partial h}\frac{\partial h}{\partial m_i} + \frac{\partial U_r}{\partial s}\frac{\partial s}{\partial m_i} + \frac{\partial U_g}{\partial \psi_i}\frac{\partial \psi_i}{\partial m_i} - p_{mi}\lambda_1 - (1-t_g)\frac{\partial \psi_i}{\partial m_i} w \lambda_2 = 0 \tag{A-12}$$

$$\frac{\partial L}{\partial m_h} = \frac{\partial U_r}{\partial h}\frac{\partial h}{\partial m_h} + \frac{\partial U_r}{\partial s}\frac{\partial s}{\partial m_h} + \frac{\partial U_g}{\partial \psi_h}\frac{\partial \psi_h}{\partial m_h} - p_{mi}\lambda_1 - (1-t_g)\frac{\partial \psi_h}{\partial m_h} w \lambda_2 = 0 \tag{A-13}$$

第6章　介護パターンの最適性と介護サービス選択行動

$$\frac{\partial L}{\partial m_v} = \frac{\partial U_r}{\partial s}\frac{\partial s}{\partial m_v} + \frac{\partial U_g}{\partial m_v} - (1-t_g)w\lambda_2 = 0 \qquad (A-14)$$

$$\frac{\partial L}{\partial c_g} = \frac{\partial U_g}{\partial c_g} - \lambda_2 = 0 \qquad (A-15)$$

$$\frac{\partial L}{\partial l} = \frac{\partial U_g}{\partial l} - (1-t_g)w\lambda_2 = 0 \qquad (A-16)$$

(A-15) 式より,

$$\frac{\partial U_g}{\partial c_g} = \lambda_2 \qquad (A-17)$$

となる。上式を (A-14) に代入すると, (A-12) 式と (A-13) 式より,

$$\left(\frac{\partial U_r}{\partial h}\frac{\partial h}{\partial m_i} + \frac{\partial U_r}{\partial s}\frac{\partial s}{\partial m_i} + \frac{\partial U_g}{\partial \psi_i}\frac{\partial \psi_i}{\partial m_i} - (1-t_g)\frac{\partial \psi_i}{\partial m_i}w\frac{\partial U_g}{\partial c_g}\right)\frac{1}{p_{mi}} \qquad (A-18)$$

$$= \left(\frac{\partial U_r}{\partial h}\frac{\partial h}{\partial m_h} + \frac{\partial U_r}{\partial s}\frac{\partial s}{\partial m_h} + \frac{\partial U_g}{\partial \psi_h}\frac{\partial \psi_h}{\partial m_h} - (1-t_g)\frac{\partial \psi_h}{\partial m_h}w\frac{\partial U_g}{\partial c_g}\right)\frac{1}{p_{mh}}$$

となり，施設系介護と訪問系介護の限界代替率が価格比に一致するように選択することが最適条件となることが導かれる。

補論2　介護者の最適条件

介護者の効用最大化問題は,

$$max_{m_i, m_h, m_v, c_g, l} U_g(c_g, l, m_v, \psi_i(m_i), \psi_h(m_h)) \qquad (A-19)$$

$$s.t. (1-t_g)(1-l-m_v-\psi_i(m_i)-\psi_h(m_h))w = c_g \qquad (A-20)$$

で与えられる。ラグランジュ関数は,

$$L = U_g(c_g, l, m_v, \psi_i(m_i), \psi_h(m_h)) \qquad (A-21)$$
$$\quad + \lambda_2((1-t_g)(1-l-m_v-\psi_i(m_i)-\psi_h(m_h))w - c_g)$$

で与えられ，1階の条件は，

$$\frac{\partial L}{\partial c_g}=\frac{\partial U_g}{\partial c_g}-\lambda_2=0 \tag{A-22}$$

$$\frac{\partial L}{\partial l}=\frac{\partial U_g}{\partial l}-(1-t_g)w\lambda_2=0 \tag{A-23}$$

$$\frac{\partial L}{\partial m_v}=\frac{\partial U_g}{\partial m_v}-(1-t_g)w\lambda_2=0 \tag{A-24}$$

$$\frac{\partial L}{\partial m_i}=\frac{\partial U_g}{\partial \psi_i}\frac{\partial \psi_i}{\partial m_i}-\frac{\partial \psi_i}{\partial m_i}-(1-t_g)w\lambda_2=0 \tag{A-25}$$

$$\frac{\partial L}{\partial m_h}=\frac{\partial U_g}{\partial \psi_h}\frac{\partial \psi_h}{\partial m_h}-\frac{\partial \psi_h}{\partial m_h}-(1-t_g)w\lambda_2=0 \tag{A-26}$$

となる。
(A-25) 式および (A-26) 式より，

$$\frac{\partial U_g}{\partial \psi_i}\frac{\partial \psi_i}{\partial m_i}\Big/\frac{\partial U_g}{\partial \psi_h}\frac{\partial \psi_h}{\partial m_h}=\frac{\partial \psi_i}{\partial m_i}\Big/\frac{\partial \psi_h}{\partial m_h} \tag{A-27}$$

となり，左辺は介護サービス利用を通じた効用の限界代替率を表し，右辺は介護サービス利用による労働所得変化の比率を表す。右辺は，機会費用で測った介護者にとっての介護サービスの価格を表すことになる。

補論3　最適介護パターン達成のための価格づけルール

社会的最適を達成する施設系介護と訪問系介護のサービス価格は，要介護者に与えたウェイト α を含んだ社会厚生関数

$$W=\alpha U_r+(1-\alpha)U_g \tag{A-28}$$

を政府の予算制約条件

$$t_g w(1-l-m_v-\psi_i(m_i)-\psi_h(m_h))+t_r=(q_{mi}-p_{mi})m_i+(q_{mh}-p_{mh})m_h$$
(A-29)

のもとで最大化するように決定する問題を解くことによって得る。ここで, q_{mi} は施設系介護の限界費用, q_{mh} は訪問系介護の限界費用とし, 限界費用は所与でありかつ一定であると仮定する。すなわち,

$$Max_{p_{mi},\,p_{mh}}W(p_{mi},\,p_{mh})=\alpha U_r(p_{mi},\,p_{mh})+(1-\alpha)U_g(p_{mi},\,p_{mh})$$
(A-30)

$$s.t.\,G(p_{mi},\,p_{mh})=t_g w(1-l-m_v(p_{mi},\,p_{mh})-\psi_i(m_i(p_{mi},\,p_{mh}))-\psi_h(m_h(p_{mi},\,p_{mh})))$$

$$+t_r-(q_{mi}-p_{mi})m_i(p_{mi},\,p_{mh})-(q_{mh}-p_{mh})m_h(p_{mi},\,p_{mh})=0$$

1階の条件は,

$$\frac{\partial W}{\partial p_{mi}}-\mu\frac{\partial G}{\partial p_{mi}}=0 \tag{A-31}$$

$$\frac{\partial W}{\partial p_{mh}}-\mu\frac{\partial G}{\partial p_{mh}}=0 \tag{A-32}$$

ここで, G は介護保険財政の財政収支であり, μ は政府の最適化問題のラグランジュ乗数である。社会的最適性を与えるサービス価格の比率は, (A-31) 式と (A-32) 式より,

$$\frac{\partial W}{\partial p_{mi}}\bigg/\frac{\partial W}{\partial p_{mh}}=\frac{\partial G}{\partial p_{mi}}\bigg/\frac{\partial G}{\partial p_{mh}} \tag{A-33}$$

となるように, 社会的限界代替率と介護保険財政における限界代替率が均等化する点で決定される。また, 包絡線定理より,

$$\frac{\partial W}{\partial p_{mi}}=\alpha\frac{\partial U_r}{\partial p_{mi}}+(1-\alpha)\frac{\partial U_g}{\partial p_{mi}} \tag{A-34}$$

$$=-\lambda_1 m_i \tag{A-35}$$

第Ⅱ部　社会保障改革の新しい動き

$$\frac{\partial W}{\partial p_{mh}} = \alpha \frac{\partial U_r}{\partial p_{mh}} + (1-\alpha) \frac{\partial U_g}{\partial p_{mh}}$$

$$= -\lambda_1 m_h$$

および

$$\lambda_1 = \frac{\partial W}{\partial y} \qquad (A-36)$$

となり，λ_1 は要介護者の所得の限界効用を表す。したがって，(A-33) 式より，

$$\frac{m_i(p_{mi}, p_{mh})}{m_h(p_{mi}, p_{mh})} = \frac{\partial G}{\partial p_{mi}} / \frac{\partial G}{\partial p_{mh}} \qquad (A-37)$$

および，予算制約式 (A-29) 式を p_{mi} および p_{mh} について解くことにより，最適介護サービス価格を求めることができる。

注

(1) 本章は，西村和雄京都大学教授代表「介護保険サービスの質の向上に関する検討委員会（2003年）」での研究をもとに，発展させたものである。西村和雄教授をはじめとして，小山秀夫国立保険医療科学院部長，筒井孝子国立保険医療科学院福祉マネージメント室長など，多くの委員の方から貴重なコメントを頂いたことをここに記して感謝する。また，2004年日本経済学会春季大会では小塩隆士氏より，貴重なコメントを頂いた。ここに記して感謝する。
(2) 同志社大学経済学部。E-mail：tyagi@mail.doshisha.ac.jp
(3) 大阪商業大学経済大学准教授 E-mail：harada@daishodai.ac.jp
(4) 厚生労働省『介護給付費実態調査報告年報』2001年および2009年度版より。
(5) 介護の社会化が求められるに至った社会的要因については，田尾・西村・藤田編（2003）を参照。また，小塩（2001）では，経済学的視点から介護保険制度が導入された背景について述べている。
(6) 第1回介護制度改革本部資料『介護保険制度の見直しについて』，第11回社会保障審議会介護保険部会資料参照。
(7) 社会保障審議会介護保険部会『介護保険制度の見直しに関する意見』（平成16年7月30日）参照。
(8) 社会保障審議会介護保険部会（2004）では，第2号被保険者の保険料は各医療保

険の算定方式に準じ，徴収も医療保険の保険料と合わせて行われているため，第2号被保険者の介後保険料については各医療保険者の持続安定性に配慮する必要があると述べている。また，八代・日本経済研究センター編（2003）では，第1号被保険者の保険料算定方式の妥当性についての実証分析から，各保険者（市町村）の地域特性を無視した現行の算定方式の改善の必要性を指摘している。
(9) 内閣府国民生活局物価政策課『介護サービス市場の一層の効率化のために――「介護サービス価格に関する研究会」報告書』（平成14年8月）参照。
(10) 筒井（2004）は，ケアプランの作成時において，現状では利用者の健康や自立に対する各サービスの効果に関する視点が欠けていることを指摘し，利用者の要介護度の経年的推移と介護サービスとの関係を調査データを用いて分析している。また，介護予防を目的としたサービスの選択が可能となるための指標として，「要介護度別予後予測モデル」の構築を試みている。
(11) 厳密な意味での定義については，筒井（1998）のp. 66-71を参照のこと。
(12) ここでの分析は，あくまでも仮説的な議論を基礎に進めており，仮説の検証に関しては，医療関係者および介護専門家による詳細な分析を必要とすることは言うまでもない。しかしながら，仮説を提示し，その仮説のもとで現状を評価することによって，今後どのような分析および調査が必要であるかを明らかにすることができると考えている。このような前提のもとで，最適介護パターンについての理論的分析のフレームワークを提示する。
(13) Myles（1995）を参照。
(14) 詳細は井伊・大日（2002）を参照せよ。
(15) ここでいう価格とは，実際の介護保険制度におけるサービス利用時の自己負担額を意味する。
(16) すなわち，$\psi'_i<0, \psi'_h<0$。

参考文献

井伊雅子・大日康史（2002）『医療サービス需要の経済分析』日本経済新聞社。
小塩隆士（2001）『社会保障の経済学　第2版』日本評論社。
健康保険組合連合会（2002）「介護保険導入後の医療機関対応および介護・医療サービス需要状況に関する調査研究」。
清水谷諭・野口晴子（2004）「在宅介護サービス需要の価格・所得弾力性――仮想市場法（CVM）および実際の介護需要による推定」『内閣府ESRIディスカッションペーパーシリーズ』No. 85。
下野恵子・大日康史・大津廣子（2003）『介護サービスの経済分析』東洋経済新報社。

社会保障審議会介護保険部会（2004）『介護保険制度の見直しに関する意見』。
菅万理（2010）「公的介護保険導入前後の介護サービス利用――家族類型に注目した予備的分析」一橋大学経済研究所世代間問題研究機構ディスカッションペーパー，No 471。
田尾雅夫・西村周三・藤田綾子編（2003）『超高齢社会と向き合う』名古屋大学出版会。
田近栄治・菊池潤（2006）「制度創設過程と要介護状態改善効果の検討」『フィナンシャル・レビュー』2006年3月号，pp. 157-186。
筒井孝子（1998）『入門　介護サービスマネジメント』日本経済新聞社。
筒井孝子（2004）『高齢社会のケアサイエンス』中央法規。
内閣府国民生活局物価政策課（2002）『介護サービス市場の一層の効率化のために――「介護サービス価格に関する研究会」報告書』。
八代尚宏・日本経済研究センター編著（2003）『社会保障改革の経済学』東洋経済新報社。
Myles, Gareth D. (1995) *Public Economics*, Cambridge University Press.
Iwamoto, Y., M. Kohara and M. Saito (2009) "On the consumption insurance effects of long-term care insurance in Japan: Evidence from micro-level household data," *Journal of the Japanese and international economies*, Vol. 24, Issue 1, pp. 99-115.

第7章　多様な働き方と子どもをもつこと

塩津ゆりか

1　社会と子育て

子育て支援は必要か

　日本では現在，少子化は問題であるため対策が必要とされている。だが，なぜ社会全体で子どもを育てることを支援しているのだろうか。まず，この点を整理していこう。

　そもそも，子どもを産むか産まないか，また産むとしたら何人子どもをもちたいかは，きわめて個人的な問題である。しかし，Myrdar (1960)，Folbre (1994)，Kennedy and Welling (1997) などは，子どもは親だけでなく社会の宝なので社会全体で育てるべきだが，子育ての費用の多くは親などの親族が負担しており，もう少し社会的な支援が必要であると述べている。

　日本の場合，子どもが大人になったとき，仕送り形式の公的年金や健康保険，介護保険などの社会保障制度を通じて，また将来の労働力や消費者として，自分の親以外の大人たちへもメリットをもたらす。一方，子育ての費用には，養育・教育費用，出産・育児で母親が退職したり，正社員をやめてパートになることで稼げなくなってしまった所得がある。それだけでなく，出産・育児にともなう精神的・肉体的負担も考慮する必要がある。

　子どもが欲しいのに，経済的な問題や体力・気力を理由としてあきらめてしまうとすると，その家族にとって残念なだけでなく，社会全体にとっても将来の大人が生まれなくなってしまうので，損失となる。つまり，子育てに対する何らかの政策を行わない限り，少子化傾向に歯止めがかかるとは考えられない。

第Ⅱ部　社会保障改革の新しい動き

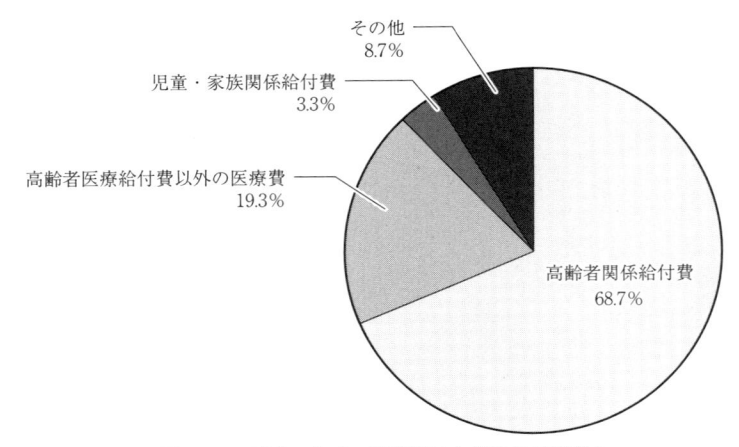

図7-1　平成21年度　機能別社会保障給付費割合

- その他　8.7%
- 児童・家族関係給付費　3.3%
- 高齢者医療給付費以外の医療費　19.3%
- 高齢者関係給付費　68.7%

（出所）　国立社会保障・人口問題研究所『社会保障統計年鑑　平成22年版』「平成21年度社会保障給付費」より作成。

将来の社会のためには、今、子育てをする親への支援が必要である。

育児支援をめぐる状況

(1) 子どものための社会保障制度の現状

少しでも親の負担を軽くすることができればよいのだが、日本の現行制度では子どもよりも高齢者への経済的な支援に力点が置かれている。図7-1は、2009年度の社会保障給付費を高齢者関係給付費と高齢者医療給付費以外の医療費、児童・家族関係給付費に分けたものである。

児童・家族関係給付費の占める割合は3.3%、3.2兆円ときわめて少ない。勝又（2003）をはじめ、多くの論者が指摘するように日本の児童・家族関係給付は、対GDP比でみても0.81%[1]と微々たるものだ。

したがって、日本の子ども向けの公的支援は乏しく、養育・教育費用の多くはそれぞれの家計が負担しているといえる。これに対して、ヨーロッパを中心とする諸外国では、家族政策が国の社会保障予算に占める割合は相当程度におよぶ[2]。

第7章　多様な働き方と子どもをもつこと

表7-1　育児支援策として重要と思われる施策

(5つまでを選択。カッコ内は%)

順位 国名	1	2	3	4	5
日本 (N=1115)	児童手当など，手当の充実 (67.5)	多様な保育サービスの充実 (55.5)	扶養控除など，税制上の措置 (47)	教育費の支援，軽減 (42.8)	フレックスなど柔軟な働き方の推進 (39.7)
韓国 (N=1004)	多様な保育サービスの充実 (60.6)	教育費の支援，軽減 (58)	児童手当など，手当の充実 (52.2)	企業のファミリーフレンドリー政策の充実 (51)	出産退職後の職場復帰の保障の充実 (38.3)
アメリカ (N=1000)	フレックスなど柔軟な働き方の推進 (42.8)	多様な保育サービスの充実 (34.7)	企業のファミリーフレンドリー政策の充実 (33.9)	犯罪防止など地域における治安確保 (31.9)	児童手当など，手当の充実 (29.9)
フランス (N=1006)	フレックスなど柔軟な働き方の推進 (51.3)	児童手当など，手当の充実 (46.2)	扶養控除など，税制上の措置 (41)	教育費の支援，軽減 (39.4)	育児休業を取りやすい職場環境整備 (38.2)
スウェーデン (N=1019)	フレックスなど柔軟な働き方の推進 (59.9)	育児休業を取りやすい職場環境整備 (44.1)	児童手当など，手当の充実 (40.8)	出産退職後の職場復帰の保障の充実 (37.9)	犯罪防止など地域における治安確保 (35.9)

(出所)　内閣府（2006）平成17年度「少子化社会に関する国際意識調査」報告書。

(2) 国民が望む育児支援策

　内閣府が2005年に実施した20〜49歳までの男女を対象とした平成17年度「少子化社会に関する国際意識調査」によれば，日本の国民が必要としている育児支援施策の中で，第1位は児童手当などの現金支給の充実であった（表7-1）。第2位は多様な保育サービスの充実，第3位は税制上の措置と続く。親の働き方については，第5位となっている。

　諸外国と比較してみると，欧米ではフレックスな働き方や働き続けやすい労働環境の整備などが上位に位置している。同じく少子化が進む韓国では，多様な保育サービスの充実が第1位となっている。

　しかし，諸外国でも児童手当などの金銭的な支援を望む声も上位にランクインしている。

　そこで，次節以降では，児童（子ども）手当，税制上の問題，仕事と育児の両立支援策および労働環境の整備を取り上げて検討しよう。

2　子育て支援策

子どものいる世帯向け現金給付の現状と課題

新児童手当の受給資格は，中学校修了前の子どもを養育する保護者である。支給額は，2012年4月より3歳未満または小学生までの第3子以降は月1万5000円，3歳〜小学生までの第1，2子とすべての中学生は月1万円が支給される。また，6月から所得制限が導入され，夫婦と子ども2人の世帯の場合，年収960万円以上になると子ども1人につき月5000円を支給する。

財源は，2009年度までの（旧）児童手当相当分を事業主負担と国庫負担金，地方公共団体の一般財源（地方交付税交付金措置）でまかない，増額分を国庫負担金地方公共団体の児童手当及び子ども手当特例交付金と年少扶養控除廃止分で手当てしている。

（旧）児童手当について，島崎（2005）は，日本の現行制度には次の3つの目的が存在していることを指摘している。第1の目的は児童養育家庭の生活安定で，防貧的所得保障といわれる。第2の目的は児童の健全育成である。第3の目的は次代の労働力確保という労働政策の観点から，児童の資質向上が掲げられている。

しかし，これら3つが混在しているため，2005年当時の（旧）児童手当制度は理念が定まらず，財源も複雑であり，保育サービスや税制との関係が不明確であるという課題を抱えているという。子ども手当をめぐる一連の混乱も同じである。所得制限の導入は，第1の目的（防貧的所得保障）に力点をおいた結果である。年少扶養控除の廃止は，第2の目的（児童の健全育成）を強調したものといえる。そして，事業主負担があることで，第3の目的（次代の労働力確保）を達成しようとしている。しかし，1つの制度に3つの目的を混在させることが，制度の安定性に問題を生じさせている。

保育サービス

多くの実証研究が指摘するように，女性が働き続けながら子育てをすることは，まだまだ大変である（例えば，松浦・滋野（1996），山上（1999），張・七條・駿

第7章 多様な働き方と子どもをもつこと

表7-2 児童福祉施設の設備及び運営に関する基準

	3歳以下の乳児・幼児	3歳以上の幼児
乳児室（ほふく室）・医務室	1.65㎡/人	—
保育室（遊戯室）	—	1.98㎡/人
屋外遊戯場	—	3.3㎡/人
調理室・便所	設置すること	設置すること
職員配置基準	乳児3人につき保育士1人以上	3歳以上4歳未満20人につき保育士1人以上
	1歳以上3歳未満6人につき保育士1人以上	4歳以上30人につき保育士1人以上

（出所） 児童福祉法第45条に基づき筆者作成。

河（2001）を参照）。そこで，仕事と育児を両立できるように支援すれば，女性の就業率と出生率をともに引き上げられるといわれてきた（例えば，八代（1999）を参照）。

　より具体的には，保育所の整備・拡充があてはまる。たしかに，「母親」の就業支援という観点からは，たとえ出産を機に仕事をやめたとしたとしても，保育所の保育料が安価であれば再就職を果たそうとしており，保育所が育児と仕事の両立を可能にしているという研究成果がある（松浦・滋野（2001），滋野・大日（2001），大石（2003））。

(1) 保育サービスの現状

　保育所といっても，国の基準を満たした認可保育所とこれを満たさない無認可保育所がある。認可保育所とは，児童福祉法第45条にある児童福祉施設の設備及び運営に関する基準を満たす施設を指す（表7-2）。

　認可保育所への入所を希望する場合，誰でもが入所可能ではなく，児童福祉法の規定により，保育に「欠ける」児童のみが入所できる。保育に欠ける状態の判断基準も定められており，基本的には保護者が働いている場合に限定される。

　現行の認可保育所入所制度では，入所希望者が入所を希望する保育所を順番に記入して住所地の福祉事務所に提出し，各市町村長が入所を認めた場合，定員内であれば希望する保育所に入所できる。仮に定員を超える応募があった場合，抽選等により入所が決定される。最悪の場合，応募していない他の保育所

表7-3 保育料の国徴収基準（2011年度）

世帯の階層区分			徴収金基準額（月額）	
階層区分	定　義		3歳未満児	3歳以上児
第1階層	生活保護世帯		0円	0円
第2階層	前年度所得税非課税世帯	市町村民税非課税世帯	9,000円	6,000円
第3階層		市町村民税課税世帯	19,500円	16,500円
第4階層	前年度所得税課税世帯	72,000円未満	30,000円	27,000円（保育単価限度）
第5階層		72,000円以上 180,000円未満	44,500円	41,500円（保育単価限度）
第6階層		180,000円以上 459,000円未満	61,000円	58,000円（保育単価限度）
第7階層		459,000円以上	80,000円（保育単価限度）	77,000円（保育単価限度）

（出所）　全国保育団体合同研究集会実行委員会編『保育白書』2011年度版をもとに筆者作成。

に空きがあっても待機児となる。標準保育時間は8時間である。ただし，保護者の仕事の状況にあわせて，早朝から保育を開始したり夜間保育を実施していることもある。

　標準保育に必要な保育料は，国の徴収基準に基づいて，保護者の過去1年間の所得税額や住民税額に応じて市町村が決定する（表7-3）。この保育料は，所在する地域の公立，私立保育所共通のものである。

　早朝からの保育や標準時間を超えて保育するときの保育料は，各保育所が個別に設定できる。

　認可保育所の運営費のうち標準時間の保育部分については，国が地域別に定めている。認可保育所のうち，公立保育所は通常保育の運営費を国からの一般財源と市町村の負担金と保護者が支払う保育料で調達する。

　私立保育所の場合，国・市町村の負担金と保育料に加えて，都道府県の負担金で運営する。

　いずれにしても通常保育の運営費のうち半分は公費支出，つまり税金が投入されていることになる。さらに，保育所の処遇改善のために国，都道府県が別途補助金を交付している。

　保育所運営にかかる具体的な経費としては，主に施設長（所長・園長），保育

総運営費							
保育単価による支弁額				国の補助金	都道府県補助金	市町村補助金	運営費差額
国からの一般財源	市町村負担金	国基準の保育料					
		保護者保育料	徴収金差額				

図7-2　公立保育所総運営費の内訳

（出所）大阪保育研究所編『大阪府の保育問題資料集』(2003年版) をもとに筆者作成。

総運営費							
保育単価による支弁額				国の補助金	都道府県補助金	市町村補助金	運営費差額
国庫負担金	都道府県負担金	市町村負担金	国基準の保育料				
			保護者保育料	徴収金差額			

図7-3　私立保育所総運営費の内訳

（注）2011年度以降，国庫負担金の一般財源化が検討されている。
（出所）大阪保育研究所編『大阪府の保育問題資料集』(2003年版) をもとに筆者作成。

士，調理員等の人件費，入所児童の一般生活費（給食に要する材料費，おもちゃや絵本などの保育材料費，炊具食器費など）および暖房に要する経費，保育所で実施している行事などに必要な経費，光熱水費，補修費（建物の修繕など），保健衛生費（健康診断など），備品，通信運搬費（電話・郵送代など），職員の研修費等の管理費が挙げられる。

(2)認可保育所が抱える財政問題

①収入面での問題

収入面での問題には，徴収金差額と運営費差額の2つがある。図7-2と図7-3にある徴収金差額は，市町村が独自の判断で国基準による保護者保育料よりも実際の保育料を安くしている場合に発生する。現実には大多数の市町村で保育料の減免が行われている。市町村が独自に国の保育士配置基準を上回って保育士を配置していれば，その費用は運営費差額となる。

各市町村は保育料の徴収金差額と運営費の差額を法定外市町村負担金として，個人住民税や法人事業税などを財源とする，一般会計からの拠出金で補填して

いる。さらに,最近では保育料を支払わない家庭が増えている。

②支出面での問題

実際の保育所運営費を各保育所が完全に把握していないという問題がある。特に公立保育所であると,保育士が地方公務員となるため,運営費の8～9割を占める人件費は市町村の一般会計から支出している。また延長保育事業などへの各種補助金を市町村でプールして配分しているので,会計が複雑で個別の保育所では実体がつかみにくくなっている。この結果,保育所の職員にはコスト意識が働きにくく,効率的な保育所運営が困難になっている。

実際に,各地の保育所のデータを使って運営の非効率性を測定した研究がある。國崎・中村（1994），林（1998），山重（2002），白石・鈴木（2002），清水谷・野口（2004）の研究では,異なる評価手法で評価しても地域によって保育所運営の非効率性に差が生じること,首都圏の公立保育所は非効率であることがわかった。

さらに,公立保育所の保育士は地方公務員で勤続年数が長くなるほど給与は上昇する。だが,私立保育所は国の福祉職俸給表を参照するため,保育士の給与は公立保育所勤務の場合ほど増加しない。このため,勤続年数が長くなるほど給与の公民格差が生まれる。

(3)待機児童問題

保育に「欠ける」として保育所入所が認められた世帯に対しては,実際の保育所運営費の約半額以下の利用料しか課せられないため,子ども1人あたりでの公費投入額が高額になる。

周・大石（2003）は,認可保育所に子どもを預けた場合の保育料が格安であるために,大都市部で今,入所待ちをしている人だけでなく,保育所の定員が増えれば自分も子どもを預けて働きたい人が多いことを明らかにした。それだけでなく,Powell（1997），清水谷・野口（2004）の研究によれば,保育料が安くなれば安くなるほど,保育所に預けたいと考える人が多いことが分かっている。

このように,待機児童問題の根本的な背景には,多くの税金を投入して保育料を安くすればするほど,保育所入所希望者が増えるという構造がある。

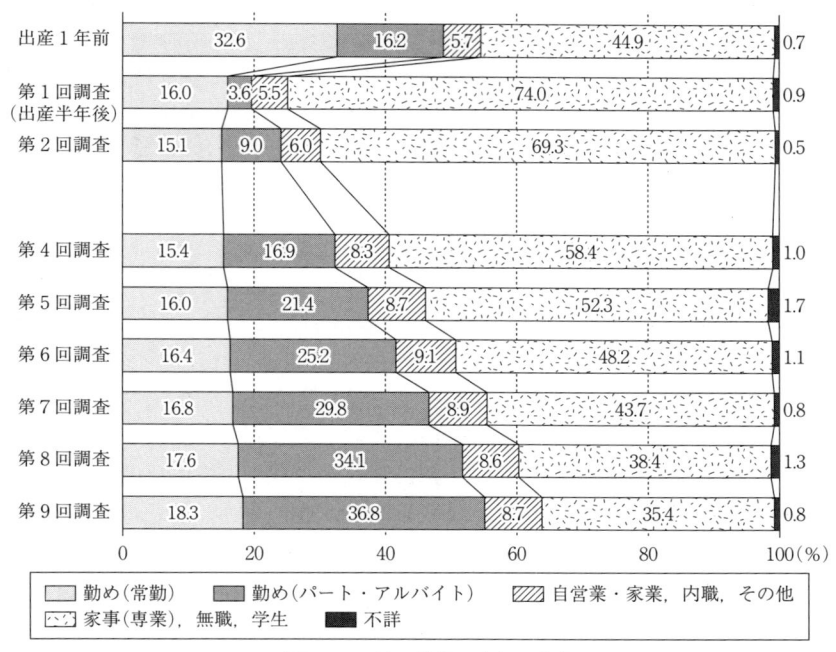

第7章　多様な働き方と子どもをもつこと

	勤め(常勤)	勤め(パート・アルバイト)	自営業・家業,内職,その他	家事(専業),無職,学生	不詳
出産1年前	32.6	16.2	5.7	44.9	0.7
第1回調査(出産半年後)	16.0	3.6	5.5	74.0	0.9
第2回調査	15.1	9.0	6.0	69.3	0.5
第4回調査	15.4	16.9	8.3	58.4	1.0
第5回調査	16.0	21.4	8.7	52.3	1.7
第6回調査	16.4	25.2	9.1	48.2	1.1
第7回調査	16.8	29.8	8.9	43.7	0.8
第8回調査	17.6	34.1	8.6	38.4	1.3
第9回調査	18.3	36.8	8.7	35.4	0.8

図7-4　母の就業の有無の変化

(注1)　第1回調査から第9回調査まですべて回答を得た者(総数31,320)のうち,ずっと「母と同居」の者(総数30,847)を集計。
(注2)　第3回調査は母の就業状況を調査していない。
(出所)　厚生労働省(2011)『第9回21世紀出生児縦断調査結果の概要』図1を引用。
http://www.mhlw.go.jp/toukei/saikin/hw/syusseiji/09/dl/02.pdf

(4)保育所民営化

乳児保育など多様化するニーズには,一般に公立保育所よりも私立保育所のほうが柔軟に対応している。そこで,限られた財源のもとでの待機児童の解消と多様化する保育ニーズへの公民格差解消を目指して,公立保育所の民営化が提言され,各地で実行に移されている。民間への事業委託(指定管理者制度)も含めると,47都道府県すべてで公立保育所への民間活力の導入が進められている。

しかし,民営化の問題点も指摘されている。第1に待機児の有無に地域差があり,地域性への配慮が必要であること(横山(1999)),第2にコストのかか

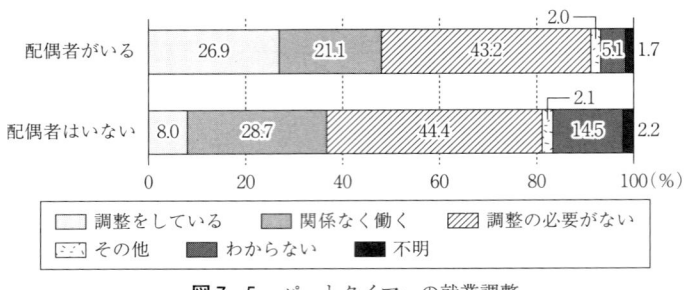

第Ⅱ部　社会保障改革の新しい動き

図7-5　パートタイマーの就業調整

配偶者がいる：調整をしている 26.9／関係なく働く 21.1／調整の必要がない 43.2／その他 2.0／わからない 5.1／不明 1.7

配偶者はいない：調整をしている 8.0／関係なく働く 28.7／調整の必要がない 44.4／その他 2.1／わからない 14.5／不明 2.2

凡例：□調整をしている　■関係なく働く　▨調整の必要がない　▨その他　■わからない　■不明

(出所)　厚生労働省『パートタイム労働者総合実態調査 平成18年版』より筆者作成。

る低年齢児の受け入れが進みにくいこと（丸山(1998)），第3に保育の質的低下がもたらされること（保育行財政研究会(2000)）の3点である。このうち，第3点目については，地方財政悪化を理由として公立保育所を民営化することで経費削減を図る地方自治体に対し，特にサービス供給者の一部である公立保育所から提示されてきた。

　たしかに，昨今の無認可保育所あるいは託児所等における虐待を含む乳幼児の死亡事件・事故を考えると，すべてを民間にまかせることが望ましいとはいえない。しかし，保育所選択制度が導入されている今日，保育サービス利用者のニーズにこたえていくことも重要だろう。

　(5)誰が保育所を利用しているのか

　現状では，出産を機に7割の女性がいったん仕事をやめている。それでも，家計の補助を目的として，多くの母親が働きに出ている。2010年の厚生労働省の第9回21世紀出生児縦断調査によれば，小学3年生の子どもがいる家計の約65％が有職主婦となっている。2001年の第1回調査から経年変化を見てみると，調査対象児の年齢が上がると，母親の有業率も向上している（図7-4）。

　しかし，出産後は復職しても週20時間未満のパートタイム労働者になることが多い。図7-5を見てみよう。配偶者がいるパートタイマーは，配偶者がいないパートタイマーよりも就業調整をしていることが分かる。この図から，「就業調整の必要がない」と答えている人の割合も多い。「関係なく働く」という選択肢があることから，そもそもの所得が低いために就業調整の必要がないと答えていると考えられる。

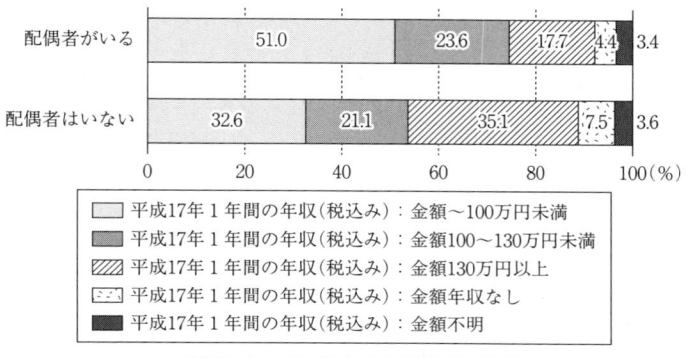

第7章　多様な働き方と子どもをもつこと

```
配偶者がいる     │ 51.0 │ 23.6 │ 17.7 │4.4│3.4
配偶者はいない   │ 32.6 │ 21.1 │ 35.1 │7.5│3.6
              0    20    40    60    80   100(％)
```

- □ 平成17年1年間の年収(税込み)：金額〜100万円未満
- ▨ 平成17年1年間の年収(税込み)：金額100〜130万円未満
- ▨ 平成17年1年間の年収(税込み)：金額130万円以上
- ▨ 平成17年1年間の年収(税込み)：金額年収なし
- ■ 平成17年1年間の年収(税込み)：金額不明

図7-6　パートタイム就業者の年収

(出所)　厚生労働省『パートタイム労働者総合実態調査　平成18年版』より筆者作成。

　図7-6は，パートで働く人たちの年収を示している。配偶者がいなくて年収が130万円以上の人は，全体の35％であるのに対し，配偶者がいる人では，その割合は17.7％にとどまる。また，配偶者の有無にかかわらず，年収130万円未満のパートタイマーが過半数となっている。

　子どものいる女性が短時間パートタイムになる理由としては，(1)家事・育児との両立が困難であること，(2)配偶者控除や国民年金の第3号被保険者に代表される税・社会保障制度上の優遇策を利用し，夫の扶養手当の支給停止や自らの税負担を避けるため，(3)正規雇用としての再就職がむずかしいことが挙げられる。

　第3節では，税・社会保障制度が働き方に与える影響を，第4節では企業の取り組みを見てみよう。

3　税・社会保障制度と多様な働き方

　少子・高齢化の進展で労働力不足が懸念されるなか，健康で働く意欲もある配偶者が所得税や社会保険料の負担を回避するために，また配偶者控除を利用するために労働時間を調整しているとすれば，税や社会保障制度が仕事の邪魔をしているといえる。この点については，数多くの研究蓄積があり，また論争も行われている。

阿部（2003）は，配偶者控除を廃止しても働きに出る時間は増えないことを指摘している。赤林（2003）も配偶者控除や第3号被保険者制度の廃止によって妻たちの仕事の時間がわずかに増えるだけであることを示している。

妻たちが就業時間を調整している理由の第1は，配偶者控除を得るためでも社会保険制度上の優遇措置を得るためでもなく，また夫の会社の扶養手当を得るためでもなく，自分自身が所得税を払いたくないことにある。

税　制

特別な事情がない限り，自ら税金を負担しなければならない年収は103万円である。このことにちなんで主婦たちの間では，自分がどのぐらい働くかの目安として「103万円の壁」，同じく社会保険に加入しなければならない年収130万円超を「130万円の壁」と呼んでいる。さらに年収141万円を超えると，夫の所得から配偶者特別控除を受けられなくなるため，夫の所得税や個人住民税が高くなってしまう。ここに「141万円の壁」なるものが存在する。

具体的に考えてみよう。例えば，平均的なサラリーマンで，夫の税込年収が500万円という家族がいたとしよう。表7-4は，妻がパートに出て，収入を得たときの，この家族の税・社会保険料負担と手取りの世帯収入を表している。

妻の税込年収が103万円超130万円未満であれば，実はそれほど税負担は重くない。

社会保障制度

妻のパート収入がおよそ年収130万円までは，妻自身が公的年金をはじめ健康保険や介護保険（妻が40歳以上のとき）の保険料を支払う必要はなく，被扶養者として健康保険に加入することも，公的年金に加入することもできる。

加入年数をみたして年金の支給開始年齢になれば，国民年金の基礎年金部分を満額受給できる。2011年度では，年額で約79万円の基礎年金が支給される。およそ，平均寿命まで生きたとして，約20年間にわたり年金を受け取ることができるから，粗く見積もって生涯の公的年金受給額は約1580万円になる。彼女自身の社会保険料負担は0円なので，彼女の生涯所得ベースでは受取超過である。

第7章　多様な働き方と子どもをもつこと

表7-4 妻のパート収入と税・社会保険料負担の関係

(単位：円)

妻年収	妻税金	妻社会保険料	妻手取年収	夫手取年収	世帯手取年収	世帯手取収入増加分
0	0	0	0	4,108,488	4,108,488	0
500,000	0	0	500,000	4,108,488	4,608,488	500,000
1,000,000	0	0	1,000,000	4,108,488	5,108,488	1,000,000
1,290,000	44,000	8,904	1,237,096	4,108,488	5,345,584	1,237,096
1,440,000	38,800	193,634	1,207,566	4,053,488	5,261,054	1,152,566
1,600,000	59,000	219,144	1,321,856	4,037,488	5,359,344	1,250,856
2,000,000	90,550	278,268	1,631,182	4,037,488	5,668,670	1,560,182
3,000,000	173,500	425,112	2,401,388	4,037,488	6,438,876	2,330,388

(注) 以下の条件での試算結果である。
(条件) 夫の税込年収は500万円とする。税金として所得税・個人住民税（標準税率で試算）が課税され，子どもや親などの扶養親族はいないものとする。夫妻の年齢はいずれも40歳未満で，社会保険料には，健康保険（協会けんぽ）平均保険料率9.49%を労使折半したものと厚生年金保険料（料率8.206%）の労使折半分および雇用保険料（一般労働者の料率6/1000）が入る。
(出所) 協会けんぽと日本年金機構および厚生労働省が示す2010年（平成22年）度の社会保険料率（標準報酬月額表）に基づいて試算の上，筆者作成。

　しかし，ひとたび上限額（130万円）と就業時間が一定時間を超えると，妻自身が年金，健康保険をはじめとする社会保険料を負担しなければならない。むしろ，税込年収130万円超になったときの方が世帯単位での負担は，重くのしかかるのだ。特に税込年収が144万円のところを見てほしい。実は，世帯の手取年収は，妻の税込年収が129万円のときの方が高い！　せっかく，15万円ほど余計に稼いでも手取りが減ってしまうのだ。だから，彼女たちは世帯年収でみて，もっとも手取りがふえるように，扶養家族にとどまろうとする。

　もう一度，表7-4を見てみよう。パートの税込収入が月額12万円だったとする。年間では，144万円の収入を得たとき，会社の社会保険に加入できたとしよう。公的年金では厚生年金に，健康保険は協会けんぽに加入の場合，年金と健康保険の保険料は合計で月額1万6100円あまり（年額19万3634円）となるので，所得に占める社会保険料の負担割合は，約13%になる。

　協会けんぽの保険料率は都道府県によってちがうことや厚生年金では会社ごとに労使折半よりも会社が多く負担してくれるケースもある。また，自分で国民年金の第1号被保険者や国民健康保険に加入する場合もあることから，表

7-4はあくまでも概算にすぎないが，おおむね社会保険の負担分で年収の10〜20％程度になる。

もちろん，彼女たちのなかには能力があるにもかかわらず，低い給料しか支払われないケースや就業時間を制限されるケースもある。

労働基準法では，企業は年収130万円以上で週あたりの労働時間が正規雇用者の4分の3を超えると，パートタイマーであっても社会保険に加入させなければならない。会社の健康保険や厚生年金に従業員を加入させると，これらの保険料のうち少なくとも半額は事業主が負担しなければならないので，労務コストが企業経営を圧迫する。このため，パートの就業時間を制限している会社もあるという。

しかし，よく考えてみると，第3号被保険者制度や健康保険の被扶養者制度はサラリーマンの妻（夫）にのみ与えられた特権である。自営業者の妻（夫）は，たとえ103万円や130万円以下のパート収入であっても自分自身の国民健康保険料（税）や国民年金保険料を払わなければならない。子育て中や親の介護のためにあまり働けない状態であっても，それを理由に社会保険料が免除されるわけではない。それでも，自分で国民年金や国民健康保険料を払い続けた人も被扶養者や第3号被保険者として加入していた人も，同じように病院にかかれるし，老後の国民年金の基礎年金部分は同じ金額を受け取れる。

育児や介護を理由として，正規雇用を断念して短時間のパートに出ることや無職になることが，育児・介護中だけでなく生涯にわたって経済的に不利にならないよう，配偶者の職業によらない配慮が必要だろう。

4 企業の子育て支援策[8]

ワーク・ライフバランスの実現にむけて

ワーク・ライフバランスとは，労働と労働以外の生活や人生の調和をはかることを意味する。従来は，ファミリー・フレンドリー施策として，企業や官公庁では，法定期間以上の育児休業制度や短時間勤務，在宅勤務制度の導入，保育料等への助成などが行われてきた。近年では，子育てに限定せず，介護やそれ以外の地域活動への参加などに対する支援策がとられている。

表7-5 男女別育児休業取得率

(単位：%)

	出産した女性労働者に占める育児休業取得者の割合	配偶者が出産した男性労働者に占める育児休業取得者の割合
2005年度	72.3	0.50
2006年度	88.5	0.57
2007年度	89.7	1.56
2008年度	90.6	1.23
2009年度	85.6	1.72
2010年度	83.7	1.38

(出所) 厚生労働省『平成22年版厚生労働白書』より筆者作成。
http://www.mhlw.go.jp/stf/houdou/2r9852000001ihm5-att/2r9852000001iz9v.pdf

　本章は，特に子どもをもつことに焦点をあてているので，ワーク・ライフバランス施策のうち，育児支援に関連する諸制度導入や企業風土の改善について取り上げたい。

(1) 育児休業制度

　産前・産後休暇取得後に子どもの年齢が満1歳になるまで（保育所に入れないなどの事情がある場合，1歳6カ月まで）は，従業員からの申請によって育児休業を取得することができる。ただし，育児休業期間中は，企業からの給与は支給されないことが一般的である。

　育児休業制度が出産促進効果をもつかについては，森田・金子（1998）や滋野・松浦（2003）が出産を増やす効果があるとしている。しかし，滋野・大日（2001）では逆の結論を得ており，明確なコンセンサスには到達していない。

　これまでは，育児休業制度の利用者は女性がほとんどであったが，ワーク・ライフバランスに配慮するという観点から，男性の育児休業取得が推進されている。

　表7-5を見てみよう。2010年度の女性の育児休業取得率は83.7％と高いものの，男性の取得率は1.38％と著しく低い。2010年に内閣府が新たに示した「仕事と生活の調和推進のための行動指針」で，2020年に目標としている男性の取得率13％を達成することは，現状では困難といわざるを得ない。

この背景には、子育て世代にあたる30〜40歳代男性に業務繁忙を理由とした超長時間労働があり、育児休業を取得したくても仕事が忙しく代替要員の確保がままならないという実情がある。加えて、企業からの休業補償がほとんど得られないため、経済的に厳しくなることを考えて育児休業を取得できない場合もある。

(2) 勤務時間の短縮やフレックスタイム制

短時間勤務制度は、子どもがある一定の年齢に到達するまで、定時よりも退社時間を早めたり、出勤時間を遅くして勤務時間を短くできる制度や週4日勤務など週あたりの勤務日数を短縮している制度をさす。子どもが何歳になるまで適用可能かどうかは、企業ごとに基準が異なる。勤務時間が短くなった部分については、給料も圧縮する企業がほとんどである。また、労働時間そのものは変えないが、出勤・退勤時間を定時よりも早めたり遅くしたりする制度をもつ企業もある。

短時間勤務制度や出勤・退勤時間の繰り上げ・繰り下げは、出産促進効果をもつことが、滋野・大日（2001）や駿河・西本（2002）によって明らかにされている。

フレックスタイム制は、定時がなく出社時刻も退社時刻も自由に決められる。ただし、企業によってはコア・タイムを設定していることもある。比較的労働時間に裁量がきく職種（研究職など）に限定して適用されることが多い。そのため、利用者数は限られている。

(3) 超長時間労働の見直し

小学校に入学するまでの子どもがいる父親は、家事・育児に費やす時間がきわめて短い。子育て期の男性自身も育児にかかわる時間が少ないことを悩んでいるという。父親が家庭にかかわれないのは、週49時間を超える長時間労働のためだといわれている。

八木（2004）によれば、長時間労働は、かかわりたくてもかかわれない父親にかわって、家事や育児を母親の役割にする。その結果、離婚した時や夫が働けなくなった時に収入が途絶えてしまうことになる。もともとは共稼ぎであっても、出産・育児、介護に直面すると夫婦の一方にパートや無職となることを強いるという。

ワーク・ライフバランスを実現可能とするため、長時間労働対策に取り組むことがきわめて重要である。

こうした主張を受けて、ワーク・ライフバランスに配慮した超長時間勤務の是正に取り組む企業も増えてきた。ただし、企業は、ワーク・ライフバランスに配慮するという視点だけでなく、残業代や光熱費などコストの効率化をはかることや従業員の健康管理の視点からも長時間労働の見直しに取り組んでいる。

(4) 育児休業期間中の所得保障

育児休業基本給付は、1995年4月より実施された制度で1歳未満の子を養育するために育児休業を取得した場合に支給される。この給付は、雇用保険から支給される。支給対象者は、育児休業開始前2年間に雇用保険に加入していた被保険者で、賃金支払基礎日数が12カ月以上あり、育児休業期間中に休業開始前の1カ月当たりの賃金の8割以上の賃金が支払われていない者である。女性であっても男性であっても、育児休業取得者に対して支給される。

育児休業給付は育児休業を取得しやすくし、その後の円滑な職場復帰を援助・促進することを目的として導入された。この背景には、1991年6月より育児休業等に関する法律が制定されたものの、育児休業期間中は無給となってしまうため、経済的な理由により取得を断念するケースが多いことがあげられる。

2010年4月の制度改正により、従来の育児休業者職場復帰給付金が統合された。現在、休業前給与の50％が育児休業基本給付として育児休業期間中、毎月支給される。育児休業基本給付が雇用保険から支給されることもあって、企業が育児休業手当を支給するケースは、まれである。

このため、育児休業期間中は所得が半分になってしまうので、男性が長期にわたって育児休業を取るのはむずかしい。

(5) 子育てにかかわりやすくするために——「配偶者出産休暇制度」と「時間休暇制度」

男性が長期間にわたって育児休業を取りにくいことを考慮して、企業によっては、年次有給休暇を活用して、配偶者が出産したときに休暇を認める制度がある。多くの場合、出産時には入院することになるが、正常分娩であれば5～6日程度の入院ですむ。この間に休暇がとれると、生まれてきた子どもの顔をみることはもちろん、家事や他の家族の世話をすることもできる。

出産時だけでなく，子どもの定期検診や予防接種，保育所や学校の行事参加などへの配慮から，年次有給休暇を1日ではなく，1時間単位で分割して取得できるようにしている企業もある。検診や授業参観などは事前に日程がわかっていることがほとんどなので，比較的，周囲の理解も得やすく，また本人も仕事の配分を調整しやすい。

このようなしくみが整うことによって，最近では「イクメン」と呼ばれる，育児に積極的にかかわる男性が増えてきている。企業から見ても，年次有給休暇の取得率が100％を下回る状況が続いているなかで，少しでも取得率を上げ，働きやすい環境を整えることができ，離職防止につながると評価されている。

5 安心して子どもと暮らせる社会にするために

これまで子育てと働きかたに関わる，様々な制度を見てきた。そこからいくつかの残された課題が見えてきた。

1つは，働き方による制度利用の問題である。企業が用意している様々な子育て支援策は，正規雇用に限定されていることが多い。

同じ仕事をし，同じ年齢の子どもがいて，子どもが熱を出しても，正規雇用の人は看護休暇がとれるのに，非正規雇用の人には看護休暇はないことが多い。仕方なく子どもを家において働かなければ暮らしていけない家庭もある。

非正規雇用になったのは，必ずしも本人の意思だけではない。夫の転勤についていくために妻がパートになることも，職場の雰囲気や慣習，子どもが病気がちでフルタイムとして仕事を続けられないこともある。小学校に入っても学童保育に入れなくて，母親がパートになる「小1の壁」や，運良く学童保育に入れても3年生で修了してしまうので，その時点で非正規雇用になる「小4の壁」が存在する。

どのような働き方であったとしても，子育てと仕事が両立できるよう，こうした待遇格差を改善していくことがワーク・ライフバランス実現のために望まれる。

もう1つは，税・社会保障制度の働き方への制約の問題である。働く能力があり，企業も人材活用したいと考えていても，「103万円の壁」や「130万円の

壁」が存在することで，短時間しか働かない人もいる。家計にとっては，働く時間を短くすれば，節税や合法的に社会保険料を負担せずにすむかもしれない。しかし，税や社会保険料の負担なしに給付を拡大していくことは不可能である。企業にとっても人材をうまく活用できず，社会の維持が困難になってしまう。

社会保障の財源としては微々たるものかもしれないが，こうした控除や第3号被保険者制度の廃止を行うことで，より柔軟な働き方を促進できるのではないだろうか。

ただし，子どもを育てている場合や介護にあたっていて，所得が低くなるときには配慮が必要である。特に，最近では幼少時の家計の状況が学歴や成人後の所得階層に影響を与えていることが指摘されている。阿部（2008）は，日本における子どもの貧困が深刻な状況にあることを示した。さらに，塩津（2011）は子どもの頃の家計状況は，成人後の健康状態や幸福度にも直接影響を及ぼすことを明らかにした。

そこで，例えば駒村（2008）は，「負の所得税制度」を提案している。この制度は，子育てをしている低所得者に対して，所得から引ききれなかった控除を補助金として支給するものである。

企業も政府も，仕事か育児かの二者択一ではない制度設計を進め，わたしたちも意識をかえることで，安心して子どもと暮らせる社会に近づけるだろう。

注

(1) OECD Social Expenditure Database 2008参照。
(2) 児童家族関係への社会支出の対GDP比は，ドイツ　2.22％，イギリス　3.19％，フランス　3.00％，スウェーデン　3.21％（いずれも2005年）となっている。
(3) 施設基準および児童の年齢に応じた保育士の配置基準等が定められている。詳細は児童福祉施設の設備及び運営に関する基準第5章を参照。
(4) このほかに保護者が求職中，災害時や親の傷病，家族の介護をしている保護者に養育されている場合，保育に欠けると判断される。ただし，入所に際しては優先順位があり，保護者が働いているときよりも順位が低くなる。
(5) 大阪府八尾市の例でみると，入所児童の年齢を考慮せず，単純平均をとった場合は，公立保育所の方が社会福祉法人立（私立）よりも，児童1人あたり運営費は，月額，年額ともに高くなっている。八尾市では，保育料や補助金などの収入が運営

費を大幅に下回る事態となっており，その分を市税で補填している。特に市立保育所での不足額が深刻であり，必要経費の約7割を市税に頼っている。
(6) 大阪府ではこの給与格差を是正するため1973年に独自の民間社会福祉施設給与改善費という補助金（以下，民改費と表記）を創設した。この結果，勤続年数が同じであれば本俸の公私間格差は，ほぼなくなっている。
(7) 2006年に横浜地裁で行われた横浜市立保育所の民営化に係る裁判では拙速な民営化は避けるべきであるとの判例がでており，民営化のありかたに疑問を投げかけている。
(8) 紙幅の都合上，すべての育児支援策を取り上げてはいない。
(9) ただし，休業前給与の50％は暫定措置で，本来の給付は休業前給与の40％である。

参考文献

赤林英夫（2003）「社会保障・税制と既婚女性の労働供給」国立社会保障・人口問題研究所編『選択の時代の社会保障』東京大学出版会，pp. 113-133。

阿部彩（2003）「児童手当と年少扶養控除の所得格差是正効果のマイクロ・シミュレーション」『季刊社会保障研究』Vol. 39, No. 1, pp. 70-82。

阿部彩（2008）『子どもの貧困――日本の不公平を考える』岩波新書。

大石亜希子（2003）「有配偶女性の労働供給と税制・社会保障制度」『季刊社会保障研究』Vol. 39, No. 3, pp. 286-300。

小塩隆士（2008）「公的年金による世代内再分配効果」『人口動態の変化と財政・社会保障制度のあり方に関する研究会報告書』財務総合研究所。

勝又幸子（2003）「国際比較からみた日本の家族政策支出」『季刊社会保障研究』Vol. 39, No. 1, pp. 19-27。

加藤久和（2006）「少子化がマクロ経済や財政・社会保障などに及ぼす影響」樋口美雄・財務省財務総合政策研究所編著『少子化と日本の経済社会』日本評論社，pp. 281-305。

國崎稔・中村和之（1994）「地方公共サービスの生産効率性」『富大論集』40(2), pp. 305-325。

駒村康平（2002）「保育サービス費用分析と需給のミスマッチの現状」国立社会保障・人口問題研究所編『少子社会における育児支援』東京大学出版会，pp. 291-312。

駒村康平（2008）「貧困基準の検証と新しい所得保障制度」『生活経済政策』2008年5月号（No. 136）。

坂爪聡子（2008）「少子化対策として効果的なのは保育サービスの充実か労働時間の

短縮か?」『季刊社会保障研究』Vol. 44, No. 1, pp. 110-120。
塩津ゆりか(2009)「出産・就業を考慮した出生率内生化モデルによる児童手当の加給に関する分析」『財政研究』第5巻, pp. 220-235。
塩津ゆりか(2011)「貧困の動態分析」伊多波良雄・塩津ゆりか『貧困と社会保障制度──ベーシック・インカムと負の所得税』晃洋書房, pp. 44-53。
滋野由紀子・大日康史(1998)「育児休業制度の女性の結婚と就業継続への影響」『日本労働研究雑誌』No. 459。
滋野由紀子・大日康史(2001)「育児支援策の結婚・出産・就業に与える影響」岩本康志編著『社会福祉と家族の経済学』東洋経済新報社, pp. 17-50。
滋野由紀子・松浦克己(2003)「出産・育児と就業の両立を目指して──結婚・就業選択と既婚・就業女性に対する育児休業制度の効果を中心に」『季刊社会保障研究』Vol. 39, No. 1, pp. 43-54。
島崎謙治(2005)「児童手当および児童扶養手当の理念・沿革・課題」国立社会保障・人口問題研究所編『子育て世帯の社会保障』東京大学出版会, pp. 85-117。
清水谷諭・野口晴子(2004)『介護・保育サービス市場の経済分析──ミクロデータによる実態解明と政策提言』東洋経済新報社。
周燕飛・大石亜希子(2003)「保育サービスの潜在需要と均衡価格」『季刊家計経済研究』No. 60, pp. 57-68。
白石小百合・鈴木亘(2002)「保育サービス供給の経済分析──認可・認可外の比較」『JCER Discussion Paper』No. 83。
駿河輝和・西本真弓(2002)「育児支援策が出生行動に与える影響」『季刊社会保障研究』Vol. 37, No. 4, pp. 371-379。
張建華・七條達弘・駿河輝和(2001)「出産と妻の就業の両立性について──『消費生活に関するパネル調査』による実証分析」『季刊家計経済研究』2001・夏号, pp. 72-78。
林宜嗣(1998)「児童福祉と財政政策」『季刊社会保障研究』Vol. 34, No. 1, pp. 26-34。
福田素生(2002)「保育サービスの供給──費用面からの検討を中心に」国立社会保障・人口問題研究所編『少子社会における育児支援』東京大学出版会, pp. 265-290。
保育行財政研究会(2000)『公立保育所の民営化──どこが問題か』自治体研究社。
堀勝洋(2003)「次世代育成のための育児支援手当試案」『週刊社会保障』2252号, pp. 46-49。
松浦克己・滋野由紀子(1996)『女性の就業と富の分配』日本評論社。

松浦克己・滋野由紀子（2001）「保育園，育児休業制度と出産行動」『ディスカッションペーパー・シリーズ』（郵政研究所）2001-02。

丸山桂（1998）「保育所の利用者負担徴収方法と女性の就労選択」『季刊社会保障研究』Vol. 34, No. 1, pp. 295-310。

森田陽子・金子能宏（1998）「育児休業制度の普及と女性雇用者の勤続年数」『日本労働研究雑誌』No. 459。

八木匡（2004）「なぜ包括的対少子化対策が必要か？」『都市問題研究』第56巻第6号, pp. 32-46。

八代尚宏（1999）『少子・高齢化の経済学』東洋経済新報社。

八代尚宏（2000）「少子化問題への経済学的アプローチ」『季刊家計経済研究』2000・夏号, pp. 20-27。

安岡匡也（2006）「出生率と課税政策の関係」『季刊社会保障研究』Vol. 42, No. 1, pp. 80-90。

山上俊彦（1999）「出産・育児と女性就業との両立可能性について」『季刊社会保障研究』Vol. 35, No. 1, pp. 52-64。

山口一男（2005）「少子化の決定要因と対策について――夫の役割，職場の役割，政府の役割，社会の役割」『季刊家計経済研究』2005・春号, pp. 57-67。

山重慎二（2002）「保育所充実政策の効果と費用――家族・政府・市場における保育サービス供給の分析」国立社会保障・人口問題研究所編『少子社会における育児支援』東京大学出版会, pp. 241-264。

横山由紀子（1999）「保育における規制緩和と民営化」『季刊社会保障研究』Vol. 34, No. 4, pp. 413-420。

Becker, Gary (1965) "A Theory of the Allocation of Time," *Economic Journal*, Vol. 75, pp. 493-517.

Becker, Gary (1981) *A Treatice on the Family*, Harvard University Press.

Boadway, R. and F. Gahvari (2006) "Optimal taxation with consumption time as a leisure or labor substitute," *Journal of Public Economics*, 90, pp. 1851-1878.

Carmichael, J. (1982) "On Barro's Theorem of Debt Neutrality: the Irrelevance of Net Wealth," *The American Economic Review*, Vol. 72, pp. 202-213.

Folbre, Nancy (1994) "Children as Public Goods," *The American Economic Review*, Vol. 84 Issue 2, pp. 86-90.

Fuchs, Victor (1988) *Women's Quest for Economic Equality*, Harvard University Press.

Kennedy, Peter W. and Welling, Linda (1997) "Production Externalities and the

Efficiency of Parental Child Care Choices," *Canadian Journal of Economics*, XXX. No. 4a, pp. 822-834.

Mirrlees, J. (1971) "An exploration into the theory of optimum income taxation," *The Review of Economic Studies*, 38, pp. 175-208.

Myrdar, Gunnar (1960) *Beyond the Welfare State*, Greenwood Pub Group.

Pirttila, J. and M. Tuomala (2001) "On optimal non-linear taxation and public good provision in an overlapping generations economy," *Journal of Public Economics*, 79, pp. 485-501.

Powell, Lisa M. (1997) "The Impact of Child Care Costs on the Labour Supply of Married Mothers: Evidence from Canada," *Canadian Journal of Economics*, XXX, No. 3, pp. 577-594.

Zhang, J. (1995) "Social Security and Endogeneous Growth," *Journal of Public Economics*, Vol. 58, pp. 185-213.

Zilcha Itzhak (2003) "Intergenerational Transfer, Production and Income Distribution," *Journal of Public Economics*, Vol. 87, pp. 489-513.

第Ⅲ部

諸外国からの教訓

第8章 アメリカ医療制度改革
　　──起きたことと起きるべきであったこと──

ジョン・B・ショーブン

　アメリカ合衆国は，先進国の中で唯一，国民全体をカバーした医療保険を実現していない国である。同時に，アメリカのGDPに占める医療費の割合は約18％であり，世界で最も高くなっている。アメリカのヘルスケアの質は，最高水準から，ほぼ適切というくらいのレベルまで，多種多様である。この章では，アメリカのヘルスケアシステムおよび2010年に制定された大規模な医療保険制度改革について説明し，アメリカのヘルスケアにおける深刻な問題によりよく対処するための一つの代替案を提示する。

　アメリカの医療保険制度における2つの主要な問題点は，保険の適用範囲と高騰する医療費であり，図8-1と図8-2に図示した通りである。図8-1は1999年および2009年のアメリカ国民の無保険者の割合を年齢階級別に示したものである。図8-2は，高騰する医療費に関して，GDPに占める医療支出の割合を表している。

　GDPに占める医療支出の割合は，過去50年で3倍に，過去30年においても2倍になっていることが分かる。現在のアメリカの医療支出は，他の先進国に比べて，GDP比率で少なくとも5％ポイントは高くなっている。

　アメリカの医療保険の適用範囲について，新しい法律に含まれる多くの項目が有効となる2014年1月より前の状況の説明から始めたい。アメリカが全国民を対象とした医療保険を有していないことは事実だが，約85％の国民はなんらかの形の医療保険に加入しているのである。医療保険に加入している様々なグループを見てみよう。

　議論のための一つ目のグループは貧困者であり，その所得が連邦政府が設定

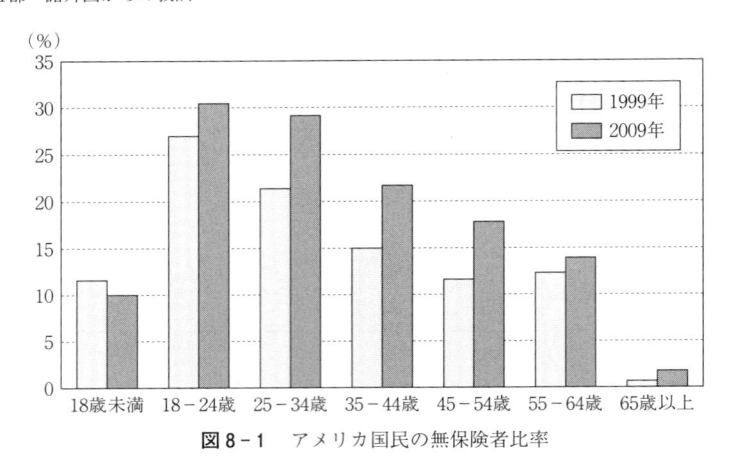

図8-1 アメリカ国民の無保険者比率

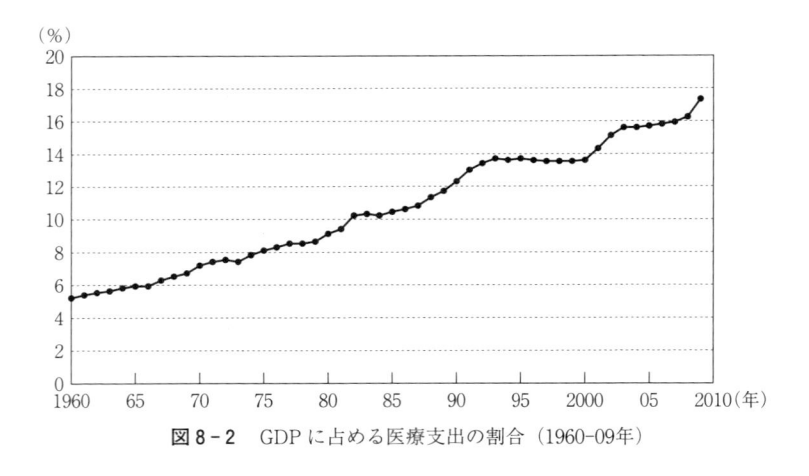

図8-2 GDPに占める医療支出の割合（1960-09年）

した貧困ライン以下のものである。この貧困者の多くは，政府が提供した医療保険であるメディケイドを利用している。このプログラムは連邦政府と州政府による共同財源で維持されている。具体的なプランは50の州政府によってそれぞれ違う。メディケイドにカバーされるのは，貧困者のうち，高齢者，視覚障害者，身体障害者および子どもである。多くの州では妊娠している女性もそれに含まれる。メディケイドを利用する資格を有するため，1世帯の所得と資産

は指定されたレベル以下でなければならない。多くの州では，所得の上限がおおよその連邦政府の貧困ラインとなっている。連邦政府は，州政府が連邦政府からの補助を得るために提供しなければならない最小限の保険加入率を規制している。概して，この保険の質はまずまずであり，関係者のコストは最小となっている。

しかしながら，3つの特徴に言及しておく必要がある。第1に，個人または家族は，所得および資産調査によって，受給資格の有無が決まることになる。1世帯あたりのメディケイドの価値は，容易に年間1万ドル以上となりうる。このことは，仮に臨時の勤労収入によって個人あるいは家族のメディケイドの利用資格が剥奪される場合，人々の労働意欲を大きく抑制することを意味する。すなわち，1000ドル（もしくは100ドルであっても）の臨時収入を得ることで世帯収入がメディケイドを利用できる所得水準を超えた場合は，メディケイドによる1万ドルあるいはそれ以上の給付を失うことになるのである。このような勤労所得が受給資格喪失のきっかけとなっている状況について，多くの経済学者は労働意欲に負の影響を及ぼすため好ましくないとみなしている。

第2に，個々人そして各世帯は，自動的にメディケイドに入るのではなく，そのシステムに登録しなければならない。いくつかの州では，その登録プロセス自体が複雑である。その結果として，無保険者であるアメリカ人のうち，相当数が，実際にはメディケイドの受給資格を有しているのである。彼・彼女らは登録されていなかっただけである。このような人々のことを無保険者として見なすべきだろうか，それとも被保険者として見なすべきだろうか。もし彼・彼女らが心臓発作のような入院を要する大きな医学的問題を抱えた場合，彼・彼女らは病院ですぐにメディケイドに登録されるであろう。事実上，この人たちは医療保険に加入しているといえる。しかしながら，彼・彼女らはかかり付けの医師をもたず，年に一度の健康診断のような日常的な医療的ケアを受けることを回避しがちである。

第3に，多くの州政府は州の予算問題に対処するために病院あるいは医師へのメディケイドの支払い費用を削減してきた。一部では，この支出削減が医療へのアクセスを減少させる恐れにつながっている。メディケイドの支払いでは実際にかかった最低限の費用をカバーできないため，すべてのメディケイドの

患者に対する診療を拒否する病院や医師グループも出てきている。それでもなお，今日のメディケイドの患者は，平均的には，質のよい医療サービスを受けている。

次のグループは，65歳以上と恣意的に決められた高齢者である。ほとんどの高齢者はメディケアとよばれる国民健康保険に加入している。その根拠は，図8-1に示した通りであり，65歳以上の人のうち，ごくわずかの一部の人だけが加入していない。メディケアは3つの部分に分けられている。Aパートは，1回の入院にかかる少額の自己負担金を除いて，無料で高齢者に対し，病院における治療を提供する。Bパートは毎月の保険料があり，医師や医療的ケアの提供者による外来患者のための診療が提供される。その保険料は連邦政府により補助される。低所得および中所得のアメリカ国民については，政府がBパートのメディケアの費用の75％を支払っている。ただし，高所得の高齢者には政府からの補助が大幅に削減される。低所得と中所得の人はこのBパートにおおよそ毎月100ドルの支払いに対して，高所得の加入者は毎月300ドルを越える費用を支払う。Dパートは処方薬の費用をカバーする。これも政府が費用の75％を補助している。CパートはパートA，B，Dの福祉手当をHMOと呼ばれる医療管理機構に結合した代替的プランである。パートA，B，Dに対して，Cパートを選ぶ高齢者はごくわずかの比率しか占めない。社会保障およびメディケアの組み合わせは，他の年齢層の人に比べて高齢者の貧困率を低く抑える要因となっている。

次のグループは労働者とその家族である。多くの雇用主は従業員の報酬の一部として医療保険を提供し，その費用は，雇用主と被用者で分担している。通常，この保険は従業員の配偶者と子どもまでカバーする。この医療保険と雇用との連結は，第二次世界大戦中に課された賃金と物価の統制の産物である。雇用主は従業員を確保するために，給料を引き上げることが政府に認められていなかった。しかし，年金，医療保険という報酬パッケージを雇用に付加することができた。これらの給付は賃金と物価のコントロールにカバーされないため，非課税の報酬形態と見なされた。医療保険の提供は非課税とされたため，医療保険を提供する雇用主（会社）の急速な拡大につながった。そのため，現在も圧倒的多数の雇用主はその企業に勤める正社員のために年金や医療保険といっ

第8章 アメリカ医療制度改革

た給付を提供している。雇用主が提供する医療保険には，いくつかの問題が生じている。最も顕在的な第一の問題点は，もし従業員がいかなる理由であれ，その仕事を失ってしまえば，彼・彼女らの医療保険もなくなるということである。2010年のような不景気の時期には，数百万のアメリカ人が医療保険を失うことになった。第二の問題点は，雇用主が平均以上の医療費を使うと予測される人の雇用を渋る可能性があるというものである。この理由としては，雇用主によって提供される医療保険の保険料は実際にかかった医療費によって設定されるという事情がある。つまり，比較的疾病にかかりやすい従業員がいればいるほど，その会社の医療保険拠出金が高くなるわけである。既往症のある労働者や求職中の高齢者は，このようなシステムにより就職が難しくなるかもしれない。連邦，州および地域を含む政府の被用者は，一般的に雇用パッケージの一部として医療保険が提供されている。

　医療保険を有するこれら大きなアメリカ人集団がある反面，無保険者のグループもある。それらは，一般にメディケイドの資格をもたず，子どものいない健全な成人である貧困層である。彼・彼女らは，従業員が100人を下回るような小さな会社で働いているが，そのような会社は，報酬の一部としての医療保険を提供していない。民間の医療保険会社は小企業には関心がない。なぜなら，一つには，それぞれの小企業での保険事業には固定費がかかり，もう一つは保険の逆選択があるためである。小企業の極端な形である個人事業主は極めて高い保険料に直面する。その一つの原因には，保険の加入を選択する人たちは，選択しない人たちよりもはるかに健康の状態が悪いことがある。いずれの任意保険であっても，逆選択の可能性を高めるものであるが，個人購入の医療保険市場においては特に顕著である。無保険者の中には医療保険を購入する経済的余裕をもっているものもいるが，医療保険は魅力のない金融商品とみなされ，購入されない。その典型例は，健康状態のよい若者たちである。またすでに言及したように，無保険者のグループとしては，メディケイドに加入する資格を有しながら，登録していない人たちがいる。さらに，すでに深刻な疾病をもっているため，保険料が著しく高額になるか，基本的に加入が認められないため，職場の医療保険にアクセスできない人々がいる。

　無保険者の置かれている状況を説明することは重要である。しかしそれは必

ずしもあなた方の思った通りではないかもしれない。もし彼らが緊急な状態で（例えば，心臓発作を起こしたり，交通事故で負傷した場合）病院の救急救命室に運ばれたとして，病院は彼・彼女らを治療することが義務付けられている。実際に，多くの無保険者は，心臓発作や交通事故による外傷ほどの緊急性がない症例についても，それに対処するために，高額な救急処置を受けている。病院はこのような治療について地方および郡政府によるサポートを受けている。病院は，患者にその受けたサービスに対する支払いを要求するが，もし患者の財力が乏しい場合は費用の請求が難しくなる。また，このような支払われない治療費を被保険者に転嫁するかもしれない。このように被保険者から無保険者への内部相互補助は，当然のことながら，保険料の高騰につながり，医療保険を会社や個人にとってますます魅力のないものにしてしまう。とはいえ，注目すべきなのは，たとえ無保険者であっても，病院の救急救命室での主要な医療処置を受けることができるということである。

　全体としてみれば，2010年の医療保険改革法制定前の時点で，アメリカの人口のおよそ15％にあたる4000〜5000万人が無保険者であった。しかしその人たちの多くが医学的処置を受けられないと考えるべきではない。彼・彼女らのほとんどが緊急的疾患に対する治療を受けることができるだろう。また，多くの所得を得ている人たちは，自己負担で医療保険を購入しないという選択をしている。またある人たちは，はじめて深刻な医学的問題を経験したときにメディケイドに登録するだろう。不十分な医療サービスを受けている人の数はおよそ無保険者の三分の一ではあるが，それでも依然として1500万人に上っている。

1 「2010年患者保護および安価で利用可能な医療に関する法律」

　この2010年の医療制度改革は，1965年のメディケア導入以来，連邦政府の医療政策において最も大きな改革であった。これは，アメリカ人の無保険者を75％もしくはそれ以上に減らし，アメリカ人の医療保険へのアクセスに関して劇的な変化をもたらした。その反面，この改革では急騰する医療費を抑制するための進展が，ほとんどあるいは，まったく見られない。私がこの新しい法律に関して説明する前に，このようなすべての説明は必ず部分的な内容にとどま

らざるを得ないことに注意すべきである。この法案自体は2000ページも超える長いものであった。また，この新法がどのように施行されるかについては不確定である。世論調査は，多くのアメリカ人がこの新法に反対していることを示し続けており，2010年11月の連邦議会中間選挙でこの法案の支持者たちの多くは低迷した。共和党は下院で過半数を得て，上院の議席も増やした。ほとんどの共和党員はこの新しい医療改革法に反対した。2010年の選挙結果は，アメリカ人が大きな政府よりも小さな政府を望むのだということを改めて示した。これは少なくとも過去40年における真実である。

　これから私は，この「2010年患者保護および安価で利用可能な医療に関する法律」の本質的な要素について説明する。被保険者の拡大はこの新法の多くの異なる条項によるものである。第一の要素に，メディケイド（アメリカの貧困者のための医療保険プログラムで，連邦と州政府による共同財源で運営されている）の対象者が大幅に拡大している。それは65歳未満（児童，妊婦，父母，要扶養児童をもたない成人）で，連邦政府の貧困ラインの133％以下の所得である個人をすべてカバーしている。ちなみに，連邦政府が決めた貧困ラインは3人家族で年間所得が1万8310ドルである。つまり，このような家族は年収が2万4352ドル以下であれば，基本的に無料のメディケイドを受けることができる。メディケイドの拡張は，2つの方式を通して達成される。(1)所得制限の引き上げ（連邦貧困ラインの133％まで）と，(2)要扶養児童をもたない成人の包摂。2014～16年の間に，連邦政府はメディケイドの資格を有する新たな加入者の医療費を100％負担することになっている。2017年からは，州政府が，これらの新規加入者の医療費用を負担することになるが，医療費の大部分は連邦政府が負担する。

　新しい医療保険法の第二の要素は，義務を課すことを通して達成される。ほとんどのアメリカ国民および合法的な住民たちは医療保険の受給資格をもつよう要求される。この点について，現在，裁判所に違憲性を主張する異議申し立てがなされている。この裁判は事実上ほぼ確実に連邦最高裁判所で結審することになる。問題は，連邦政府が特定の医療保険を含むいずれかの医療保険の購入を市民に義務付ける憲法上の権限をもっているかどうかということである。

　医療保険の加入義務をめぐって，いくつかの方法がとられている。例えば，医療保険に加入していない個人に罰則を課すというものがある。2016年に医療

保険に加入していない人の罰金を年間695ドルか，課税所得の2.5％のどちらか高い金額とする，などである。またこの義務に対していくつかの免除もある。その免除対象としては不法滞在の移民，アメリカ先住民，宗教的な理由でその義務に反対する人たち，保険の最低料金プランが所得の8％を上回る人たちである。

　この医療保険改革法の重要な要素は，個人と小規模事業者が保険を購入できる，州をベースとしたアメリカ医療給付取引所が設立されたことである。この取引所は非営利組織や州政府機構によって管理され，政府の質的基準を満たす医療保険のオンライン市場だと考えてよい。取引所のリストに記載される保険プランを提供する保険会社は，すべての申請者を受け入れることと，すべての保険加入者との契約を更新することが要求される。保険会社は，既往歴を保険料価格に反映させることが認められない。保険の料金は年齢，地域，家庭構成および喫煙歴によって決められる。その最高料金と最低料金の年齢カテゴリーの間における比率は3対1に限定され，喫煙者に対する付加費用は50％に限定される。4段階（ブロンズ，シルバー，ゴールド，プラチナと称される）のプランが用意されることになっている。それぞれのプランは，60％，70％，80％，90％と医療費のカバー率が違ってくる。個人と世帯単位の自己負担は，それぞれおよそ6000ドルおよび1万2000ドルという上限が付けられる。地域間の取引を行うために，州と州の協力作業が認められる。この取引所（交換所）の主な目的は，個人や小規模事業の保険購入者が直面する管理コストと不利な選択を少なくすることである。

　所得が連邦政府による貧困ラインの133％以上400％以下の人には，この取引所を通しての保険購入を手助けする補助金が提供される。この補助金は，医療費の70％をカバーする2番目の低コストプラン（いわゆるシルバープラン）に対応して設定される。この補助金により，個人あるいは世帯の保険料負担を所得の一部に限定できる。例えば，所得が連邦政府の貧困ラインの150％である人たちは，保険プランに最大でも所得の4％しか支払わないで済む。貧困ラインの200％の所得を得る人は最大でも所得の6.3％を，貧困ラインの300～400％の間の所得を得ている人はこの医療保険に対し，最大で所得の9.5％しか支払わないのである。興味深いのは，貧困ラインの400％という額はアメリカ人の所

得の中央値よりも多いのである。また，従業員の医療保険を提供している小規模企業について付加的な税額控除が提供される。

　上記の他にも様々な条項があるが，医療保険の適用範囲に関する主要な変更点は次の4点にまとめることができる。(1)メディケイド利用の大幅な拡大，(2)大部分のアメリカ人への医療保険加入の義務付け，(3)雇用主から医療保険を提供されない個人のための手頃な価格の保険の購入促進のための医療給付取引所の設立，(4)連邦政府貧困ラインの133～400％の所得層を対象とした医療給付取引所を利用するためのスライド型補助金。

　この新しい法律にはたくさんの付加的な特徴がある。例えば，50人以上の従業員をもつ雇用主は従業員に医療保険を提供しないと，従業員1人当たり2000ドルの税を課される。この懲罰的な性格をもつ税の金額は比較的低いため，大企業が医療保険の適用範囲を狭め，この懲罰税を支払いつつ，従業員には新しい取引所を経由した医療保険を取得させるのではないかと懸念されている。懲罰税はその動きを阻止するためのものであるが，問題は，そのために税額が十分に高く設定されているか否かということである。

　医療保険の適応範囲に関する結論は以下の通りである。政府は，この新しい法律の制定により，今後10年間に，新規の3200万のアメリカ人が医療保険に加入すると試算している。私が先に述べた理由により，この新しい医療改革法案は適用範囲に関して著しい進展をもたらすであろう。

　医療保険改革で必要となる追加的な費用を補うために，この法律にはいくつかの新しい税が提示されている。そこでは，まず，メディケアのための給与税（payroll tax）の引き上げ（所得の1.45％から2.35％へ）が含まれ，その対象者は，所得が25万ドル以上の既婚者と所得が20万ドル以上の独身者である。また，株の配当金，利息，キャピタルゲインと不動産収入のある者に対しては新規に3.8％の付加税が課され，その対象は同じ納税者で，所得が25万ドル以上の既婚カップルと所得が20万ドル以上の独身者である。その他，大幅な税および費用負担が製薬業界と医療保険会社に課されている。さらに，医療保険を提供しない雇用主および医療保険の加入義務を遵守しない個人と世帯にも費用が課される。

　医療保険業界に関する主な変更点を挙げれば，(1)保険が適用される医療費に

ついての生涯での制限の禁止，(2)子どもに対する扶養の範囲を26歳にまで拡大，(3)支給と更新を保証すること，(4)すべての保険料引き上げとすべてのプランの効率性に対する政府審査，である。医療保険業界にとって，雇用主を通してであれ，あるいは，州政府設立の取引所を通してであれ，民間市場に依拠する形態が継続されたことは，大きな勝利であった。

　この新しい法律に欠けている点は急増するアメリカの医療費をコントロールすることである。医療保険に新たに3200万のアメリカ人を加えるという法律に医療支出の削減を求めることは，おそらく無理がある。この問題に取り組むための方策をみておきたい。まず，資格確認のための操作ルールを標準化し，保険会社を横断して被保険者としての地位を請求する管理運営簡素化プログラムがある。医療改革法案はメディケア支出の１人当たりの伸びを抑える試みとして独立支払い諮問委員会（IPAB）を新たに設立する。しかしながら，医療費を節約する方策を推進するために，同諮問委員会（IPAB）が本当に政府機関から独立したものとなるかどうか，まだ不明である。医療改革法案はメディケアとメディケイドの両方の支出の上昇を抑えようと努力している。また，効果比較研究を行うために，患者中心の非営利成果分析機関を創設することになっている。同機関は，急騰する医療費の最も重要な要素である新しい医療技術に対する費用便益分析を行うことが期待されている。またこの法案は，運動やよりよい食生活を奨励し，肥満撲滅運動に有用であろう健康維持プログラムへの実質的な支援を含んでいる。健康維持プログラムへの支出が健康的なライフスタイルを増進し，結果として，医療支出の削減に結びつくことが期待されている。

　多くのアメリカ人にとって，この新しい医療改革法は劇的な変化をもたらすものではない。現在のメディケアあるいはメディケイドの被保険者，および雇用主によって提供されている保険の被保険者にとって，変化は比較的わずかなものである。このことは，おそらく政治的にうまくいくことを意味している。アメリカ医療システムには，私が冒頭で指摘した２つの大きな問題があるにもかかわらず，多くのアメリカ人は彼・彼女らの現在の状況にまったく満足している。高騰する医療費の重要性については，広く認識されておらず，医療費の問題は，（大部分が税と雇用を通して間接的に支払われているため）平均的なアメリカ人が理解するには難しいものとなっている。変化に直面するグループは現在

の無保険者たちである。無保険者のうち，かなり多くの人々がメディケイドの拡張された部分に加入することになるだろう。多くの人が州政府の設置した取引所を通して保険を購入し，その大部分には補助金が支給される。新たな保険加入者がより多くの医療サービスを利用することは妥当で望ましいことのように思える。どちらかといえば，医療支出の伸びは速度を増しそうである。もう一つの変化に気づくグループは，高所得者層で，特にその中でも退職した人たちである。なぜなら，彼・彼女らは，不労所得（株の配当金，利息，キャピタル・ゲイン，不動産収入）に対する新たな3.8％の課税を含む増税に直面するからである。私の評価としては，医療改革法案が図8-2のような医療費曲線を曲げたり，付加的な対策がGDP比でみた医療コストを抑制するとは思えない。

　この新しい医療改革法の政治的な見通しは決して確実なものではない。大多数のアメリカ人は改革の目玉である医療保険への加入義務化に反対している。医療保険改革の反対派は現在，連邦議会の一つである下院を制圧し，大多数の州知事がこの法律の実施に反対している。新医療改革法において医療給付取引所が中心的な役割を担うことを考慮すれば，取引所は州によって運営されるべきであり，主要な州知事の反対は，この医療改革法が現行の形態で実際に施行されるのかどうかという問題を提起している。時が経てば，自ずとその答えは分かるであろう。

2　起きるべきであったこと

　2010年の医療保険改革は一世を風靡したが，それが図8-1と図8-2に示した医療保険の適用範囲と急騰する医療費という2つの問題に同時に対処するための抜本的な解決策になっているとは思わない。それは政治的な現実によって形成され，アメリカ人が特にコスト問題の厳しさに関して教育されてこなかったという事実によって妨害された。私の意見として，2つの大きな問題を同時に対処するための方法が存在するが，今後2，3年のうちにこの問題を解決するための政治の世界での能力について確信をもっているわけではない。

　医療コストをコントロール下に置くための第一歩は，医療費を予算に位置づけることである。連邦政府は現在，メディケアやメディケイドのようなプログ

ラムを設計して、結果として生じるすべての支出を支払っている。医療コストは固定された予算に抑えられているのではない。ビクター・ヒュックス（Victor Fuchs）と私は最近、すべての連邦政府の医療支出が新しい専用の財源—付加価値税（VAT）に基づいて資金が提供されることを主張している（Fuchs and Shoven, 2010）。この付加価値税（VAT）が連邦医療プログラムのための唯一の財源となるであろう。アメリカは先進諸国の中で、全国的な付加価値税（VAT）を課していない国の一つである。正確に設計した付加価値税（VAT）は、所得よりむしろ消費のほうに基づいたものを含んでいて、高額納税者のコンプライアンスを満足させるものであり、所得税を超えるいくつかの重要な利点をもつ。もし現在の医療プログラムの財源がこの新しい付加価値税（VAT）に移転されれば、現在の税は、撤廃もしくは減額されるであろう。例えば、メディケアは、現在、2.9％の給与税（勤労所得に対して課せられる税）によって財源を確保されている。その税金は私たちの提案においては撤廃されることになる。メディケイドの費用のうち連邦政府の負担部分は、一般所得税の歳入による資金で賄われている。所得税からメディケイド資金部分を取り除くことは、税率の引き下げ、もしくは、連邦政府の赤字削減につながるであろう。

　私たちの提案は、医療保険における2つの大きな問題に対処するためのものである。つまり、新しいアメリカ付加価値税（VAT）による収入が、普遍的な医療保険バウチャーの財源確保に使用されることを主張しているのである。バウチャー制の価値は、バウチャーの経済的価値が被保険者の年齢、ジェンダーと健康の既往歴によって決まるという意味において、年齢、ジェンダー、リスクが調整されることにある。高品質の包括的な医療保険を提供する民間の保険会社は、世帯および個人との保険取引のため（すなわちこのバウチャー制のため）に競争することになるだろう。多くの保険商品の価格はこのバウチャー制にカバーされるために、競争の主要な形態は、品質および保険範囲の詳細になる。すべての保険会社は、保険を申請するすべての人を包含することが要求される。例えば、若者あるいは健康な人だけを対象範囲とすることは不可能である。さらに、すべての人が保険提供者によって、継続的に保険の被保険者となることが保証される。例えば、保険会社が、深刻な医療問題のため、医療費が高額であることが判明した顧客を被保険者から除外することは許されない。人々は年

に1回，保険提供者を変更する権利をもつ。もし被保険者が，良質的ケアに関する連邦政府のガイドラインを上回る高品質な医療保険プランを望んだ場合，彼・彼女らは自己負担でこのバウチャーを補足することができる。この普遍的医療バウチャー制という案は2007年のエマニュエルとヒュックス（Emmauel and Fuchs）の論文で初めて提示されたものである。

　この改革の二つの要素，専用の財源と普遍的なリスク調整済みのバウチャー制は，アメリカの医療保険の徹底的な再構築を促すだろう。一つ目の結果として，雇用主が医療保険給付を速やかに廃止するであろう。医療保険は，もはや雇用とは関係ないものとなる。この結果は，雇用主が医療保険に支払うおおよその総額分，手取り賃金が上昇するであろう。全体的な従業員報酬がほとんど変わらないが，より多くの報酬が手取り賃金として扱われ，雇用主による医療保険負担はゼロになるだろうというのが私の意見である。報酬方式が非課税方式（医療保険給付）から課税方式（手取り賃金）に切り替わったため，手取り賃金の増加は所得税の増加の引き金となるだろう。二つ目の結果として，貧困者のための連邦と州政府の医療保険プログラムであるメディケイドは廃止されるだろう。貧困者のための単独のプログラムはもはや必要がない。貧困者でも他の者と同じ普遍的なバウチャーをもつことになる。廃止されるメディケイドは50の州の財政にとって大きな利益となるだろう。州の予算は改善し，税負担も軽減される。一方，高齢者のための医療プログラムであるメディケアは，直ちに廃止されるとは限らないが，徐々に廃止されるであろう。メディケアへの新規加入は認めないものとする。現在の加入者はメディケア利用者のままか，他の人と同じように普遍的な医療保険バウチャー制に加入するか，どちらも認められる。無保険者が受けるヘルスケアのような非効率な方式は変更されるだろう。無保険者が存在しない（不法滞在の移民を除く）ため，日常的な医療問題のうち，無保険者に対する救急処置という問題はなくなるのである。

　私たちは，普遍的な保険バウチャー制プログラムにより，アメリカにおける医療費全体が高くなるのでなく，低くなると信じている。診断サービスの過大利用と出来高払い制の医療環境に固有の，患者に対する過剰診療はなくなるであろう。つまり，出来高払い制は医者に多くの医療サービスを提供するインセンティブを与えるため，たくさんの医療費を生じさせるということである。患

者1人の年間医療費は，バウチャーによって示され，逆のインセンティブ，すなわち，サービスの効率的な利用が促されることになる。同様に経営管理，営業，マーケティングの能率も重要になるだろう。ビクター・ヒュックスと私は現在の保険と医療サービス提供システムにおける固有の非効率性を除去することだけで，アメリカの医療費全体をGDPの4％分削減できると試算している。

　もちろんこのような便益にはすべてコストがかかる。新たな付加価値税の税率は相対的に高いものでなければならない。ビクター・ヒュックスと私は，普遍的健康保険バウチャー制の設立に必要なGDPの約10％を捻出するためには，付加価値税の税率を約20％にする必要があると試算している。この新たな20％の付加価値税は，すべてのアメリカ人にとって重要な，国の莫大な医療経費を調達することになる。この税率に対する"スティッカー・ショック"〔訳注・値段の高さに驚くこと〕は，追加的な効率に関する真剣な調査につながることになる。付加価値税による歳入は，GDPおよび全体的な経済状況と同じ割合で推移することになる。もし医療費が図8-2で説明したようにGDPよりも速く上昇し続ければ，国会と政府は付加価値税の税率を上げなければならない。すべての税負担が上昇すれば，政治的なダメージになるだろう。バウチャー制は付加価値税を唯一の財源とし，付加価値税による収入は医療費に限って使用できるとする。付加価値税の引き上げという政治的な厳しい問題に直面した場合，政府は費用の効率性について真剣に検討することになる。さらに，このバウチャー制を創設するためには，付加価値税による収入のごく一部が，医療技術と医療処置に関する費用対効果を調査するための政府機関を設立するために使用されることとなる。ビクター・ヒュックスと私は，一部の医療支出は社会的収益度が低くなっており，そのような支出は，財政的，政治的な圧力に直面した場合に，著しく削減されうるし，削減されるだろうと確信している。"一般歳入"の代わりに付加価値税の収入を使うことは，今よりも格段に効率的な医療サービスを提供する方向を保証するものとなる。

　付加価値税に関してしばしば言及される欠点として，逆進性がある。付加価値税が逆累進性をもつということは，所得に占める課税対象支出の割合が富裕層よりも低所得層の方がより高くなるという傾向があるため，理解できるものである。しかし，ビクター・ヒュックスと私が主張している政策パッケージは

第8章　アメリカ医療制度改革

強い累進性を有している。私たちのシステムでは，個人または家庭が支払う付加価値税は，実質的に，医療保険への支払いとなる。2つの違った4人家族を考えてみよう，1つの家族の所得は4万ドルで，もう1つの家族の所得は20万ドルとする。それぞれの家族が彼・彼女らの所得の80%を消費に使い，そして消費の80%が付加価値税として課税可能である。このことは，低所得の世帯は付加価値税の税負担が5120ドルであるのに対して，高所得の世帯はその税負担が2万5600ドルとなることを意味している。4人家族の医療保険バウチャーは，〔訳注・1家族当たり〕おおよそ1万6000ドルの価値に相当する。低所得家族は彼らの加入する医療保険から，約1万1000ドルの純補助金を受け取る。それに対し，高所得家族は9600ドルの税金を支払うことになる。この付加価値税が経済システムの中において，すべてのバウチャーコストをカバーすることを考えれば，アメリカにおいて高所得者から低所得者への大きな純移転が起きる。私たちの見解では，このことは，政策パッケージ全体が分配上の有益な影響をもたらすことを意味するのである。

　このヒュックス-ショーブン提案（Fuchs-Shoven proposal）はすぐに実行されることはないだろう。しかし，図8-2で示されたGDPに占める医療コストの割合に関して，アメリカが歩んでいる道は完全に持続不可能なものである。長期的な財政圧力が深刻なものとなっている。最終的に，アメリカは，新たな核となる収入源を探索することになり，この付加価値税が最良の候補となるように思われる。医療費のコントロールができないことと付加価値税を検討しなければならなくなるであろうという2つの要因の組み合わせが，2つを結びつける可能性，すなわち付加価値税の収入ですべての医療ケアの財源（政府負担分）を賄うという方法の可能性を高めている。それはもちろん，このヒュックス-ショーブン提案の本質である。私が指摘したいのは，アメリカが，ゆくゆくは，医療制度改革について再考しなければならなくなり，そのときは医療コストの抑制に重点を置いたものとなるということである。そのとき，その使途を医療費に限定した付加価値税の導入が説得力のある主張となるのではないだろうか。

第Ⅲ部　諸外国からの教訓

3　付加価値税導入によるバウチャー制

　日本と同じようにアメリカはユニークな国であり，他国の人に理解されることが難しいであろう。他の多くの国々と比較して，私たちは大きな政府に対して深い不信感をもっている。政府によるサービス提供と民間によるサービス提供との間に選択肢を与えられた時に，アメリカ人は民間セクターを好む傾向がある。それゆえ，ヒュックス-ショーブン提案は，単一支払い者システムではなく，普遍的バウチャーシステムなのである。アメリカにおける2010年の劇的な医療改革は，不確定な未来に直面している。現在の政治情勢はその法律の完全施行に対して好都合ではない。しかし仮に，それが成功し，そして完全に施行されたとしても，アメリカにおける医療費の急騰に対処する必要は残っているだろう。ゆくゆくは，ビクター・ヒュックスと私ジョン・ショーブンが描いた最近の構想に沿った更なる抜本的な医療改革が必要になるだろう。

参考文献

Centers for Medicare and Medicaid Services (2010) *National Health Expenditure Accounts*.

Emmanuel, Ezekiel J. and Victor R. Fuchs (2007) *A Comprehensive Cure: Universal Health Vouchers*, The Hamilton Project Discussion Paper 2007-11, The Brookings Institution, Washington D.C..

Fuchs, Victor R. and John B. Shoven (2010) *The Dedicated VAT Solution*, SIEPR Policy Brief, Stanford University. (available at http://siepr.stanford.edu)

The Henry J. Kaiser Family Foundation (2010) *Focus on Health Reform: Summary of the New Health Reform Law*, March 26, 2010, available at U.S. Census Bureau, *Current Population Reports: Income, Poverty and Health Insurance Coverage in the U.S. 2009*, issued September 2010.

　　　　　　　　　　　　　　　　　　　　　　　　　（陳勝涛・中原耕訳）

第9章　イギリス社会保障の展開
　　　──新旧のリスクの対応をめぐって──

マイケル・ヒル

1　古いリスクと新しいリスク

　ウィリアム・ベヴァリッジ（William Beveridge）は，1940年代のイギリスにおいて社会保障システムを提案する際，「リスク」にではなく「貧困の解消」の必要性に言及した。しかしながら，彼の社会的リスクの根絶に対するこだわりは，その発言の中に容易に読み取ることができる。今日では強い違和感を覚えるような聖書の言葉を用いて，第二次世界大戦の終わりを「世界の歴史における革命的な瞬間」，つまりは「革命の時」となることを予期したのである。
　またこの時期，ベヴァリッジは「再建への道における5つの巨悪（貧困，疾病，無知，不潔，怠惰）」に立ち向かうことが必要であると述べた（Beveridge 1942, 第8パラグラフ）。彼は，広義の意味でのすべての「巨悪」に立ち向かうという文脈において，自らの報告書に記されているものを貧困への対策と見なした。彼は「貧困の解消のためには，社会保険を通じた手法と，家族ニーズに応じるという方法の2つによる所得の再分配が必要である」と主張した（第11パラグラフ）。社会保険に関して彼が提案したのは，拠出制の給付制度（国民保険）を通して行われる，失業者や高齢者，あるいは疾病者，寡婦などへの給付であった。さらに彼は，家族ニーズに合わせて収入を調整する必要性があるとし，児童手当はそのための対策として捉えていた。
　それらのことから，その政策提言が広く受け入れられたベヴァリッジ（彼の提言についての考え得る欠点については後述する）が「古い」社会的ニーズを確認していたと考えることができる。しかし我々は，「新しい」社会的ニーズがあ

ることを示唆する現代の文献に目を向けなければならない。それは，ピーター・テイラー－グッビー（Peter Tayor-Gooby）やガリアーノ・ボノーリ（Guiliano Bonoli）およびその同僚たちによる研究である。テイラー－グッビーは，新しい社会的リスクを「ポスト工業化社会への移行に伴う経済的および社会的変化の結果として，人々が生活において直面しなければならないリスク」と表現した（Tayor-Gooby 2004, pp. 2-3）。またボノーリは，ベヴァリッジとその同年代の人々によって構築された福祉国家が「男性の稼ぎ手の所得保護を重要な目的としていた」と主張し（Bonoli 2005, p. 432），さらに続けて次のように述べている。

> 今日，福祉国家が直面する課題は，明らかに以前より複雑となっている。稼ぎ手のための所得保護は，今でも我々の社会的保護システムの重要な機能である。しかし，労働市場や家族構造の変容は，社会的紐帯の保障と近代民主主義における国民の強い願望に応えすべての貧困から守るという点において，これまでの戦略が以前のようにはうまく機能するものではないことを意味している。
> 　　　　　　　　　　　　　　　　　　　　　　　　　　　　　（同上）

ボノーリは続けて，「新しい社会的リスク」の輪郭を以下のように描いている（ここではボノーリが示したリストの順番を，本章での議論により即した形に変更している）。

・社会保障制度の不十分な適用範囲
・ひとり親世帯
・仕事と家庭生活の両立
・低水準あるいは時代遅れの技能（スキル）の存在
・要介護状態の近親者をもつこと

本章の視点は，新旧のリスクの間にある違いを強調する主張に対して疑問を投げかけるものである。違いを強調することは，古い考えについて何らかの不十分さがあることを暗示し，さらにそれは，ベヴァリッジとその時代の人々が

第9章　イギリス社会保障の展開

願った普遍主義を否定するような政治家たちを暗黙のうちに援護することになる。しかしボノーリが実際に描いた新しい社会的リスクを概観すれば，その新しい社会的リスクが，ベヴァリッジやあるいは1960年代にベヴァリッジが描いたデザインを成立させようとした人々が確かに考慮していたものであることが分かる。テイラー-グッビーが社会的および経済的変化に重きを置いたことには，異議を唱えるものではない。ただしそのことは，ボノーリが示した近代の社会的リスクのうち，一つの例外——それは上述のリストのうちの最後の項目である——を除いたすべてのリスクに関連している可能性がある。これらは1960年代以降の，ベヴァリッジの理想から後退した政策に部分的に起因しているのである。

　本章では1940年代以降のイギリスの社会的保護政策の展開について分析しているが，特に現代の社会的保護に関する検討事項において，ボノーリによって示されたリスクがどのようにして重要な課題となって現われてきたのかという点が重視されている。それにより，いわゆる新しいリスクと呼ばれるもののいくつかに対して，ベヴァリッジが決して無関心だったのではないことを示し，さらにイギリスの社会的保護政策の展開における実態は，ベヴァリッジの提案した政策と，それらが政策として施行されていくやり方，および徐々にそれが変形していくことなどを総合的に勘案することを求めている。その分析をする際には，もちろん社会的変化の特徴を念頭に置いておかなければならないが，しかし同時期の政策における欠点を，単にそれらの変化の結果として捉えてはならないのである。

2　社会保障制度の不十分な適用範囲

　新しい社会的リスクとして「社会保障制度の不十分な適用範囲」をボノーリが挙げている点を，少し奇妙だという指摘もあるかもしれないが，それはこの議論を始めるにあたっての良い指摘である。なぜならば，ベヴァリッジ報告に沿って設計された国民保険システムが，変化していく世界に対処できるだけの堅固さを有していたかという疑問に，ハイライトを当てるものだからである。
　どのような社会保障システムにおいても，その設計には次の2つの基本的な

課題に取り組むことが必要となる。

・給付を受けるすべての国民の範囲を,どの範囲までと規定するか。
・どの水準の給付を提供すべきか。

　ベヴァリッジが非常に明解に示したのは,全労働人口が拠出者となり,また労働人口以外の者については,彼ら自身の以前の拠出あるいは家族員の拠出のいずれかを根拠とすることにより,社会保障システムがすべての人を包摂することが彼の求めるものであるということであった。またベヴァリッジは,給付は基本的ニーズを十分に満たしたものであるべきものと見なした。なお,家族のカヴァリッジの問題については,現実に起きたことを考慮に入れつつ,後の節で言及する。

　ベヴァリッジは,新しい国民保険制度に取って代わられる前の,より限定的な制度において拠出をしていなかった一部の人間が,社会保障を受ける資格を最初から持たないことを認識していた。社会保険の概念は拠出の認定を基礎とし,それゆえに以前の労働市場への関与を基礎としていたからである。そこでベヴァリッジが提案し,また政府も実行したのは,それらの制度開始当初に拠出歴のない者たちに対する,資力調査に基づく全国的な扶助制度であった。しかし彼は,すべての労働者が拠出者になっていくにつれて,このようなプログラムの重要性は薄れていくと考えていた。

　もし上述の2つの問題のうちの2番目の問題が解決されていれば,このようなプログラムの重要性は急速に低下したであろう。しかし,次の2つのプロセス:(a)ベヴァリッジが提案すべき給付水準を導き出したプロセスと,(b)政府が実際の給付水準を決定したプロセス,これらを研究した者たちは,実際にニーズの充足(あるいは,別の言い方をすれば貧困の防止)のためのアプローチとして提供された給付は,国家財政委員会が可能だと感じる程度において,そこそこの水準であったことを明確に示している(特にファイト-ウィルソン(Veit-Wilson 1992)およびレーベ(Lowe 1993)を参照)。ファイト-ウィルソンは,ベヴァリッジが貧困の定義,特にラウントリー(Rowntree 1941)の第一次貧困と第二次貧困の定義と格闘し,その前者に組み込まれた厳しいアプローチに傾斜し

第9章 イギリス社会保障の展開

たことを示している。またグレナースター（Glennerster）は，問題点を以下のように単刀直入に要約している。

　ベヴァリッジが拒否されたのは，彼自身の計画における混乱やごまかしのためだった。彼の提案する給付が，人々を貧困線以上に引き上げるのに十分であるという彼の主張には不確実さが付きまとい，彼に対する拒否はその中で起きたものだった。

　ジョン・ファイト-ウィルソンの論文（1992）では，1948年のその混乱した状況が"ごたごた"や"偽り"から生じたものなのかどうか，あるいはその責任が誰にあるのかといった問いが提起されているが，本章ではそれらの問いに答えることを試みてはいない。ここでの関心は，1948年からこれまで，ニーズを充足しようとした取り組みが，繰り返し取り行われながらも，それでも解決したとされることのなかった一連の問題を，いかにしてイギリスの社会保障に遺すことになったのかということである。そしてそれを説明する上で中心に据えられるのは，国民保険法（National Insurance Act）および生活保護法（National Assistance Act）の実施計画の中で，受給資格（entitlement：ここではこの用語を，貧困（want）や公的な文書でしばしば用いられるニーズ（need）に代わる用語として意図的に用いている）を公式に決定するための2つの異なるアプローチが，1948年の合意において容認されたという事実である。さらに，子どもの貧困に対するせいぜい形ばかりの対応でしかなかった児童手当の受給資格が加わることによって，透明度はいっそう不明瞭となった。

　国民保険と生活保護の関係性における最もシンプルなポイントは，当時，政府が後者の基本的な水準を前者のそれよりも低く設定したように見えたということである。一組の夫婦に対する国民保険に基づく1週間の給付は2.10ポンドであり，生活保護費は2.0ポンドであった。しかし，それとは別の部分で生活保護制度は，このような単純な対比から推測されるものとは逆の方向へと状況を変化させた。そしてそれ自体が，ナショナル・ミニマムが意味するものに対する疑念を示唆しているように見えただろう。とりわけ家賃やその他いくつかの住宅にかかる費用における給付の規定は，生活保護制度の中には含まれてい

185

ながら，国民保険には含まれていなかった。さらに複雑なことに，生活保護の職員はそのほかの「例外的」な経費へ支出についての自由裁量権を与えられていた。そしてそれによって，次のような相反するメッセージが伝えられることとなった。つまり，いくつかの点において，生活保護費の基本水準を国民保険の給付水準以下に設定することは，より狭い対象範囲という考えを暗に含んだものであるが，それにもかかわらず別の点でいえば，生活保護制度が防貧における明確な義務を負わされ，またある程度の費用の必要性を考慮に入れることに責任を負うようにみえたということである。

このようにして，お互いに併行して運営される2つの給付制度による取り組みは，イギリスの社会保障システムに矛盾をもたらした。そしてこの矛盾は今日のわれわれにまで残されている。ベヴァリッジは生活保護を「社会保険によってカバーされない限定的なニーズがある状況のための」ものと考えていた（Beveridge 1942, p.11）が，この考えは「生活保護のセイフティ・ネットは徐々に消えていく」という見通しから生まれたものであった。すなわち，拠出者の増加を通じて国民保険制度が強化されることによって，生活保護の重要性は減少していくと考えられていた。ただし，国民保険からの給付を得ながら他に資源をもたない多くの人々が生活保護も要求すれば，国民保険の給付率は生活保護によって保障される水準以上へと上昇せざるをえなかったとも考えられる。しかしながら，もちろんベヴァリッジの頭の中には，そしておそらく政策立案者たちにも，その状況を成り立たせるための民間による給付（とくに企業年金）の増加というもう一つのメカニズムがあった。

また現実には，給付額の毎年の引き上げという方向性を定めることによってあらゆる政府が直面するジレンマがあった。資力調査に基づく給付への依存から抜け出すために，もし国民保険の給付を生活保護費よりも早く上昇させれば，政府は最も貧しい人々の所得を増加させる必要性を無視していると責められる可能性がある。しかし，もし生活保護費が国民保険の給付よりも早く引き上げられれば，資力調査に基づく給付への依存度が上昇し，人々の経済的自立への後押しが弱まったと責められるかもしれない。また逆説的ではあるが，両方を一緒に変動させるという3番目の方法は，もちろん上記の両方の側面からの批判を引き寄せるものであり，これは政治的討論の常でもある（アジェンダにおけ

るこの問題の出現についての説明は，Deacon and Bradshaw 1983, を参照）。

現在では制度の名前も変わり，とりわけ生活保護（National Assistance）は補足給付金（Supplementary Benefit）と呼ばれ，異なる名前をもつ一群の制度として所得補助（Income Support），資力調査付きの求職者手当（Job Seekers Allowance），養老年金（Pension Credit），そして雇用および扶養手当（Employment and Support Allowances）などの中に生き続けているが，給付額の間の関係における課題は現在も残されている。

しかし同様に重要なことは，今日のイギリスにおける「社会保障制度の不十分な適用範囲」の存在は，基本的なデザインの欠陥よりも，普遍的社会保障の理念への政治的な抵抗の結果として生じたものであるという点である。拠出ベースの疾病手当は，その大部分は雇用主に対する疾病手当金の支給の義務（法定の疾病手当）に置き換えられ，拠出ベースの失業手当は厳格な期間の制限を課せられ「求職者手当」と呼ばれている。また，拠出制年金は最低生活水準をはるかに下回った額で支給され，そのため個人年金のない人々のための資力調査付き年金によって補完しなければならない。つまり本質的に，われわれがここで話しているのは，「新しい社会的ニーズ」というよりもむしろ，未だその充足が不十分な「古い社会的ニーズ」についてなのである。

3　ひとり親世帯

ベヴァリッジ報告の時代におけるひとり親世帯の発生原因は，おもに一方の親の死亡であった。亡くなったのが男性の稼ぎ手であった場合，救済方法は直接的で，社会保険制度のもとで寡婦と遺児への給付を行った。女性の稼ぎ手が亡くなった場合については注意が払われていなかったが，しかし子どもがいない寡婦，あるいは後に子どもが自立した寡婦の場合に対する国家の限定的責任に関する問題については多少の注目がされていた（後の立法によってより詳細になっていく）。また，寡婦が再婚した場合の手当の消失に対する規定もあった。なお，このような寡婦としての保護と，子どもの養育者としての彼女らの保護をどの程度区別すべきかという点については，複雑な問題がいくつかあるが，ここではそれらの複雑さについて詳しく述べることはしない。

第Ⅲ部　諸外国からの教訓

　ただし，きわめて重要な社会的変化として，一方ではそれまで稀れであった年金受給年齢に達する前の寡婦が増加したことと，もう一方で死亡ではなく家族の破綻の結果としてのひとり親世帯の顕著な増加がある。これはおそらく，「新しい社会的ニーズ」を重視することに関連しているだろう。

　しかしながら，ベヴァリッジはこの問題についてもいくつかの考えを示していた。ベヴァリッジ報告では，給付は死別の場合以外に家族の破綻の場合にも行われることが主張された。しかしながら，これは一つの選択肢として示されただけで，実際には取り上げられなかった選択肢であった。ベヴァリッジは，離別した女性に対する給付についてのあらゆる提案を，「過失」の概念に関連して責任を分担させるような法制度上の文脈と同じところに位置づけることで，扱いにくい問題だと捉えていた。もし夫が家族の破綻において落ち度があるのであれば，夫が家族の生計維持における継続的な責任を持つべきである。そして妻に責任があるのであれば，その場合は国家が給付の支払いを担うことには問題があると，ベヴァリッジは考えていた。保険についてのこのような考えをはっきりと示したことで彼は，傷病者の傷病の責任が本人にある場合に，この考えに基づくならば保険システムには支払いの必要がないと主張するに至った。われわれは現在，多くの結婚生活の破綻についての説明において，「過失」という概念はむしろ間違った方向性に導くものと認識している。しかしその事実とはまったく別のところで，ここでの根本的な問題は，おそらくそれよりも妥当な給付の方法があるだろうと思われているところで，保険という方法を用いていることである。そのより妥当な給付とは，その出来事に備えて保険に入っておくことが可能だったかどうかにかかわらず，特定のニーズをもった個人に「付随」（contingent）するものとして行われる給付という方法である。

　以上のような考察は，離別女性に対する社会扶助制度からの給付を妨げるものではない。しかしながら，そこには付加的な複雑さが生じてきている。それは単に結婚生活の破綻がより頻繁になってきたという状況のためだけではなく，婚姻関係のない両親がいまや非常によく見られるようになったという状況のためでもある。そのため，現在では死別によるひとり親が非常に稀れである一方で，離婚や内縁関係の破綻を理由としたひとり親世帯や，あるいは一緒に暮らすことを考えないまま子どもをもうけたことによるひとり親世帯が数多く見ら

れる。イギリスの社会保険制度は，扶養家族給付についての規定という点から，離婚の影響に多少の注意を払ってきた。しかし，このような現象にこれまで対応してきたのは，主として社会扶助の規定であり，同棲生活をしている者たちを結婚しているのとほぼ同様に幅広く対象とする制度や，非養育親（すべてではないが一般的に父親）に対して子どもの養育のために拠出させる措置などを通じて行われてきた。しかしそうすることで，部分的で不安定な家族関係に対応するための規定を構築することに関して，多くの課題に取り組まなければならなくなり，また，不正を防ぎながらも所得を考慮に入れていくための方法を，見つけ出さなければならなくなっている。

4　仕事と家庭生活の両立

　性的行動および家族行動の変化とともに，女性の労働市場への参加は劇的に増加した。男性が稼ぎ手で女性が主婦という社会からのシフトは，必然的に，またすでに言及したように，本来の社会保険モデルが基礎としていた仮定を掘り崩していった。この傾向に対応しながら社会保険を維持するための一つの論理的方法がある。それは社会保険を，家族（稼ぎ手と被扶養者）を基盤としたものから，むしろ個人を基盤としたものへとシフトすることである。イギリスでは，このような変化はいずれも秩序立てて発生することはなく，変則性が残った（例えば年金の受給資格規定の面）。しかし，先述のようなより著しい社会保険の浸食や政府の扶助的給付のための費用捻出に対する懸念は，受給資格に関する規定によって女性の労働市場参入を強化するという手法へと向かわせた。シングルマザーが労働市場へ参加することを求められずに手当を確保することが，21世紀になる前までは可能であったものも，もはやそれが実際にはあり得ないものとなっている（この点については，規制も徐々に厳しくなっている）。また関連する方策は，失業者の妻やパートナーの労働市場への参加を増加させようとする試みを引き起こしている。

　この話題に関するボノーリの議論では，この現象と関連して発生する保育の問題が注目されている。ここで見られた展開で最も重要なものは，社会的保護システムの領域を超えて，公的な保育施設の開発や低所得者（なかでも女性の割

合が大きい）が育児をするための補助金などである。これらの問題におけるイギリスの公共政策の発展はゆっくりとしたものであり，また一貫性がなかった。就学前児童の保育という点では，おそらく保育の負担からの解放に向けられるものと同じくらいの関心が，初等教育前の教育の供給増加に向けられてきた。さらに，子どもが義務教育年齢に達した後については，放課後の時間と休日の育児支援が提供されるが，それは親の子育ての問題を取り除くにはほとんど効果がないものである。

社会的保護の範囲で言えば，この課題についてのヨーロッパにおける2つの重要な発展は，出産および育児休暇の規定と子どもが病気の際の両親の休暇についての規定の出現である。イギリスでは，出産手当と子どもを持つことで仕事を辞めた女性への一時的な保険給付がベヴァリッジの方策の中に含まれていた。後者が当時，女性が拠出制から離脱することに対するある種の払い戻しと大差ないものとして考えられていたものであったことには，ほぼ疑いはないが，今日ではこの方法は，雇用主の義務として残されている。しかしイギリスでは，父親を含む両親の育児休暇について，雇用主の限定的な義務を除けば何の規定もないのである（つまり，必ずしも彼らに対する現金給付が行われない）。

5　低水準あるいは時代遅れの技能（スキル）の存在
―― 給付と労働市場への参加に関する課題

技能に関する問題は，社会的保護政策よりもむしろ労働市場政策に関連するものだといわれるかもしれない。しかし，それらの間にはもちろんつながりがあり，そしてきわめて重要なつながりは，現代の仕事と福祉との関係性に関連したものである。我々はすでに，これを女性，特にひとり親世帯の場合の女性の社会的保護のための処遇に関する問題として認識している。

しかしながら，ここでの問題は，一般的な労働世界の変化の中に，新たな一連の社会的リスクが実際にあるのかということである。ここで，イギリスの労働市場に関して考えうる明確なポイントがいくつかある。製造業と基本的な資源採掘産業（鉱業）が劇的に衰退し，様々な肉体的な熟練や，あるいは熟練と同じくらいに体力が必要とされた仕事への重要性は，顕著に減少している。ま

た，サービス産業は公的セクターと民間セクターの両方においてかなりの成長をし，電子テクノロジーの出現は多くの新しい技術の必要性をもたらした。

では問題はというと，これらの変化が仕事と福祉の基本的な関係性を変えるものであるのかということである。これには，そうではないという主張があるかもしれない。失業者へのあまりに容易な社会給付提供を非難する政治的レトリックに耳を傾ければ，労働市場への新しい参加者への訓練，あるいは年を取った失業者への再訓練がどの程度必要であるかという問題は，新しい問題であるとイメージされるかもしれない。しかし実際には，人々を労働市場へ適合させることについての関心は，はるか昔の1940年代にさかのぼる（Fulbrook 1978参照）。それらはイギリスの最初の公共救済制度の中に埋め込まれており，20世紀の最初の30年で発達した失業給付制度において，明確な公的承認を完全に得ている。（1940年代から実施に移された）後の失業給付制度には，失業者が就労や訓練の提供を拒否した場合に（また，その職を辞めたり不正行為のために辞めさせられたりした場合に），給付の取り下げを可能にするという規定があった。

ここで，失業者への給付システムを仕事と福祉をより効果的に関連したものへと適合させるための一連の動きについて，詳細な説明を行うことができるだろう。その象徴的でもっとも大きな変化は，1995年の失業者給付（unemployment benefit）の求職者手当（job seekers allowance）への改称であった。また，労働力を就労に結びつける（attachment）ことの強化に関して，その必要性に対する政治的関心は，高い失業率にもかかわらず，執筆時点では弱まっていない。同様の関心は，1920年代および30年代における大規模な失業という状況の中にもみられた。この状況については，「多くの変化があるほど，変化しないものも多い」というフランスの諺が非常に的を射ているだろう。

同様に，適切な訓練への関心も増加してきた。ただ，ここで記しておくべきなのは，イギリスは製造業の減少による伝統的な徒弟制度の弱体化を経験してきたということである。それは，（ヨーロッパ大陸の多くで認識されているように）この制度がまったく異なる——手工業でない——職種にも適応できるという認識の欠如を背景としていた。いずれにしても，ここでのポイントは，これらの措置と社会的保護とのつながりは，お世辞にもあるとはいえないということである。

労働供給——労働需要に対峙するものとして——がどの程度失業率に影響するのかという問いは，経済学者の間では，長い間の最大の関心事であった（たとえばベヴァリッジは，1912年までさかのぼってこの点を論評している）。経済学者の推測では，労働力の価格（労働者が求める賃金）を適切に低下させることで，失業者を減らすことができる。そしてそのことの関連において，仕事と社会的保護の間には明確なつながりがある。つまり，失業手当より低い賃金の仕事であれば，個人は仕事の機会を拒否するはずである。この問題は社会的保護制度と同じくらい古い問題であることを再度述べるが，時間を経たことによる違いは，次のことが考慮されている点である。すなわち，失業した人々への補償が，かれらを法定貧困レベルの賃金の仕事に向かわせるほど低くてはいけないということが，どの程度妥当と考えられるのかという点である。

それでは，ここに新しい社会的リスク問題があるのか。それとも，単に非常に古い社会的リスク問題が新しい展開を見せているだけなのだろうか。新しい展開として妥当だと考えられるのは，次のような点である。

- 雇用が，グローバルな労働市場にどの程度あるのか。そのグローバルな労働市場においては，ある国による貧困レベル以上の賃金を維持するための努力は，多くの人がより安い賃金でも進んで働こうとするような別の世界の中では，その国の競争力を掘り崩す。
- 労働移動が，当該国において上記の問題への認識をどの程度増大させるのか。
- 仮に貧困が家族の所得の問題と見なされるならば，1人以上の家族成員の労働市場への参加が，どの程度の違いを生むのか。2人の賃労働者がいる状況，あるいはもし多くの仕事がパートタイムの仕事であったとすれば1.5人の賃金労働者世帯といえるかもしれないが，そのような状況は，1人分のいわゆる適当な収入が，家族を貧困ではない状態を維持するために十分な額よりもはるかに少ない可能性があるという意味を内包している（ベヴァリッジの頃の状況ではありえなかったことではあるが）。

われわれの現代世界における雇用の捉え方について示したこのリストの中に

第9章 イギリス社会保障の展開

は——本章ではとくにそれに対する立場を明らかにしないが——異論の多い課題もある。しかしながら，イギリスにおいてまさにこれらの課題に関連して見られるのは，就労中の人々を支援する給付の発展である。その発展はわれわれを，ベヴァリッジの最初の懸念に立ち返らせる。それは，「稼ぎがない時期だけでなく働いている時期も含めた，家族のニーズに合わせた所得の調整」（13パラグラフ）をするものとしての社会保険に，付随して起こる懸念である。彼は，子どものための手当てがないことについて，次のように主張した。

　…稼ぎの中断に対する適切な保険はないかもしれない。しかし，もし児童手当が収入のない時にだけ支給され，収入のある期間には支給されないのだとしたら，2つの悪事が避けられない。1つは，大家族の低賃金労働者はかなりの程度の深刻な貧困のままであるだろう。2つ目には，そのようなすべての場合において，失業中や休職中の収入の方が仕事をしている時よりも多くなるだろう。
　　　　　　　　　　　　　　　　　　　　　　　　　　　　　　　　（同上）

このようにして，家族の貧困を減少させるためのアプローチと，高い水準の給付が阻害要因として働くという主張に対する対応とが，結びつけられることになった。このような手当は，それが「家族賃金（family wage）[1]」についての主張を攻撃するものと捉えた労働組合運動から反対を受けた（Pedersen, 1993）。にもかかわらず，家族手当（Family Allowance）と呼ばれる2人以上の子どもをもつ家族のため少額の手当が1945年に導入された。それには定期的に物価上昇に合わせて補正する規定はなかったが，1975年に児童手当（Child Benefit）によって取って代わられた際に，第1子から支給されるように変更され，また定期的に引き上げをすることが規定された。

　子どもの貧困に反対する活動家たち（彼らの活動は1965年の児童貧困アクショングループ（Child Poverty Action Group）の創設によって強化された）は，必然的に児童手当（Family Allowance / Child Benefit）の改善に主な焦点を当てた。この方法で取られた普遍主義——普遍主義特有の長所でもあるが，いかなる形の直接的な賃金補填あるいは資力調査も避けるものであるため——は，反対勢力による国家財政への直接的コストについての強調を誘発した。その結果，子ども

の貧困に関する根拠（evidence）の認識の上に立ち，的を絞った代替手段を探求する「中道派（centrist）」が現れた。賃金を直接的に補填する公的制度をもつことは，長い間好ましくないと考えられており，貧民救済の手段として位置づけられていた「スピーナムランド制度」（それが実施された地域の名前に由来して名づけられた）は，1832年に公式に廃止されていた。しかし1972年になって，エドワード・ヒース（Edward Heath）が率いる保守党政府が，主要な稼ぎ手がフルタイムかつ低賃金である家族に対して補助金を支給する家族向け所得補助（Family Income Supplement）を，資力調査付き給付として導入した。ここから，21世紀のブレア政権による税額控除制度（Tax Credit system）の導入と，その精緻化によって出現する「（家族だけではない）低賃金労働者へのより広範囲の補助金」への道のりが始まったのである。税額控除制度は育児費用への補償の方針を超えて，低所得に対する一般的な補助にまで拡大した。

　イギリスのシステムには，新しい社会的ニーズに関する研究ではその点は取り扱われていないもう一つの論点がある。それは住宅政策が社会保障政策に対して深刻な問題を発生させてきたという点である。ここまでにも少しふれたが，この問題に対するベヴァリッジのアプローチでは，社会保険に依存する人々が住宅費の充足のための補足的な社会扶助を必要とするだろうと考えられた。しかしながら，当時，一律かつ比較的低家賃の補助金付き公的住宅制度があり，それは大規模なうえにさらに増加傾向にあった。この問題に対応するために，社会保険給付を改善させることは可能であったかもしれない。しかし1970年代以降，建設のための補助（subsidy of housing）から賃貸のための補助（subsidy of tenants）へと，住宅政策の意図的なシフトがあった。このシフトは公営住宅のプライバタリゼーションによって強化され，賃貸料格差の拡大という結果を生んだ。その結果現われたのは，低所得者が家賃を支払うことができるようにするための資力調査付き「住宅給付（housing benefit）」であった。税額控除システムへの変化については，同時にこの資力調査付き給付の運用——それは収入が増えるに従って給付が減るように設計されている——を考慮に入れる必要がある。

　本章の執筆時点で，政府は，これらの資力調査付き給付の複雑さの減少とその就労阻害要因の最小化を図るため，一般的な所得保障のための計画を検討し

ていた (Department for Work and Pensions, 2010)。しかしながら，それは給付率の削減を背景に行われており，そのことがこの計画に制限を与えている。

また税額控除制度の一連のパッケージには，障害者のための税額控除も存在する。これはニーズと労働市場についての最後の論点を提供するものである。1940年代の合意には，仕事や戦争によって障害をもった人々に対する特別な給付を除けば，仕事に就いている障害者に補償を行う術は何もなかった。疾病保険システムには，仕事をすることができない人々のみを支援するような，厳格な線引きが暗黙のうちにあった。その後，上述したように，疾病保険は法定疾病手当に置き換えられた。この制度では雇用主による支援の提供は求められず，長期の疾病をもつ人々のグループが置き去りにされ，社会保険制度に依存していった。やがて1980年代になると，このグループの規模が大きくなりだした。人々が健康になっていき，重度の肉体労働を伴う就労が減少していく社会において，このことは驚くべき展開として捉えられたかもしれない。実際，この状況については様々な説明が提案された。またこの展開は，失業者の増加と同時に起こったものだったが，長期疾病グループへの給付は失業者への給付よりも高い水準で支払われ，健康診断が必要とはされたが，このグループの人々による申し立てについてのすべての審査は，失業に対するものよりも緩やかだと考えられていた。製造業の衰退によって職を失った高齢の労働者に対して，フランスなどは早期退職を認める制度を設けたが，イギリスは同様の効果を得るために疾病給付という緩やかな方法を取った (Kohli, et al. 1991)。失業者を働くことができない (incapacitated) 人として再定義したことにより，「統計を操作する」(massaging the statistics) 方法の一つを手に入れたのである。

それにもかかわらず，長期疾病者への高水準の給付は，失業率が下がり，重工業部門から追われた労働者の世代が完全に引退した後でさえも維持された。このような状況のもとで，障害がより分かりにくい者，例えば循環器系や背骨・腰に問題をもつ者，メンタル面での疾患をもつ者などが注目された。21世紀の政府は，社会的保護に関わる費用の増加をしきりに断ち切ろうとしている。そして年金費用の増大に対して政治的に何の対処もできないことが分かると，これらの社会保険受給者グループを要注意グループとして位置づけた。その結果，イギリスでは，給付の規定は（ここでは詳細は割愛するが，給付の名前ととも

に）変化し，長期疾病者の中から労働市場へ参加する者を増加させようとするものになった。いくつかの点において，このことは単に疾病を失業と再定義したものと見ることもできる。しかし，公平性に配慮して言えば，障害をもつ人々の就労を支援し促進しようとする方向にいくぶんか配慮したものであるといえる。

　本節には，単にボノーリのリストで示された低水準あるいは時代遅れの技術をもった人々についての問題以上の，幅広い問題を指し示す副題が付けられている。しかし検討された課題は，政治的な射程に上る主たる政策領域の中でも，現代のイギリスにおける社会的保護への取り組みのまさに中核となるものである。この考えは，トニー・ブレア（Tony Blair）率いる労働党政府が最初に政権を握ったとき，次のように明確に打ち出された。

　　新しい福祉国家は，労働年齢にありかつ働く能力がある人々に対して，彼らの就労を援助し，またエンカレッジしていくべきである。政府の狙いは労働を中心として福祉国家を再構築することである。　　（DSS 1998, p. 23）

6　要介護状態の近親者をもつこと

　ボノーリの挙げた最後の「新しいリスク」は，ベヴァリッジ報告では何の注意も払われなかったリスクである。ボノーリは，これをめぐって，ヨーロッパ福祉国家が全盛期であった頃のことについて次のように述べている。

　　虚弱な高齢者や障害者への介護は，ほとんどが仕事をしていない女性により，無報酬でインフォーマルなベースによって提供されていたが，……女性の労働市場への参加パターンの変化に伴って，この役割も外部化されることが必要になった。それが（サービスの不足によって）できない場合，重大な福祉の欠如という結果にもなりかねない。　　（Bonoli 2005, p. 434）

　それに直面して，我々がここで挙げる一つの問題は，何よりも主流の社会的保護（所得保障）よりもむしろ公的サービスについての課題である。1940年代

のイギリスにおけるこのテーマについてのただ一つの重要な立法は，1948年の生活保護法（National Assistance Act）であった。それにより，所得保障におけるすべての責任を中央政府へ移転させることが完了したが，成人に対する施設ケアについての責任は地方政府に残された。

この施設ケアは，かつての救貧法における「ワークハウス」とほぼ同様のケアホームによるものであった。ここでのケアは（明示はされていないが暗黙のうちに），自らのケアができないために介助や介護を必要とし，またそれを提供する家族のいない貧困者のためのものであった。しかし実態は，ケアのための政策と所得保障政策を様々な方法でお互いに関連づけることになった出発点とは，別のところから生まれてきた。1950年代と60年代の間に，無料のもの・有料のもの（とはいっても資力調査によっては無料になる）を含めた様々なサービスを，自宅にいる人に提供するだけの権限を地方自治体は確保した（Means and Smith 1985）。一方で，併行して生じた社会的保護の発展は，重度の障害をもった人々が彼らの介助や介護にかかる追加の費用の一部を賄えるようにするための，少額の現金給付をもたらした。そして，かつての救貧法の施設に関連した当初のスティグマを改善する取り組みが，古い施設の建て替えとともに始まった。加えて，民間およびボランタリー機関による緊急時のケアホームへの補助金が，社会扶助システムを通じて設けられた。

1990年，議会の一つの法律により，介助や介護への支払いの管理がすべて地方自治体へと戻された。地方自治体は，低所得者向けの民間の介護サービスのパッケージの購入者（buyer）となり，一方でそのサービスの供給者としての役割は減少した。標準的な国の資力調査はケアホームの補助金を割り当てるために設けられ，地方自治体には在宅ケアの料金の取り扱いに関して，それと類似した政策を採用することが求められた。これらの変化は介助や介護における国家による支援を保障されている者とそのために高い料金を払わなければならない者の間に明確な差をもたらした。これは，すべての公立病院におけるケアは無料であるという事実によって，さらに強められた。それゆえに，介助や介護への補助金についての代替的なアプローチの探求が始まった。王立委員会（Royal Commission on Long Term Care 1999）は介助や介護にかかるコスト（ただし食事代 board cost と宿泊代 lodging cost を除く）は資産／所得の多寡にかかわら

ず支援されるべきであると提言した。スコットランド政府はこの方針を採用したが，イングランド・ウェールズ・北アイルランド政府はそうはしなかった。

　この話題に関する議論はまだ続く。2010年に敗北した労働党政府は，新しい構想を提案していたが，新たに発足した政府は問題を調査委員会に投げ返した。ジャーナリストたちが「ミドル・イングランド (middle England)」と呼ぶ，社会において中所得に位置しかつその多くが住宅を所有しているグループにおける重要な関心事は，自宅での介護代金の支払いが自分たちの受け継いだ財産をどれほど食いつぶすかということである。しかし，そのすべてが，社会的保護における「要介護状態の近親者をもつこと」の問題とどのような関係があるのだろうか。ここでポイントとなるのは，要介護状態の近親者をもつ人々の介護が多くの家族にとって未だに直接的な心配事であるという事実は残されているということであり，直接的な心配事ではない拡大家族の場合には，貧困層ではない者についての介護の費用の充足を政府が拒否したときの間接的な影響についての懸念がしばしば見られるだろうということである。

　この間，介護者に直接的に影響を与える措置が採られることによって，状況はさらに複雑になっている。仕事ができなくなった低所得者は例外的に少額の公的給付を得ることができる。そのような人々の国民年金の権利を守るための規定もある。また，介護を必要としている人々に対して慎ましく部分的ながら介護費用を支給する給付（介護手当 (Attendance Allowance)）も存在する。さらに複雑なのは，いくつかの場合において，在宅での介護を必要とする低所得者には，直接的なサービスよりもむしろ介護サービスを買うための給付を得る可能性もある。ただしこれに関連しては，家族メンバーによる介護への対価を彼らが得ることを難しくするような規定が伴っている。

　必然的に，日本と同様，これらの混乱への対応として議論される代替案の一つは，介護保険の開発となる。しかし，ヘルスケアは社会保険制度と関連していないという状況を背景とする中で，さらに上述のように本来のベヴァリッジ制度が著しく衰退している中でそのような制度を導入することについては，その導入が他の政府機関による増税策として見なされるだろうという，政治的困難が存在している。

　すべての社会的ケアについての議論が提起していることは，1940年代の社会

的保護改革が遺したと考えられている何かである。その何かとは，（核家族に対するものとしての）拡大家族が家族メンバー内のニーズに対して責任をもつという概念である。皮肉にも社会的保護は，上記にも述べたが，一人の稼ぎ手を「世帯主」とする核家族を極めて重要な評価の単位とする考えから離れ，より個別的な基準のもとで展開する傾向にあるが，一方で介護は暗黙のうちに家族の関心事として残されている。この課題についてのボノーリの発言を振り返ってみると，成人の介護は家族介護者によって十分に供給される限り隠された問題であることが示唆される。しかしそれも，単に女性の労働市場参加によってだけではなく，まさに今現在，高齢まで生き延びてきている非常に多くの人々の存在によって，隠れた状態から表面に上ってきた。そしてこのことは，高い持ち家率と，その住宅が期待される資産取得や相続の一つの形態であることによって，イギリスに特有の歪み（これについてはイギリスだけではないが）をもたらしている。

7　イギリスの社会保障はどこへ向かうのか

　本章では，社会的リスクに関するベヴァリッジの視点（古い社会的リスクの視点：ベヴァリッジはリスクよりも貧困（want）について述べることを好んだが，ここではリスクとする）を，ボノーリによって描かれた新しい社会的リスクと対比させることによって，1940年代からのイギリスの社会的保護システムにおける発展を検討してきた。ボノーリのリストにあった最後の項目についてだけは，ベヴァリッジ報告では何の注目もされておらず，ボノーリの視点は，男性を稼ぎ手，女性を主婦やケアラーと見なす家族観をもった当時の人々にとって，この項目が多くの点で隠された問題であったことを意味しているものとして認識することができる。
　残りの課題についていえば，ボノーリが雇用の領域における変化（仕事のタイプとジェンダー間の配分の両方の意味での変化）として強調した明確な課題については，ベヴァリッジはそれを予測することがなかったか，あるいは（女性の場合には）無視していた。しかし，一方で，古いリスクは未だに福祉国家であるイギリスが注意を払わなければいけないリスクの中心的なものであるといえ

るだろう。そして、イギリスの場合についてのあらゆる議論において重要なことは、労働市場への参加の強化は常にシステムに見られるものではあるが、その関心の程度が突出したものになってきているという点である。

性行動および家族行動の変化も、堅固な社会保険制度がもしそれらに適合的でないとしたら、ここで強調されるべきかもしれない。この点においては、ボノーリが社会保障の範囲の不十分さを新しい社会的リスクとして強調したことが、むしろ奇妙に感じられる。ボノーリは数多くの比較社会政策の学研究者のうちの一人であり、彼のほかの著書（Bonoli 1997）において、イギリスの社会福祉国家の合意における特有かつ長期にわたる脆弱性をこの点から強調していたのである。

1951年までは、福祉国家という言葉がイギリスに適用されることが正当視され、またいくつかの点においてイギリスが世界のリーダーであるという主張が許されていたかのようであった。しかし、今日我々がイギリスの社会政策を国際比較の観点から見たとき、そのパフォーマンスのレベルは北東ヨーロッパの他のほとんどの国々よりも低いレベルにあることがわかる。そこでわれわれは、「福祉国家」という言葉がイギリスにどの程度当てはまるかを問わなければならない。そして、それに続くのは次のような疑問、つまり、イギリスの福祉国家の先駆者としての誇るべき位置からの衰退は、社会の変化の結果なのか、その後の政策の結果なのか、あるいは、当初から不安定な基盤の上に位置づけられていたのか、という疑問である。

イギリスの基盤が当初から不安定であったという考えは、エスピン-アンデルセンの理論の中にも暗に示されている。彼はイギリスを、「国家は最低限の普遍主義」を維持しつつ「より高度な福祉を求める社会階層が増大していくことに対しては市場」にその対応をゆだねる、「自由主義レジーム」国家の一つであると定義づけている（Esping-Andersen 1990, p. 26）。この自由主義的アプローチの核心は、ベヴァリッジによって第二次世界大戦中に提唱された社会保障システムにある。ボノーリはベヴァリッジのモデルを次のように記述している。「…普遍的規定によって特徴づけられ、（受給）資格は居住地とニーズ（あるいは居住地のみ）に基づいており、給付は概して均一額とし、税を財源とする」（Bonoli 1997, p. 157）。彼はベヴァリッジ型とビスマルク型の社会政策の違

いについて，前者を「貧困の救済への関心」，後者を「労働者の所得保障への関心」として描き出した。「再分配の矛盾（paradox of redistribution）」を述べた時のコルピ（Korpi）とパルメ（Palme）の頭の中にあった違いもそれであり，彼らはビスマルク的アプローチを，長期にわたる社会政策の発展のためのより安定的なモデルとしてとらえた。そしてその理由を，ビスマルク的アプローチが社会政策における政治的な利害関係（political stake）を，生活が困窮する労働者と同じくらいにより裕福な労働者にももたらすためであるとした（Korpi and Palme 1998）。それではわれわれは，ベヴァリッジはリスクの把握については正しかったが彼が提案したリスクに対応する政策は間違っていた，というべきなのか。とりわけ，彼の独特な社会観が政策に対して脆弱な基盤を与えてしまった，というべきなのだろうか。

　1951～79年までの期間，つまり変化していく時代の中で，社会保障の研究者の間でベヴァリッジのモデルを強化し適用させようとした人々（例えばLister 1975を参照）や，普遍主義に反対した人々（例えばHarris and Seldon 1979参照）の間で論争が交わされた。この論争の背景には強力なイデオロギー的要素があったが，同時に，給付の最小化を強く望みながら，収入や貯蓄を阻害する要因を包含した資力調査のやり方について懸念するという，根本的なジレンマがあった（1970年代後半にDonnisonによる社会扶助システムのレビューで取り上げられている。彼のそれに対する考えを参照，Donnison 1979）。そしてその頃，この問題に折り合いをつけることを求めて「ベーシック・インカム」の提唱者が現れてきた（Parker 1989）。

　今日，特定のニーズの根源を確定することを含め，ベヴァリッジの社会保険モデルに立ち返るための方法について，現実的な検討はされていない。それどころか，いわゆる「福祉改革」にとっての主要な関心事は，求職活動を阻害する要因を最小化するための努力の一環として，低所得労働に就く人々のための税額控除と労働年齢にあって働いていない人々の資力調査付き給付を，さらに統合することにある。

注
(1) "family wage" とは，賃金は妻子を養うのに十分なものであるべきという主張に

基づき，18世紀の終わりから19世紀にかけて，労働組合運動が賃上げ交渉において掲げた目標である（訳者注）。

参考文献

Beveridge, W. (1902) *Unemployment: A Problem of Industry*, London: Longman.
Beveridge, W. (1942) *Social Insurance and Allied Services*, Cmd. 6404, London: HMSO.
Bonoli, G. (1997) "Classifying Welfare States: a Two-Dimensional Approach," *Journal of Social Policy*, 26(3), pp. 351-372.
Bonoli, G. (2005) "The politics of the new social policies: providing coverage against new social risks in mature welfare states," *Policy and Politics*, 33 (3), pp. 431-450.
Deacon, A. and J. Bradshaw (1983) *Reserved for the Poor*, Oxford: Martin Robertson.
Department of Social Security (1998) *A New Contract for Welfare*, Cm 3805, London: HMSO.
Department for Work and Pensions (2010) *Universal Credit: Welfare that Works*, London: HMSO.
Donnison, D. (1979) "Social policy since Titmuss," *Journal of Social Policy*, 8 (2).
Esping-Andersen G. (1990) *Three Worlds of Welfare Capitalism*, Cambridge: Polity Press.
Fulbrook, J. (1978) *Administrative Justice and the Unemployed*, London: Mansell.
Glennerster, H. (1995) *British Social Policy since 1945*, Oxford: Blackwell.
Harris, R. and A. Seldon (1979) *Overruled on Welfare*, London: Institute of Economic Affairs.
Kohli, M. et al. (1991) *Time for Retirement. Comparative studies of early exit from the labour force*, Cambridge: Cambridge University Press.
Korpi, W. and J. Palme (1998) "The Paradox of Redistribution: Welfare State Institutions and Poverty in the Western Countries," *American Sociological Review*, 63 (5), pp. 661-687.
Lister, R. (1975) *Social Security: The Case for Reform*, London: CPAG.
Lowe, R. (1993) *The Welfare State in Britain since 1945*, London: Macmillan.
Means, R. and R. Smith (1985) *The Development of Welfare services for elderly people*, Beckenham: Croom Helm.

Parker, H. (1989) *Instead of the Dole*, London: Routledge.
Pedersen, S. (1993) *Family, Dependence and the Origins of the Welfare State*, Cambridge: Cambridge University Press.
Rowntree, B. S. (1941) *Poverty and Progress*, London: Longmans Green.
Royal Commission on Long Term Care (1999) *With Respect to Old Age*, London: HMSO.
Taylor-Gooby, P. (2004) "New risks and social change," in P. Taylor-Gooby (ed.) *New risks, new welfare?*, Oxford: Oxford University Press.
Veit-Wilson, J. H. (1992) "Muddle or mendacity: The Beveridge Committee and the Poverty Line," *Journal of Social Policy*, 21 (3).

（郭芳・山村りつ訳）

第10章　韓国における社会政策のジレンマ
――「後発」福祉国家における新しい社会的リスク――

金　淵　明

1　「後発」福祉国家の特殊性

　韓国は，1990年代後半になり，社会保障制度の急速な膨張を経験し，福祉国家体制を構築し始めた（Kim 2006；武川 2010；田多 2010）。現在，韓国はほとんどの福祉国家において存在している各種社会保険制度や貧困層の最低生活を保障する公的扶助制度をもっており，高齢者，女性，障害者などのためのある程度の社会サービスも実施されている。もちろん，この中の一部の制度は依然として貧困層だけに適用される選別主義的原理が支配しており，人口の相当数が福祉の恩恵から排除されており，完璧な普遍主義的な福祉国家の姿をもつまでには至っていない。

　韓国における社会保障関連支出は，2008年度においてGDPの8.3％であり，ヨーロッパの福祉国家に比べて低い。しかしながら，過去10年間社会福祉関連支出を急激に増やしており，公的年金や健康保険などの革新的な社会福祉プログラムが成熟し，社会福祉関連支出も今後相当増えるであろうと予想されている。端的にいうと，現在の韓国は福祉国家の姿と福祉国家以前の姿が混在しているが，福祉国家としての体制が強化されているため（Kim 2008；Ramesh 2003），現在の韓国は，福祉国家の初期段階に差しかかった「新興」福祉国家（emerging welfare state）であると言える。

　一方，第二次世界大戦以降，現代的福祉国家体制を整えた欧米諸国の歴史に比べ，韓国は福祉国家化が欧米諸国に比べて遅い，「後発」福祉国家（late welfare state）でもある。これは，韓国が福祉国家体制構築の段階において直面し

た社会的リスクの構造が,「先発」福祉国家が直面した構造とは大きく異なることを意味する。

　第二次世界大戦以降,1970年代半ばまでの欧米における資本主義の黄金期に成立・発展した既存の福祉国家は,典型的な産業社会,すなわち,製造業を中心にした安定した雇用構造と高い経済成長率,高齢者人口の割合が相対的に低いという若い人口統計的構造,そして,男性稼ぎ主モデルなどの経済社会的条件の下で機能していた(Taylor-Gooby 2004)。このような構造の下での「古典的」福祉国家プログラムの焦点は,いわゆる「古い」社会的リスク,つまり,失業,疾病,産業災害(日本の労働災害に相当する,訳者注,以下,同様である),高齢などのリスクに晒され,所得がなくなった時に所得を保障する所得保障プログラム(income maintenance programs)を全国民に適用することに置かれていた。

　しかし,1980年代以降,欧米において,いわゆる後期産業社会という経済社会的な構造変化,つまり,サービス産業の拡大による経済成長率の低下,低熟練労働者の消滅と女性労働者の増加,少子高齢化,そして,労働移民の増加による社会的異質性の増大などはいわゆる伝統的産業社会において広範囲に存在していなかった「新しい」リスクを顕在化させ(Castles et al. 2010, pp. 12-13),このような社会構造的要因は,古い社会的リスクに焦点が置かれていた「古典的」福祉国家の全面的な再編,つまり,「新しい」福祉国家の必要性を提起したのである(Esping-Andersen et al. 2002)。

　このように,欧米の「先発」福祉国家の発展過程を図式化すると,社会的リスクの構造と福祉国家の構造との相関関係を見ることができる。つまり,「先発」福祉国家は産業社会の段階において,古い社会的リスクに対処するための「伝統的」福祉国家体制を構築し,後期産業社会の段階に差しかかり,過去においては顕在化しなかった新しい社会的リスクが台頭したため,それへの対応策として新しい福祉国家の必要性が議論されているのである。

　一方,韓国のような後発福祉国家は先発福祉国家とは異なる状況に置かれている。つまり,先発福祉国家は古い社会的リスクへの充実した対応体制が構築された状態で,新しい社会的リスクに適応しているが,韓国は古い社会的リスクへの対応体制があまり構築されていない状態で,新しい社会的リスクの大き

な挑戦に直面しているのである。韓国が福祉国家の初期段階に差しかかった1990年代後半は，すでに韓国社会において，非正規職労働者の増加，少子高齢化の進展，そして，女性の労働市場への参加が増大するなど後期産業社会において現れる新しい社会的リスクが顕在化した時期である。そのため，韓国は福祉国家の初期段階において整備できなかった，古い社会的リスクへの対応策としての福祉プログラム，つまり，所得保障プログラムの充実化という課題とともに，新しい社会的リスクに対応するための「社会的投資政策（social investment policy）」のような，新しい福祉プログラムの導入という2つの課題を抱えている。

このような特殊性ゆえに，後発福祉国家の韓国における新しい社会的リスクへの対応は，先発福祉国家のそれとはかなり異なる意味をもつ。本章では，古い社会的リスクと新しい社会的リスクが共存している後発福祉国家である韓国における社会政策的対応を考察し，後期産業社会から福祉国家の段階に差しかかった韓国が直面している社会政策の根本的なジレンマについて検討する。

2　社会的リスク構造の諸相

リスク構造の違い

社会的リスクは，伝統的産業社会において広範囲に発生した古い社会的リスク（old social risks）と後期産業社会において顕在化する新しい社会的リスク（new social risks）に分けることができる。テーラー・グッビー（Taylor-Gooby）は，新しい社会的リスクを「後期産業社会への移行に関連した経済，社会の変化に関連した結果として，人間が生きている間に直面するリスク」（Taylor-Gooby 2004, p. 2）と定義し，主に，人口家族構造の変化，労働市場の変化，そして，民営化などによって新しい社会的リスクが発生しているとしている。とくに，次の3つの領域において，社会的弱者が新しい社会的リスクに晒される可能性が高いと指摘している。第1に，家族と性別役割分担の変化に関連し，(1)仕事と家族の責任，とくに，児童養育の責任における家族間，性別のバランスを取ること，(2)高齢者ケアの要請を受けるか，あるいは，ケアの対象者になっても，家族の支援を受けることができない場合である。第2に，労働市場の

変化に関連し，(1)適切な水準の賃金と安定した仕事に就くために必要な技術がない場合，(2)不要になった技術や訓練を受けたか，あるいは生涯教育によってその訓練と技術を向上させることができない場合である。第3に，福祉国家の変化に関連し，不安定で不適切な年金と民間からの不満足な内容のサービス供給に頼る場合である (Taylor-Gooby 2004, p. 5)。

　テーラー・グッビー (Taylor-Gooby) による新しい社会的リスクの定義は，(後期) 産業社会的特徴をもつ先進資本主義国のリスク構造を把握するうえで役に立つが，国によって異なる特殊性も無視できない。例えば，女性の労働市場への進出による仕事と家庭の両立は，自由主義型福祉国家と保守主義型福祉国家においては比較的「新しい」社会的リスクであるが，北欧諸国においては，以前から存在していた「古い」新しい社会的リスク，つまり，'old' new risk である (Timmonen 2004, p. 83)。

　韓国においても，後期産業社会的特徴が現れるようになり，1970年代と1980年代の産業化の時期において大きな社会問題化しなかった仕事と家庭の両立，非正規労働者の貧困などの社会的リスクが顕在化したのは事実である。しかし，その諸相はかなり異なる。例えば韓国においては，年金のような主な福祉プログラムの民営化がなされていないため，民営化による新しい社会的リスクは発生していない。(1)人口構造の変化に関連し，欧米においては，仕事と家庭の両立と高齢者ケアが新しい社会的リスクの範疇に属するが，韓国においては，それだけではなく少子化という，より深刻な問題がある。また，労働市場の構造変化に関連し，韓国においては非熟練労働者の労働市場への適応の問題より，非正規職労働者の急激な増加と彼らの劣悪な労働条件，そして，ワーキングプア (working poor) がよりいっそう深刻な新しい社会的リスクであるといえる。

　そこで本章では，人口家族構造の変化と労働市場の構造変化から発生するリスクを新しい社会的リスクとする見解に従うが，韓国における新しい社会的リスクの種類と深刻さは欧米の福祉国家のそれとは非常に異なるということを前提に，韓国社会におけるリスクの構造の変化とそれへの社会政策的対応を考察する。

第Ⅲ部　諸外国からの教訓

労働市場構造の変化と新しい社会的リスク

　韓国におけるリスク発生の構造が転機を迎えたのは，人口家族構造および労働市場構造が急激に変化しはじめた1990年代半ばである。まず，労働市場構造から検討する。韓国の労働市場構造が急激に変化したきっかけになったのは，1997年に発生した「外国為替危機」(2)である。1960年代における本格的な産業化の開始以降「外国為替危機」まで，韓国は高度経済成長を続けることによって，「パイ」を拡大することに成功し，そのプロセスの中で，巨額の所得と大規模な雇用が創出された。世界銀行が世界の60の発展途上国における1965年から90年までの経済成長と所得分配の状況との関係を比較したデータによると，韓国は台湾，香港などと共に他の国とは比べられないほどの高い所得の増大ときわめて良好な所得の分配という2つの目標を同時に達成した国であると評価された（World Bank 1993, pp. 29-32）。つまり，韓国は経済成長のプロセスにおいて，多くの雇用の創出と良好な所得の分配構造をもたらすことに成功したのである。良好な所得の分配構造は，標準化された製品を安い労働力によって大量に生産する，フォーディズム（Fordism）に基づいて形成された均質な労働市場がその基礎になったといえる。すなわち，労働市場における賃金，雇用形態が均質化した大量の賃金労働者の存在により，良好な所得の分配構造が形作られたのである。

　このような，均質な労働市場に基づき，韓国は1960年代初め頃，産業災害保険を導入し，1977年には医療保険，1988年には国民年金(3)，また1995年には雇用保険を導入し，古い社会的リスクに備えるための基本的な制度的枠組みを拡充した。しかしながら，1990年代半ばまで韓国の社会保険制度は，医療保険を除けば，すべての賃金労働者あるいはすべての経済活動人口を網羅する普遍主義的な社会保険制度として完成しているとは言えない段階であった。

　1997年の外国為替危機以降，韓国社会では企業間（大企業と中小企業），産業構造（輸出と内需），そして，労働市場構造において急激な両極化が発生した。三星，現代などの大企業は技術力で国際競争力をつけ，輸出によって相当の富を蓄積したが，内需基盤しかもたない中小企業は中国の急成長により，価格競争力が低下し，不振を強いられている。このような現象は，労働市場に対して大企業市場と中小企業市場というような明確な区分をもたらし，この両部門間

における賃金の格差は大きく拡大し始めた。

　労働者500人以上の事業所の労働者の賃金を100とした場合，労働者10人から29人までの事業所の労働者の賃金は1990年には74.1％であったが，2007年には59.2％になり，格差が拡大した（労働部 2009）。「外国為替危機」は韓国の均質な労働市場の崩壊につながった。「外国為替危機」以降，急速な労働市場の柔軟化により，非正規職労働者が急激に増加する。2001年現在で737万人であった非正規職労働者は，2010年には，828万人に増えた。これは，賃金労働者全体の約50％に当たる（金ユソン 2010）。2010年を基準にした非正規職労働者の賃金は，正規職労働者のそれの46.2％に過ぎず，社会保険未加入率は，国民年金が53.1％，雇用保険は63.9％である。非正規職労働者の医療保険加入率は95％で，普遍主義に近いが，事業所加入者として医療保険に入り，保険料の半額を雇い主が支払う非正規職の割合は36％に過ぎない（金ユソン 2010）。1993年から2000年までの労働市場における雇用状況の変化を分析した研究によると，中間所得者層においては，約9万人の雇用が減ったが，最も所得の少ない階層においては約24万人の雇用が増え，最高所得の多い階層においては，23万人の雇用が増えた（チョンビョンユ 2007）。このような労働市場の両極化は貧困層の急激な拡大をもたらした。1996年においては，絶対的貧困層が全世帯の3.1％に過ぎなかったが，2000年には8.2％に増え，2003年には10.4％にまで増えた（ヨユジンほか 2005, 133頁）。

　とくに注目されるのは，いわゆる「ワーキングプア（working poor）」の増加であるが，1997年には都市部の世帯の6.7％であったワーキングプアが，2008年には9.6％に増えた（李ほか 2010, 10頁）。結局，外国為替危機以降，急速に変化した韓国の労働市場は1970年代と80年代に形成された均質な労働市場を崩壊させ，従来においては浮き彫りにならなかったような，多数の低賃金非正規職労働者やワーキングプアの増加など，労働市場における新しいリスクを発生させた。

人口家族構造の変化と新しい社会的リスク

　1990年代後半までの韓国における高齢者，児童，女性のケアに関連する福祉サービスは，ごく少数の貧困階層だけを保護する選別主義的な仕組みであり，

普遍主義的サービスはほとんど存在していなかった。これは，多くの社会サービスを家族が担ってきたためである。このような状況において，児童保育や高齢者ケアは，韓国社会における社会的リスクとして浮上しなかった。しかしながら，1990年代半ばから歴然としてきた人口家族構造の変化は，児童保育，高齢者ケアなどの新しい社会的リスクが浮き彫りになるきっかけとなった。

家族構造の変化を見れば，1990年に3.7人であった世帯当たりの人口は，2009年には2.76人に減り，人口1000人当たりの離婚件数も1990年の1.1件から2003年には3.5件に増えた。独身世帯の割合も1990年の9.6％から2009年には20.2％に高まり，女性世帯主の割合も，同じ時期に15.7％から21.5％に増えた（統計庁 2010）。

人口構造の変化のスピードはさらに速まり，少子高齢化が他に例を見ないほど急速に進んでいる。韓国における出生率が「代替出生率（現在の人口が維持されるために必要な最低限の出生率，訳者注）」である2.1以下に下がり始めたのは1980年代の後半であり，1995年までは1.64という比較的高い出生率を維持していた。しかしながら，2009年の出生率が1.15に下がり，これはOECD加盟国の中で最も低い出生率である。65歳以上の高齢者人口の割合も1990年には5.1％で，比較的低かったが，2009年には10.7％へと，20年で2倍以上に増えた（統計庁 2010）。このような急速な少子高齢化は，韓国の人口構造を大きく変えるであろうと予測されている。2005年に4829万人であった総人口は2050年には4234万人に減少すると推計されている。2005年には924万人で総人口の19.1％を占めていた幼年人口は，2050年には380万人に減り，その割合も9.0％まで急激に下がると予測されているが，65歳以上の高齢者人口は，2050年には1579万人に増え，総人口の37.3％を占めると推計されている。

このような人口家族構造の急速な変化は，1990年代半ば頃までの韓国においては社会リスクとして認識されなかった新しい問題が重要な社会問題として浮き彫りになるきっかけとなった。その中で代表的なのが，少子化と人口減少による潜在的な成長力の低下と人口の高齢化による高齢者ケアの問題である。韓国における少子化は，女性にとって仕事と家庭を両立できる制度の不在，つまり，保育関連の制度などがあまり整備されておらず，出産，育児休暇が取得できず，そして，女性の就労に好意的ではない職場の文化などに起因するもので

あると認識されていた。また，人口の急速な高齢化と家族のケア機能の低下は高齢者ケアと高齢者扶養費の増加という新しい社会問題を発生させると認識されていた。すなわち，1990年代半ば以降急速に変化し始めた韓国の人口家族構造は，女性にとっての仕事と家庭の両立と高齢者ケアなど，従来においてはあまり注目されておらず，個人的なリスクとして認識されていたリスクを，非常に重要で新しい社会的リスクの一つとして認識させるきっかけとなった。

3　政策的対応

　1990年代半ばから現れ始めた韓国の新しい社会的リスク，つまり，労働市場における非正規職労働者の増加とワーキングプアの発生，また，人口家族構造の変化がもたらした仕事と家庭の両立，そして，高齢者ケアと高齢者扶養費の増加などの問題の発生により，古い社会的リスクへの対応と所得保障プログラムが中心になっている韓国の福祉政策は根本的な変化を余儀なくされた。

　特に，少子高齢化など1970年代，80年代にはまったく予想できなかった新しい問題の発生とそれに伴う新しい社会的リスクの増大によって，韓国の福祉政策においては，特に不足していた福祉サービスの大幅な改革と拡大を迫られている。つまり，古い社会的リスクに焦点を当て，稼ぎ手としての男性の存在を前提にして構築された韓国の福祉の仕組みは，新しい社会的リスクには対応できないという限界を露呈し，1990年代後半から韓国の福祉制度は大きな変化を遂げる。しかしながら，後発福祉国家としての韓国は，先発福祉国家が新しい社会的リスクへの対策を講じなければならない状況とはかなり異なっていた。

　韓国において，人口家族構造の変化と労働市場構造の変化が本格化し，新しい社会的リスクが顕在化したのは1990年代後半であった。当時，韓国は主な所得保障プログラム，つまり，社会保険が全国民に普遍的に適用されておらず，児童手当や障害者手当のような現金手当は，制度そのものが存在しないか，極貧層を対象にしたきわめて制限的なものしかなかった。一言でいうと，すでに古典的で普遍的な，充実した所得保障プログラムをもつ先発福祉国家とは異なり，韓国は古典的な福祉プログラムを完成させないまま，新しい社会的リスクへの対策を講じなければならない，非常に複雑な状況に置かれている。そのた

め，韓国においては，古い社会的リスクへの対応と新しい社会的リスクへの対応が同時進行したが，韓国はどのような政策的対応をしてきたのかについて，労働市場と人口家族構造の変化への対策を中心に検討する。

労働市場のリスク構造への対応

古い社会的リスクへの対応策が十分に講じられていない状況で新しい社会的リスクも発生している，後発福祉国家の韓国において，労働市場のリスク構造への対応は，社会保険の国民皆保険への拡大，公的扶助制度改革，そして，積極的な労働市場政策の導入という形でなされた。最初に導入されたのは社会保険の国民皆保険への拡大であったが，これは労働市場で発生する古い社会的リスクと新しい社会的リスクに同時に対応するためのものである。

1990年代後半当時の韓国においては，健康保険だけが国民皆保険であり，国民年金は都市部の自営業者と従業員5人未満の事業所の労働者は除外されていた。また，雇用保険と産業災害保険もすべての賃金労働者に適用されるものではなかった。1990年代後半〜2000年代半ばにわたり，すべての社会保険において，加入対象者が増えた。第1に，1999年には国民年金が都市部の自営業者（地域加入者）まで拡大され，形式的には普遍主義的に適用されるようになった。また，健康保険と国民年金において，地域加入者になっていた従業員5人未満の事業所の労働者を，2000年代初め頃，職場加入者に転換するための措置がとられた[4]。そして，雇用期間1カ月以上の臨時労働者，日雇労働者，月80時間以上の期限付き労働者を健康保険と国民年金の職場加入者として追加した。雇用保険においても，1998年10月から，従業員1人以上のすべての事業所をその適用対象として追加した。また，2004年からは日雇労働者および月60時間以上，または週15時間以上働く期限付き労働者にまで拡大された。このような，社会保険の拡大戦略は韓国の社会保険において排除されてきた零細事業所の労働者と，「外国為替危機」以降急増した非正規職労働者を社会保険のセーフティネットに組み入れるためのものであった。

このように，2000年代に入り，適用基準の緩和によって社会保険対象者を拡大させる戦略は，部分的ではあるが成果をあげた。表10−1から分かるように，2001年には約20％にすぎなかった非正規職労働者への国民年金，健康保険，そ

第10章　韓国における社会政策のジレンマ

表10－1　正規職労働者と非正規職労働者の社会保険加入率の違い（2000～09年）

(単位：％)

年　度		2000	01	02	03	04	05	06	07	08	09
国民年金	正規職	88.0	92.7	92.2	96.6	96.5	98.0	98.1	98.7	98.2	98.0
	非正規	22.1	19.3	21.5	26.4	30.2	32.8	33.4	33.3	33.2	33.8
健康保険	正規職	90.7	94.8	94.6	97.6	97.2	98.3	98.4	99.3	98.5	98.5
	非正規	24.6	22.2	24.8	28.8	32.8	33.4	34.3	35.0	35.5	37.9
雇用保険	正規職	74.2	80.0	79.1	79.5	80.5	81.6	82.9	82.6	82.1	82.4
	非正規	22.6	20.7	23.2	25.9	29.6	30.7	31.2	32.2	33.5	37.0

（出所）　金ユソン（2010）を参考に再構成。

して雇用保険の適用率が，2009年には30％代の半ばまでに上昇した。しかしながら，それでも非正規職労働者への雇用保険の適用率は37％に過ぎない。また，国民年金においては，地域加入者として国民年金に加入する非正規職労働者を含めても，その加入率は50％を超えておらず，健康保険においては，地域加入者などを通じて加入する割合が95％に達しているため，健康保険だけが充実した社会保険的機能を持っている。[5]

　このように，2000年代に入り，韓国政府は非正規職労働者を社会保険制度の枠組みの中に組み入れようとしたにもかかわらず，依然として広い死角が存在しているのは，正規職労働者を対象にして制度設計がなされた社会保険と労働市場の構造変化との齟齬（mismatch）が発生しているためである。古い社会的リスクへの対応策としての制度設計がなされた韓国の社会保険においては，日本のそれのように，保険料を納めないと給付が受けられないという，非常に厳格なビスマルク的原理に基づいた制度である。しかしながら，「外国為替危機」以降における非正規職労働者の急激な増加はいわゆるビスマルク方式の所得保障の仕組みには適合しない雇用構造であるといえる。これは，韓国の労働市場において発生する新しい社会的リスク，特に，非正規職労働者の増加という構造的問題への有効な対策を講じられていないことを意味する。

　前述のように，韓国の労働市場の両極化は絶対的貧困層だけではなく，「ワーキングプア」のような新しい貧困層が増えている。このような労働市場の変化によって発生する新しい貧困層への対応策が1999年に導入された国民基礎生活保障制度，つまり，公的扶助制度の改革である。国民基礎生活保障制度

は従来の生活保護制度に代わるものであるが，その最も重要な特徴は，働く能力のない伝統的な貧困層以外に，ワーキングプアのような貧困層にも生計手当と医療サービスを提供し最低生活を保障するためのものである。国民基礎生活保障制度は労働市場で現れる古い社会的リスクと新しい社会的リスク（ワーキングプア）を網羅するという制度的意味合いをもっている。

　国民基礎生活保障制度の導入は，扶養家族がおらず，働く能力のない伝統的な貧困層，また，働く能力はあるが，貧困から抜け出すことのできない新しい貧困層への対策を拡充し，その対象者も大幅に拡充した。2007年現在，国民基礎生活保障制度の受給者は167万人で，韓国の総人口の3.3％を占めている。しかしながら，ワーキングプア問題の解決策としては依然として限界を露呈している。前述のように，韓国の絶対的貧困層は世帯全体の10％以上であると推定されている。そして，ワーキングプア世帯も約10％程度である。最近の政府の資料によると，絶対的貧困層の中で，扶養義務者がいるために，また，一定額以上の財産を持っているために，国民基礎生活保障法の適用を受けられないのは約240万人，そして，最低生計費を僅かに上回る所得しかない準貧困層まで合わせると，約410万人程度が貧困から守られていないと推定されている（関係省庁合同 2009）。

　社会保険の拡大と公的扶助制度の改革以外に，労働市場への参入と適応が困難な失業者と非熟練貧困層のための職業訓練など，いわゆる積極的労働市場政策が導入された。政府の資料によると，失業者や社会的弱者のための職業訓練，在職者訓練，そして，非正規職労働者を対象にした職業訓練予算を合わせた職業能力開発支援予算は，2002年度の7534億ウォンから2006年には１兆794億ウォンに増え，その対象者の数も同じ時期において，188万人～約300万人に増えた（大統領諮問政策企画委員会 2007，235頁）。

　非熟練労働者を労働市場に参入させるためのプログラムも導入されたが，その代表的なものが国民基礎生活保障制度によって行われている自活支援事業である。自活支援事業は自活後見機関の管理の下，看護，パソコンなどのリサイクル事業，残飯リサイクル事業などに，働く能力のある貧困層を参入させることによって，貧困からの脱出を支援する政策である。しかしながら，貧困からの脱出を支援するために導入された積極的労働市場政策の効果についてはあま

り肯定的な評価はなされていない。社会サービス部門を中心にして，労働市場への参入と適応が困難な貧困層，青少年，低学歴女性，そして，高齢者のための「社会的雇用」事業も行われたが，賃金の支援という形でなされている事業そのものの特徴もあり，良い職場の提供とは相当の距離があると指摘されている。

人口家族構造の変化がもたらしたリスクへの対応

人口家族構造の変化によって顕在化している新しい社会的リスクへの対応策の中で，最も重要なのは女性にとっての仕事と家庭の両立可能性の向上によって少子化の問題を克服し，経済活動への女性の参加を促進する政策であった。とくに，少子化傾向の著しい日本よりも低い韓国の出生率を高めることに政策の焦点が当てられた。韓国の女性にとっての仕事と家庭の両立は児童保育と高齢者ケア関連の福祉サービスがあまり発達していないため，児童保育と高齢者ケアは依然として女性だけの責任になるという構造的問題が最も重要なものであった。

女性にとっての仕事と家庭の両立という問題の解決策として導入されたのは児童保育施設の増設と保育料支援の拡大であった。これは盧武鉉政権（2003年2月～2008年2月）において重点的に進められた。その結果，児童保育施設は1995年の約9000カ所から2008年には約3万3000カ所に増え，保育施設で受け入れている児童数も同期間において，約29万人～114万人に増えた（統計庁 2010）。仕事と家庭の両立策として，出産休暇と育児休職も拡充された。出産休暇も60日から90日に増え，育児休暇期間中の給料も月額20万ウォンから50万ウォンに引き上げられた。その結果，2002年には約2万2000人であった産前産後休暇取得者の数は，2009年には約7万人に増え，育児休職申請者も同期間において，3700人～約3万5000人へと大幅に増えた（統計庁 2010）。

このような，女性にとっての仕事と家庭の両立のための新しい政策の導入にもかかわらず，韓国社会では女性にとっての仕事と家庭の両立が困難であり，新しい政策の導入による出生率向上の効果も疑問視されているのが現状である。そして，非正規職の女性や零細事業所の従業員は，仕事と家庭の両立政策から依然として排除されていることも今後の課題として指摘すべきであろう。

様々な人口高齢化対策も導入された。まず，政府による高齢化対策として，二次にわたる「少子高齢化対策」が策定された。この対策は，国が高齢社会への総合対策を体系的に策定したという意味においては，一定の評価ができるが，その実効性という意味においては依然として疑問が残る。人口の高齢化対策として肯定的に評価できるもう一つの政策は，日本に次いで「老人長期療養保険制度」を導入したことである。この制度は高齢者ケアの社会化のきっかけを作ったという点においては一定の評価ができるが，その制度でカバーできる範囲が限られており，とくに，不足している高齢者療養施設の問題が残っている。

高齢化の進展は，年金財政の持続可能性をめぐる論議を呼び，結果的には大幅な年金の削減をもたらした。2007年の年金改革によって，加入期間40年の加入者の場合，60％であった年金受給額が徐々に下がり，2028年には40％になるような，急激な年金受給額の減少をもたらす制度が導入された。国民年金の平均的な加入期間が21.7年であることを考慮すると，実際の年金の所得代替率は40％ではなく，20％を若干上回る程度になると推定されているが，この場合，平均的な所得者の年金受給額では独身世帯の最低生計費も賄えなくなり，韓国の公的年金の老後貧困防止機能が著しく低下した（金淵明 2007）。年金受給額を大幅に引き下げた国民年金改革によって，2040年代半ばと予想されていた国民年金基金の枯渇を10年程度延ばし，国民年金財政の安定化を図ったという評価もあるが，高齢化社会における高齢者の貧困問題が深刻な社会問題化する可能性が増大した。

引き下げられた国民年金受給額を補い，年金の受給ができない，現役世代の高齢者のために，一種の高齢者手当である「基礎高齢年金制度」も導入された。この手当は，現在，「金持ち」高齢者を除いた，所得階層の下位70％に属する高齢者に平均月額9万ウォン程度の手当てを支給し，減額された年金額の一部を補うために導入されたものである。この制度は貧困層の高齢者を特定するための資産調査ではなく，金持ち高齢者を特定する，「逆」資産調査によって対象者を選んでいる。しかし，年金支給額がわずかで，高齢者全体を対象にしているものでもないため，普遍主義的基礎年金とは言えない。年金とは逆に，医療保険では給付が拡大された。代表的なのは，癌のような重症疾患の場合における本人負担額の引き下げと保険不適用枠の縮小などによって患者の負担を減

らす政策が導入されたことである。

4 結　論——後発福祉国家における社会政策のジレンマ

　後発福祉国家としての韓国は，新しい社会的リスクへの対策に関して，先発福祉国家とはかなり異なった状況に置かれている。先発福祉国家においては，伝統的産業社会の段階で古い社会的リスクへの対応体制を構築し，それ以降に発生した新しい社会的リスクへの対応策を講じるという，段階的な対応が可能であったが，韓国においては，古い社会的リスクへの対応策としての普遍的所得保障プログラムが完成されていない段階で新しい社会的リスクへの対応策として社会政策を導入しなければならないという構造的問題を抱えていた。ここから発生する根本的なジレンマは，2つの社会的リスク，つまり，古い社会的リスクと新しい社会的リスクへの対応策として，限られた財源をいかに配分すべきかという問題であった。例えば韓国においては，女性にとっての仕事と家庭の両立のために児童養育の負担軽減戦略を議論した時にも，児童手当を拡大すべきか，それとも児童保育への支援を拡大すべきかについて議論が展開された。

　このようなジレンマは韓国における福祉国家の方向性をめぐる理論的な論争につながった。2000年代初め頃，韓国社会における少子高齢化の問題と非正規職労働者の労働条件差別の問題が顕在化した時，学界においては，一方で，新しい社会的リスクに備える新しい社会的投資政策（social investment policy）をよりいっそう積極的に導入すべきであるとの意見もあったが，他方で，古い社会的リスクへの対応策としての伝統的な所得保障制度の充実化が，新しい社会的リスクへの対応策より早急に取り組むべき根本的な課題であるとの主張があり，「社会投資論争」が展開された（金淵明編 2009）。

　新しい社会的リスクの重要性を強調する側は所得保障を強調する伝統的な福祉国家よりは，社会サービスと積極的な労働市場政策を重視する社会投資型福祉国家体制を構築すべきであるとの主張を展開したが，古い社会的リスクを強調する側は，古い社会的リスクへの対応策としての所得保障制度の強化による伝統的な福祉国家体制の構築がより根本的で優先的な課題であるとした。

しかしながら，このような主張のすれ違いを根本的に解決できる方法を見つけるのは至難であろう。結局，後期産業社会の段階で福祉国家が形成されはじめた韓国のような後発福祉国家においては，新しい社会的リスクと古い社会的リスクへの対応が同時になされる必要がある。これが韓国の福祉政策が直面している根本的なジレンマである。問題は，未だ先進国のような経済力をもたない韓国においては，そのような2つのリスクに同時に対応できる程度の財源調達の余力がないことである。

悲観的な展望かもしれないが，韓国のような後発福祉国家は，古典的福祉国家の中核をなす普遍主義的な所得保障プログラムも不完全なままであり，新しい福祉国家において強調される社会サービスと積極的な労働市場政策も充実していないという，不完全な福祉国家の状態が長期間継続する可能性が高い。これが後期産業社会の段階から福祉国家の段階に差しかかった後発福祉国家としての韓国の社会政策が直面している根本的なジレンマである。

注
(1) もちろん，民営化による新しいリスクの発生はないが，伝統的に年金，疾病，事故などに備えた民間の保険が非常に発達した韓国において，民間の保険の不完全な販売によるリスクは従来から存在していた。
(2) 1997年の末，韓国はドル不足による流動性の危機を迎えた。国際通貨基金（IMF）から救済資金の融資を受けたが，これを韓国では「IMF外国為替危機」という。韓国においては外国為替危機以降，急速な資本市場の開放がなされ，労働市場の柔軟化が急速に進んだ。IMF外国為替危機は，韓国における成長のあり方の急激な変化をもたらした重要なものである。
(3) 韓国の国民年金は公務員，軍人，教員を除く全国民（労働者および自営業者）が義務的に加入しなければならない普遍的な公的年金制度で，日本の基礎年金である国民年金とは異なる制度である。
(4) 地域加入者から職場加入者への転換というのは，全額本人が負担していた健康保険と国民年金の保険料を，本人と雇用主が50％ずつ負担するようになることを意味する。
(5) 国民年金において，非正規職労働者が地域加入者として加入する割合は10.9％である。したがって，非正規職労働者全体の加入率は44.7％（33.8％＋10.9％）である。健康保険の場合，非正規職労働者が地域加入者（28.2％）あるいは職場加入者

の被扶養者として加入する割合（19.7％）を合わせると，非正規職労働者の加入率は95％に上る。

参考文献

武川正吾（2010）「韓国の福祉国家形成と福祉国家の国際比較」金成垣編著『現代の比較福祉国家論』ミネルヴァ書房。

田多英範（2010）「日本の福祉国家化と韓国の福祉国家化」金成垣編著『現代の比較福祉国家論』ミネルヴァ書房。

関係省庁合同（2009）『民生の安全のための緊急支援対策』。

金淵明（2007）「老後における所得保障のための国民年金の改革方策」『韓国における社会福祉の現実と選択』ナヌムの家。

金淵明編（2009）『社会投資と韓国の社会政策の未来』ナヌムの家。

金ユソン（2010）「2010年における非正規職労働者の数と実態」『労働社会』2010年7・8月号（通巻153号）。

労働部（2009）『月別労働統計調査報告書』。

大統領諮問政策企画委員会（2007）『未来への挑戦：参与政府国政レポート』（アレント）。

ヨユジン・金ミゴン・金テワン・ヤンシヒョン・崔ヒョンス（2005）『貧困と不平等の動向及び要因分析』韓国保健社会研究院。

李ビョンヒ・洪キョンジュンほか（2010）『ワーキングプアの実態と支援策』韓国労働研究院。

チョンビョンユ（2007）「韓国における労働市場の両極化に関する研究」『韓国経済の分析』13(2)。

統計庁（2010）『2009韓国の社会指標』。

관계부처합동（2009）「민생안전 긴급지원 대책」。

김연명（2007）「노후소득보장을 위한 국민연금의 개편방향」『한국 사회복지의 현실과 선택』, 나눔의 집。

김연명 편（2009）『사회투자와 한국사회정책의 미래』나눔의 집。

김유선（2010）「2010년 비정규직 규모와 실태」『노동사회』2010년 7,8월호 (통권153호)。

노동부（2009）「매월노동통계조사보고서」。

대통령자문 정책기획위원회（2007）『미래를 향한 도전: 참여정부 국정리포트』, 아렌트。

여유진, 김미곤, 김태완, 양시현, 최현수（2005）『빈곤과 불평등의 동향 및 요인 분해』,

한국보건사회연구원。

이병희, 홍경준 외 (2010)『근로빈곤의 실태와 지원정책』한국노동연구원。

전병유 (2007)「한국노동시장의 양극화에 관한 연구」『한국경제의 분석』13(2)。

통계청 (2010)『2009 한국의 사회지표』。

Castles, Francis G., Stephan Leibfried, Jane Lewis, Herbert Obinger and Christopher Pierson (2010) "Introduction," in Francis G. Castles *et al.*, (ed.) *The Oxford Handbook of the Welfare State*, Oxford University Press.

Esping-Andersen, Gosta, and Duncan Gallie *et al.*, (2002) *Why we need a new welfare state*, Oxford University Press.

Kim, Yeon Myung (2006) *Towards a Comprehensive Welfare State in South Korea*, Working Paper No. 14, Asia Research Centre, London School of Economics and Political Science.

Kim, Yeon Myung (2008) "Beyond East Asian Welfare Productivism in South Korea," *Policy and Politics*, Vol. 36, No. 1.

Pierson, Christopher (2005) "'Late industrializers' and the development of the welfare state," in Tantika Mkandawire (ed.) *Social policy in a development context*, Palgrave Macmillan.

Ramesh, Mishra (2003) "Globalization and Social Security Expansion in East Asia," in Linda Weiss (ed.) *States in the Global Economy: Bringing domestic institutions back in*, Cambridge University Press.

Taylor-Gooby, Peter (2004) "New Risks and Social Change," in Peter Taylor-Gooby (ed.) *New Risks, New Welfare: the Transformation of the European Welfare State*, Oxford University Press.

Timmones, Virpi (2004) "New Risks-Are They Still New for the Nordic Welfare State," in Peter Taylor-Gooby (ed.) *New Risks, New Welfare: the Transformation of the European Welfare State*, Oxford University Press.

The World Bank (1993) *The East Asian Miracle: Economic Growth and Public Policy* (World Bank Policy Research Reports), Oxford University Press.

(崔銀珠訳)

人名索引

あ行

アトキンソン, A・B　7, 46, 47, 57
Alesina, A　3, 9, 10, 13, 14, 18, 24
ヴァンパレース, P　46, 47
ウィーナー, N　50
ヴォネガット, K　50
エスピン-アンデルセン, G　200
エマニュエル, E・J　177
オーウェン, R　48
オッフェ, C　46, 48

か行

ガルブレイス, J・K　49
グレナースター, H　185
ケインズ, J・M　45, 48, 49, 60

さ行

サイモン, H　48
ジョーダン, B　46
ショーブン, J　180
スタンディング, G　46

た・な行

テイラー-グッビー, P　182
ドーア, R　45-61
トービン, J　27
ネグリ, A　46

は行

バリー, B　48
ヒュックス, V・R　176-180
ファイト-ウィルソン, J・H　185
フィッツパトリック, T　29
パットナム, R・D　20
プラトン　59
フリードマン, M　27, 57
ブレア, T　196
ペイトマン, C　46
ペイン, T　26
ベヴァリッジ, W　52, 181, 183, 184, 186, 190, 192
ボノーリ, G　182, 189, 196

ま・や行

ミード, J・E　46, 47, 54, 55
ミル, J・S　26

ら行

ラウントリー, B・S　184
ラッセル, B　49
リカード, D　48
リズウィリアムズ, J　57
ロールズ, J　61
ロバートソン, J　47, 55

221

事項索引

あ 行

新しい医療保険法　171
「新しい」社会的ニーズ　181
新しい社会的リスク　182, 199, 211, 218
「新しい」リスク　205
悪化群　124
アメリカ医療給付取引所　172
アメリカ医療システム　165-180
育児休暇　190
育児休業基本給付　155
イクメン　156
維持群　124
5つの巨悪　181
医療改革法（案）　174, 175
　　　新しい――　171, 174, 175
医療制度改革　170, 179
　　　2010年の――　170, 175
医療費軽減制度　83
医療費の急騰　180
　　　――への加入義務化　175
　　　――改革　173, 175
　　　――改革法　170, 172
　　　――業界　173
　　　――バウチャー　176
医療保険　97, 165, 167-174, 179
Welfare to work　26

か 行

回帰分析　21
介護給付費　111
外国為替危機　208
介護サービス　110-130
　　　――需要の価格弾力性　125, 126
　　　――選択　121, 122
介護者　113
　　　――の効用　118
介護の社会化　112
介護負担　110, 115
介護報酬の単価　120
介護保険　198
　　　――の総費用　111
介護保険制度　110
　　　――の非効率性　130
　　　公的――　110
介護予防システム　112
改善群　124
家族　91
　　　――向け所得補助（Family Income Supplement）　194
　　　近代――　93-95, 103
韓国における出生率　210
韓国の出生率　215
技術革新　48, 50, 55
基礎高齢年金制度　216
基礎年金　27
逆進性　178
求職者就労支援制度　82, 86
求職者就労支援手当　82
求職者手当（job seekers allowance）　191, 187
給付つき税額控除　28, 68
　　　――制度　82
給付費　111
給与税（payroll tax）　173, 176
協会けんぽ　77
国　91
ケアプラン　113
ケアホーム　197
ケアマネジャー　113
健康関数　117
健康状態　124

事項索引

健康保険（制度）　67, 98
幸運　51
後期産業社会　205
公共職業訓練　72
厚生年金　67, 98
後発福祉国家　211, 217
高齢者　99
　——ケア　210, 211
国内総生産（GDP）　74
　——に占める医療支出の割合　165
国民皆保険　212
国民基礎生活保障制度　213, 214
国民健康保険　74
国民年金　98
国民保険システム　183
国民保険法（National Insurance Act）　185
個人の基本的属性とベーシック・インカム　8
孤独感　117
子ども手当　27
コミュニティソーシャルワーカー　85
雇用および扶養手当（Employment and Support Allowances）　187
雇用保険　67, 79, 100
コンジョイント分析　126

さ　行

サービスコード　120
サービス利用料　120
最小2乗法　21, 128
最低生活保障年金　73, 86
最低賃金　50, 70
最適介護サービス価格　119
最適介護パターン　110
最適性　118
　——の基準　116
参加所得　47
CVM　126
仕事と育児の両立　106, 215
市場　92
施設系介護　114, 121
失業率　104

児童・家族関係給付費　140
児童手当　217
社会化された資本　47
社会厚生関数　119
社会手当　82
社会的最適　119
社会的投資政策（social investment policy）　206, 217
社会的保護システム　189
社会配当　47
社会扶助（制度）　188, 189
社会保険　72
社会保障関連支出　204
就職困難層　71
受給資格　185
儒教的ユートピア　61
小1の壁　156
消費税　106
小4の壁　156
所得再分配政策　3, 9, 24
所得代替率　88
所得比例年金　73, 86
所得補助（Income Support）　187
所得保障プログラム　205, 211
資力調査　184, 186
　——付き給付　194
　——付き「住宅給付（housing benefit）」　194
　——付きの求職者手当（Job Seekers Allowance）　187
新医療改革法　175
シングルマザー　189
人口家族構造　210
「新興」福祉国家　204
身体機能の低下　116
スティグマ　56
税額控除制度　194, 195
生活保護（National Assistance）　186, 187
　——経験　11
　——制度　85
　——法（National Assistance Act）　185, 197

性別分業　92
セーフティネット　212
積極的労働市場政策　214
積極的労働政策　86
先発福祉国家　211, 217
選別主義的原理　204
ソーシャル・キャピタル　4, 20, 24
　　──とベーシック・インカム　20
ソーシャル・セーフティネット　67
素質　51
尊厳最低限　50, 52, 54

た 行

待機児童　101
第3号被保険者（制度）　149, 150, 152, 157
中産階級の不安　58
長期疾病グループ　195
ディーセント・ソサイエティ（人間らしい品格ある社会）　67
トービン税　47
独立支払い諮問委員会（IPAB）　174
共稼ぎ　93
トリクルダウン志向　40
努力　51

な 行

ナショナル・ミニマム　185
21世紀出生児縦断調査　148
日本社会についての意見とベーシック・インカム　15
日本的雇用制度　94
年金保険　98

は 行

パーソナル・サポーター　71, 86
配偶者控除　103, 149, 150
バブル期　94
バリアフリー化　116
晩婚化　96, 104
非婚化　96, 104
非自発的失業者　55
非正規（職）労働者　106, 209, 211, 212, 217

ひとり親世帯　182, 187
被保険者の需要行動　125
130万円の壁　103, 150, 156
103万円の壁　103, 150, 156
141万円の壁　150
ヒュックス-ショーベン提案（Fuchs-Shoven proposal）　179, 180
被用者保険　78
標準報酬月額　73
費用便益分析　174
貧困ライン　165, 167, 171-173
貧困率　99
ファミリー・フレンドリー施策　152
フェミニズム運動　46
フォーディズム　208
付加価値税（VAT）　176, 178, 179
福祉権運動　46
福祉国家　200
　　──体制　204
福祉最低限　50, 52
負の所得税　27, 30, 33, 34, 37, 38, 40, 41, 57
普遍的健康保険バウチャー制　178
普遍的な医療保険バウチャー制　176, 177
普遍的なリスク調整済みのバウチャー制　177
普遍的バウチャーシステム　180
「古い」社会的ニーズ　181
古い社会的リスク　199, 205, 218
不労所得　175
ベヴァリッジ報告　196
ベーシック・インカム　3-24, 26-42, 45-61, 201
　　──に対する考え　4
　　──の財源　7
　　部分的──　46
ヘルスケア　165
保育所　101
　　認可──　143-146
　　無認可──　143, 148
防貧的所得保障　142
訪問系介護　114, 121
補足給付金（Supplementary Benefit）　187

ボランタリー・ワーク　57

ま 行

マルクス主義　28
ミドル・イングランド　198
民間セクター　180
無保険者　165, 167, 169, 170, 175
　　──のグループ　169
メディケア　168, 170, 174-177
メディケイド　166, 167, 169, 171, 173-175, 177
メリトクラシー　53

や 行

家賃補助制度　84
要介護者　110
　　──の状態変化　124
要介護状態　198
要介護度　113, 121
　　──認定変化　125
要介護認定　120
　　──データ　119

余暇倫理　55
予算制約条件　118

ら 行

ラッダイト運動　48
離婚の増加　96
リハビリ設備　115
連邦医療プログラム　176
老人長期療養保険制度　216
労働（雇用）の希少性　48-50, 55
労働意欲　167
労働市場の柔軟化　209
労働市場のリスク構造　212
労働市場の両極化　209
労働倫理　55, 59

わ 行

ワーキングプア（working poor）　68, 207, 209, 211, 213
ワークハウス　197
ワークフェア　26, 28

同志社大学ライフリスク研究センターの紹介

　人間はリスクの多い社会に生きています。幸福なことに遭遇すればよいのですが，圧倒的な比率で不幸なことに遭遇することの方が多いと言えます。しかもそれは生まれてから死ぬまで続いて発生することであり，それにどう対処するかは人間生活をいかに安心して，かつ楽しく生きるかを決めるほど重要なことです。

　「ライフリスク研究センター」では，このように人間に起こる様々なリスクにどう対応すればよいかを，学際的な視点から研究するプロジェクトに取り組んでいます。経済学，社会学，心理学，哲学，理工学，生命科学，という広範囲の学問分野を結集して，リスクが発生したときにどうすればよいか，リスクの発生を未然に防ぐにはどうしたらよいのか，もろもろの制度のあり方から運営の方法までを含めて，総合的に研究することを目的としています。

　古い時代であればリスクに対応するには，生命保険，損害保険，失業保険のように不幸の発生を保険という金銭で補償する制度が既にありましたが，現在では保険制度だけでは対応不十分なリスクが多く発生しています。犯罪，情報漏れ，ストレス，医療ミス，コンピューターウィルスなどの少数の例を示しただけでも，リスクがいかに広範囲にわたっているかが分かってもらえるでしょう。

　さらに，不幸に遭遇したときに人の心のケアも大切です。本センターでは助けを必要とする人のケアをどうすればよいかということにも大きな関心を払います。現時点でどのようなリスクをテーマに取り組んでいるかと言えば，具体的には社会保障とケア，女性のライフリスクへの対応，教育と所得変動のリスク，社会システム上のリスクなどです。

　人々が安心してかつ心豊かな生活を送るための方策を研究するのが，本研究センターの目的であります。

ライフリスク研究センター長　橘木俊詔

執筆者紹介 （所属，執筆分担，担当順，＊は編者）

＊橘木俊詔（編者紹介欄参照，はしがき，第2章）

伊多波良雄（同志社大学経済学部教授，第1章）

髙松里江（同志社大学ライフリスク研究センター嘱託研究員，第2章）

山森　亮（同志社大学経済学部教授，第3章）

埋橋孝文（同志社大学社会学部教授，第4章）

麻生裕子（連合総合生活開発研究所主任研究員，第4章）

川口　章（同志社大学政策学部教授，第5章）

八木　匡（同志社大学経済学部教授，第6章）

原田禎夫（大阪商業大学経済学部准教授，第6章）

塩津ゆりか（同志社大学経済学部助教，第7章）

ジョン・B・ショーブン（スタンフォード大学教授，第8章）

マイケル・ヒル（ニューキャッスル大学名誉教授，第9章）

金　淵明（中央大学校社会福祉学科教授，第10章）

陳　勝涛（国立病院機構京都医療センターのスペシャル・メディカル・クラーク研修中，第8章翻訳）

中原　耕（同志社大学大学院社会学研究科博士後期課程院生，第8章翻訳）

郭　芳（同志社大学大学院社会学研究科博士後期課程院生，第9章翻訳）

山村りつ（同志社大学高等研究教育機構・社会学部特任助教，第9章翻訳）

崔　銀珠（同志社大学・近畿大学嘱託講師，第10章翻訳）

《編者紹介》

橘木俊詔（たちばなき・としあき）

1943年　兵庫県生まれ。
1973年　ジョンズ・ホプキンス大学大学院博士課程修了。Ph.D.
　　　　仏米英独での研究・教育歴を経て，京都大学教授，元日本経済学会会長，日本学術会議会員。
現　在　同志社大学経済学部教授。
著　作　『格差社会』岩波新書，2006年。
　　　　『日本の貧困研究』共著，東京大学出版会，2006年。
　　　　『女女格差』東洋経済新報社，2008年。
　　　　『家族の経済学』共著，NTT出版，2008年。
　　　　『東京大学　エリート養成機関の盛衰』岩波新書，2009年。
　　　　『日本の教育格差』岩波新書，2010年。
　　　　『無縁社会の正体』PHP研究所，2010年。
　　　　『京都三大学　京大・同志社・立命館』岩波書店，2011年。
　　　　『いま，働くということ』ミネルヴァ書房，2011年。
　　　　他，和文・英文書多数。

同志社大学ライフリスク研究センター

　　　　2008年　設置（センター長：橘木俊詔）。

　　　　　　　　社会保障改革への提言
　　　　　──いま，日本に何が求められているのか──

　　　　2012年6月30日　初版第1刷発行　　　〈検印廃止〉

　　　　　　　　　　　　　　　　　　　　定価はカバーに
　　　　　　　　　　　　　　　　　　　　表示しています

　　　　　　　　　　　　　　　　橘　木　俊　詔
　　　　　　　　編　者　同志社大学ライフリ
　　　　　　　　　　　　スク研究センター
　　　　　　　　発行者　　杉　田　啓　三
　　　　　　　　印刷者　　中　村　知　史

　　　　　　　発行所　株式会社　ミネルヴァ書房
　　　　　　　　　　607-8494 京都市山科区日ノ岡堤谷町1
　　　　　　　　　　電話(075)581-5191／振替01020-0-8076

　　　　　ⓒ　橘木俊詔・同志社大学ライフリスク研究センターほか，2012　中村印刷・兼文堂

　　　　　　　　ISBN978-4-623-06348-2
　　　　　　　　　Printed in Japan

いま、働くということ　橘木俊詔 著　四六判二〇〇頁　本体二〇〇〇円

現代女性の労働・結婚・子育て　橘木俊詔 編著　A5判三〇四頁　本体三〇〇〇円

参加と連帯のセーフティネット　埋橋連合総研 編　A5判三三八頁　本体三二〇〇円

比較のなかの福祉国家　埋橋孝文 編著　A5判三六二頁　本体三五〇〇円

働くことと学ぶこと　佐藤博樹 編著　四六判二四四頁　本体三五〇〇円

叢書・働くということ

①働くことの意味　橘木俊詔 編著　A5判二七二頁　本体三五〇〇円

②労働需要の経済学　大橋勇雄 編著　A5判三四〇頁　本体三五〇〇円

③労働供給の経済学　三谷直紀 編著　A5判三五〇頁　本体三五〇〇円

④人事マネジメント　佐藤博樹 編著　A5判二九二頁　本体三五〇〇円

⑤労使コミュニケーション　久本憲夫 編著　A5判三三二頁　本体三五〇〇円

⑥若者の働きかた　小杉礼子 編著　A5判三五〇頁　本体三五〇〇円

⑦女性の働きかた　武石恵美子 編著　A5判三二〇頁　本体三五〇〇円

⑧高齢者の働きかた　清家篤 編著　A5判二九八頁　本体三五〇〇円

ミネルヴァ書房

http://www.minervashobo.co.jp/